Das Buch

Sie spenden Trost, schützen vor Unheil, wenden Krankheiten ab, sie sind Tag und Nacht bei uns – aber sehen können wir sie nicht. Engel sind seit jeher und in allen Kulturen die unsichtbaren Boten des Himmels, die dem Menschen in schweren Lebens- und Seelenlagen helfend zur Seite stehen. Die hier versammelten Interviews und Berichte sind Zeugnisse dieser himmlischen Hilfe in menschlicher Not: Schicksalsschläge wie Unfälle, der Verlust eines geliebten Menschen oder die Konfrontation mit dem eigenen Tod werden als Bestandteile des Lebens erlebt, als Zeiten, in denen wir nicht allein sind und durch die wir lernen, was Liebe heißt. Unter den Gesprächspartnern sind auch Joan Borysenko, Raymond Moody und Sherwin Nuland, namhafte Autoren und Wissenschaftler unterschiedlicher Fachrichtungen, die sich mit den Grenzerfahrungen des menschlichen Seelenlebens auseinandergesetzt haben.

Der Herausgeber

Der Amerikaner Rex Hauck ist ein vielfach ausgezeichneter Schriftsteller und Filmautor. Zeitgleich zu diesem Buch wurde in Amerika seine gleichnamige Fernsehserie ausgestrahlt.

Engel – die unsichtbaren Boten

Berichte und Interviews
über Begegnungen der seelischen Art
Herausgegeben von Rex Hauck

Aus dem Amerikanischen von Irene Meyer,
Friederike Tribukait und Maja Ueberle-Pfaff

Deutscher
Taschenbuch
Verlag

dtv

Das Lied ›Angels Among Us‹ (Engel sind unter uns) auf Seite 119 f. wurde mit freundlicher Genehmigung von Beckaroo Music und Richville Music (© 1993) abgedruckt und ins Deutsche übertragen von Justus Raabe.

Deutsche Erstausgabe
1. Auflage August 1995
2. Auflage April 1996: 11. bis 16. Tausend
Deutscher Taschenbuch Verlag GmbH & Co. KG, München

Titel der amerikanischen Originalausgabe:
Angels. The Mysterious Messengers
Ballantine, New York 1994
ISBN 0-345-39301-5

Umschlaggestaltung: Klaus Meyer
Umschlagbild: ›Verkündigung an Maria‹ von Leonardo da Vinci
Satz: IBV Satz- und Datentechnik, Berlin
Druck und Bindung: C. H. Beck'sche Buchdruckerei, Nördlingen
Printed in Germany · ISBN 3-423-30488-x

Inhalt

Danksagung

Das Projekt ›Engel – die unsichtbaren Boten‹ wurde von vielen Menschen unterstützt und begleitet. Jeder von ihnen brachte eigene Talente, Ansichten und eine tiefe Achtung für diese »Entdeckungsreise« mit ein. Die ursprüngliche Idee hatte Melissa Forth, und durch die großzügige Unterstützung von Dr. Dan Holloway und Dr. Glen Warren gewann die Idee allmählich Gestalt.

Steve Brown, Vivian Walker Jones und Eric Van Atta klärten die unzähligen sachlichen Einzelheiten im Vorfeld und gewährleisteten dadurch den guten Verlauf der Gespräche.

Sally Allen, Dr. John Boyd, Ian Edwards, Karen Hauck und Candace Apple waren die unsichtbaren Engel des Projekts, deren Licht über die dunkleren Momente hinweghalf.

Dr. Ray Moody, Guy Martin, Karyn Martin-Kuri, Malcolm Godwin und Eileen Freeman halfen uns dem Pfad zu folgen, den die Engel vorgaben.

Sophy Burnham unterstützte das Werk mit ihrer Aufrichtigkeit, Thomas Moore mit seiner Vorstellungskraft und Joan Borysenko mit ihrem Mut. Terry Lynn Taylor war unser »Polarstern«, der die Richtung durch unbekannte Himmelssphären wies.

Tanya Parks, Bill Shrieves, Sandy und Kirk Moore, Andy Lakey, Kathy Faulstich, Steven Maxwell und Ron Kennedy öffneten uns ihr Herz, damit wir uns selbst besser verstehen lernten.

Craig Haffner, Steven Lewis, Donna Lusitana, Rob Kirk und alle Mitarbeiter von Greystone Communications erwiesen sich als vom Himmel gesandte Kollegen.

Unter David Sinrichs Hand vereinten sich unsere Vorstellungen zu einem Ganzen, und Kevin Holloway war die Seele des Projekts.

Meine Frau Deborah war und ist mein persönlicher Engel; ihre Liebe erleuchtete und beruhigte mich während der vielen Monate an diesem Projekt.

Ich bin ihnen allen dankbar.

Vorwort

Der Anstoß zu diesem Buch war der einfache Wunsch, das wiedererwachte Interesse an Engeln in der Welt von heute zu verstehen. Warum begegnen Menschen in den verschiedensten Lebenslagen und aus allen Religionen den himmlischen Wesen? Und falls diese Begegnungen tatsächlich stattfinden, warum sollten sich Engel ausgerechnet jetzt in so großer Zahl offenbaren?

Den größten Teil des Jahres verbrachten wir auf Reisen, um das Filmmaterial für die Fernsehserie ›Engel – die unsichtbaren Boten‹ zusammenzustellen. Kameraleute und Journalisten, die sich normalerweise eher über Sport unterhielten, dachten nun laut über »Engelsfragen« nach: über Schutzengel, Flügel und Strahlenkränze.

Die Monate wurden zu einer Pilgerfahrt, auf der wir unzählige Leute befragten. Die Fragen waren dabei nicht so klar und eindeutig, wie wir es uns zu Beginn vorgestellt hatten. Weder die Antworten noch die »Engelserfahrungen« waren einheitlich. Die einzige Konstante blieb die emotionale Bewegtheit und die feste Überzeugung der Befragten.

Einige von ihnen sind international bekannte und anerkannte Fachleute. Ihre spirituellen Erfahrungen machen in der Summe mehrere hundert Jahre aus.

Die Autoren Thomas Moore, Sophy Burnham, Terry Lynn Taylor und Joan Wester Anderson sprachen freimütig über ihre Beobachtungen beim Vorstoß in heilige Sphären. Mutig sprachen sie von ihren Erfahrungen, lange bevor diese allgemein anerkannt waren. Ihre Worte und Gedanken bildeten das Gerüst für unsere Gespräche.

Die Stimme des Verstands erreichte uns aus medizinischen Fachkreisen: Dr. Raymond Moody, Dr. Joan Borysenko und Dr. Sherwin Nuland kamen unserem Bedürfnis nach Antworten und Lösungen mit einem tiefen Verständnis für die Geheimnisse des Lebens entgegen und ließen zu, daß Vorstellungskraft und Glaube unsere Ansichten und unser Verständnis erweitern konnten.

Die Theologen Rabbi Baroff, James J. LeBar und Jeffrey G. Sobosan ließen uns an ihren religiösen Ansichten teilhaben und zeigten uns, welche Rolle Engel in zahlreichen Überlieferungen fast aller Glaubensrichtungen einnehmen.

Die meisten Menschen, denen wir begegneten, hatten jedoch keine akademische Ausbildung in dieser Richtung. Sie waren Sekretärinnen, Sozialpädagogen, Musiker, Immobilienmakler, Informatiker, ein Soldat der US-Marine, Mütter, Väter und Kinder. Ihre einzige Empfehlung war ihr Glaube sowie die Gewißheit, daß ein Engel sie berührt hatte und daß durch diese nur einen Augenblick dauernde Begegnung ihr Leben nachhaltig verändert worden war. Sie teilten ihre Begegnung in schlichten Worten, aufrichtig und sehr verwundert mit, wobei ihre Engel genauso viele Fragen aufwarfen wie beantworteten. Nicht alle Menschen, die wir trafen, konnten an die Existenz von Engeln und Schutzengeln glauben. Für viele Menschen beginnt und endet die Welt mit dem für ihre Augen Sichtbaren und dem für ihre Hände Greifbaren. Fehlt der Glaube an Engel, ist kein Beweis ihrer Existenz möglich – glaubt man aber an sie, ist kein Beweis mehr nötig.

Zuletzt bleibt es eine Glaubensfrage – oder eine Frage der Vorstellungskraft, wie Thomas Moore sich ausdrückt. Wem oder was räumen wir in unserer Welt einen Platz ein?

Viele werden sagen, daß das augenblickliche Interesse an Engeln nur eine spontane Reaktion auf die Gewalt in unserem komplizierten Alltag ist – daß es nur der menschlichen Natur entspricht, auf ein freundlicheres Leben zu hoffen und bei Engeln Trost zu suchen.

Doch Engel rufen uns nicht in himmlische Sphären. Menschen geben sich nicht einfach einer esoterischen Neigung hin, sondern greifen Eingebungen auf, um für ihr eigenes Leben Verantwortung zu übernehmen. Dieses »neue« Leben erfordert Umsicht, Mitgefühl, Verständnis und Mut. Ich traf auf diese wunderbar Gläubigen, die in ihrem Vertrauen ruhen. Und die Arbeit geht weiter. Überall gibt es Wesen, die an einer besseren Welt bauen, und viele von ihnen sind Engel.

Rex Hauck

Joan Wester Anderson

Joan Wester Anderson ist Dozentin und Lehrerin. Ihre literarische Karriere begann 1973, und seither wurden über eintausend ihrer Artikel und Kurzgeschichten in den verschiedensten Zeitschriften und Zeitungen veröffentlicht. Sie ist außerdem Autorin verschiedener Bücher, von denen ›Where Angels Walk‹, ›An Angel to Watch Over Me‹ und ›Where Miracles Happen‹ in Amerika zu Bestsellern wurden.

Frage: Wodurch wurde Ihr Interesse an Engeln geweckt?

Joan Wester Anderson: Ich muß zugeben, daß Engel mich niemals wirklich interessierten. Ich hatte immer ein gefestigtes Seelenleben, ich wurde streng katholisch erzogen, und in diesem Umfeld gab es natürlich Engel. Sie wurden mir jedoch, als ich klein war, etwa wie Sagen- oder Märchengut vermittelt. Der Gedanke an einen Schutzengel war niedlich, aber mit zwölf oder vierzehn Jahren beschäftigte ich mich mit anderen Dingen. Ich dachte immer, wenn man ernsthaft betet, sollte man gleich ganz oben vorsprechen; all diese Zwischenwesen seien dafür nicht notwendig. Doch dann machte unsere Familie 1983 eine Erfahrung, die meinen bisherigen Glauben völlig veränderte.

Einer unserer Söhne fuhr von Connecticut nach Chicago, um Weihnachten bei uns zu verbringen. In den Tagen vor Weihnachten hatten wir hier im Mittleren Westen einen schrecklichen Kälteeinbruch. In jenem Jahr fiel Weihnachten auf ein Wochenende, und ich glaube, am Mittwoch davor rief mein Mann die Kinder an und bat sie, nicht mit dem Auto zu fahren. In den Verkehrsmeldungen wurde vor Autofahrten über die großen Verbindungsstraßen gewarnt. Natürlich machen Sturmwarnungen auf Einundzwanzigjährige keinen Eindruck. Die Kinder beschlossen also zu fahren, und meine schlimmsten Befürchtungen wurden wahr. Mitten in der Nacht blieb ihr Wagen kurz hinter einem kleinen Ort in Indiana liegen. Es war minus 35° C kalt, der Windfaktor lag beinahe bei 100° C unter Null, und es wurde ihnen klar, daß sie jetzt wahrscheinlich erfrieren würden. Plötzlich tauchte direkt hinter ihnen ein Licht auf – die Scheinwerfer eines Abschleppwagens. Der Fahrer stieg aus – so unwahrscheinlich das klingt, um zwei Uhr in der Nacht – fragte, ob sie Hilfe benötigten und ob er sie in das kleine Städtchen, das sie bereits durchquert hatten, zurückbringen könne. Und so geschah es. Als sie an einem sicheren Ort ihren Wagen verließen, um den Fahrer zu fragen, was sie ihm schuldeten, war das Fahrzeug verschwunden, und es gab auch keine Spuren. Nur der Wagen meines Sohnes stand auf der Straße, so einsam und starr vor Kälte wie zwanzig Minuten vorher.

Als mein Sohn zu Hause eintraf, erzählte er mir die Geschichte in einer etwas anderen Fassung, und so offenbarte sich mir zum ersten Mal die Reaktion eines Menschen, der von den himmlischen Mächten gestreift worden war; wir versuchten zu rationalisieren und den Vorfall mit Bekanntem zu erklären. Doch nach weiteren vier Wochen blieb der Vorfall für ihn immer noch unerklärlich, und dann erzählte er mir, was wirklich geschehen war.

Interessant wurde es, als ich fragte, um wieviel Uhr der Mann erschienen sei und er mir antwortete: »Ich weiß genau, es war 1.45 Uhr, auch wenn ich mich sonst kaum noch erinnern kann, was in jener Nacht geschah.« Aber genau zu dieser Zeit – für mich war es 0.45 Uhr, da ich mich in einer anderen Zeitzone aufhielt – stand ich am Fenster und wartete auf ihn. Inzwischen hatte er fünf Stunden Verspätung und ich spürte eine wachsende Unruhe. Ich hörte mich selbst beten: »Gott, bitte unternimm etwas und schicke jemanden. Ich kann nicht ertragen, was hier geschieht. Bitte schicke jemanden.« So hatte ich bisher nie gebetet, und mir wurde bewußt, daß Gott meine Bitte erhört und gehandelt hatte.

Aber wen hatte Gott gesandt? In den folgenden Monaten versuchte ich, den Fahrer des Abschleppwagens aufzuspüren. Ich rief bei der Polizei an, die mir versicherte, daß in jener Nacht keine Rettungsfahrzeuge unterwegs gewesen seien. Ich rief einige private Abschleppfirmen an, aber niemand konnte mir weiterhelfen. Das ergab einfach keinen Sinn: Warum sollte ein Abschleppwagen in einer so stürmischen Nacht die sichere Stadt verlassen? Schließlich verbuchte ich den Vorfall als Eingriff eines himmlischen Wesens.

Zwei Jahre später begegnete mir jemand mit einer ähnlichen Geschichte. Eine Frau setzte sich in einem Flugzeug absichtlich neben mich. Ich fragte mich, ob man mir äußerlich etwas ansah und vor allem, warum sie mir dies alles erzählte. Sie sagte, sie habe einfach die Notwendigkeit dazu verspürt. Ihre Geschichte war phantastisch. Ein oder zwei Jahre später passierte mir dasselbe im Wartesaal eines Flughafens. Wieder kam jemand auf mich zu, setzte sich neben mich und fragte: »Glauben Sie an den Heiligen Geist?« Und ich erwiderte dieser völlig fremden Person: »Oh, natürlich.« Darauf sagte die Fremde, daß auch sie an ihn glaube. Es solle mir nicht peinlich sein, wenn sie mir jetzt etwas erzähle. Wieder hörte ich eine herrliche Geschichte. Dann sagte ich mir schließlich: »Okay, Gott, was geschieht hier? Was soll ich tun?« Und ich begann zu verstehen, daß ich noch weitere Geschichten wie diese sammeln sollte.

F: War Ihr Sohn schon vor dieser Erfahrung religiös? Oder dachte er nach seiner Rettung daran, sein Leben anders zu gestalten?

JWA: Na ja, er war insofern religiös, als er Gott und seinen Glauben an ihn ernst nahm. Aber er war auch ein leichtsinniger Junge, der Spaß hatte, gerne auf Parties ging, sich gern amüsierte. Ich kann nicht wirklich sagen, daß sich das geändert hätte. Er glaubt jetzt allerdings stärker an die Gegenwart eines liebevollen Geistes, der uns beschützt, der aber nicht Gott selbst ist – daß Gott also wirklich Engel schicken könnte. Er machte noch eine Erfahrung in dieser Richtung, als er einmal auf Glatteis die Kontrolle über seinen Wagen verlor. Er wollte auf eine Autobahn fahren, wo sich der Verkehr Stoßstange an Stoßstange mit etwa 110 km/h vorwärtsbewegte. Sein einziger Gedanke war: »Hier werde ich wohl sterben.« Da öffnete sich ganz plötzlich eine Lücke im Verkehr, er rutschte hinein und gelangte schließlich auf festen Untergrund. Danach erzählte er mir, daß dies wahrscheinlich wieder ein Werk der Engel gewesen sei. Ich meinte dazu nur, er solle vielleicht etwas kürzer treten und seinen Engeln nicht so viel zumuten.

F: In Ihrem Buch ›Where Angels Walk‹ sind viele Briefe enthalten. Woher kamen sie und wer schrieb sie?

JWA: Ich schreibe schon seit zwanzig Jahren für verschiedene Zeitschriften und bin häufig bei denselben Herausgebern als freie Mitarbeiterin tätig. Leser, die mich kannten, wußten deshalb oder sollten wissen, daß ich keine abgehobene Autorin, sondern eine ganz gewöhnliche Frau bin. Ich schrieb für kleinere religiöse Blätter, aber auch für große nicht kirchliche Zeitschriften – Frauenmagazine, Elternzeitungen und dergleichen. Ich beschloß, in einem Leserbrief mein neues Projekt vorzustellen und bat Leser, die glaubten, eine persönliche Begegnung mit Engeln gehabt zu haben, mir ihr Erlebnis mitzuteilen. Ich erklärte auch das Wesen eines Engels, damit er nicht mit dem freundlichen Nachbarn verwechselt, sondern wirklich als spirituelle Einheit betrachtet wurde.

Das war im Jahr 1989 noch ein gewisses Wagnis, da Engel noch nicht so anerkannt waren wie heute. Viele vergessen, daß wir, die wir uns damit beschäftigen, damals nicht Trittbrettfahrer eines bereits etablierten Trends waren, sondern eine wirkliche Vorreiterstellung einnahmen. Natürlich sahen wir das nicht so, denn wir arbeiteten unabhängig voneinander und jeder von uns – wir waren vielleicht zu viert oder fünft – dachte, daß er allein an diesem Projekt arbeitete. Ich befürchtete, daß man mich auslachen und sagen könnte: »Was ist nur mit ihr passiert – früher war sie doch ganz normal!« Doch ich hatte in meiner eigenen Spiritualität eine so starke Stütze, daß ich davon überzeugt war, richtig zu handeln. Ich mußte es einfach tun und tat es.

Zunächst veröffentlichte nur eine einzige Zeitschrift meinen Brief, in dem ich Leser bat, mir ihre Engelsbegegnungen mitzuteilen. Es kamen dann fünf oder sechs weitere Zeitschriften hinzu. Ich erinnere mich deutlich, wie ich das erste Mal in der Post vor meinem Schließfach stand und dachte: »Jetzt zeigt es sich, ob du geteert, gefedert und ausgelacht wirst, oder ob es auch andere gibt.« Ich öffnete mein Schließfach, und es war bis oben hin vollgestopft mit Briefen. Dazwischen fand ich einen kleinen Zettel mit der Mitteilung der Postverwaltung, mein Fach doch bitte häufiger zu leeren, da es noch mehr Post gab.

Noch heute besitze ich diese ersten Briefe. Ich glaube, nach etwa zweihundertfünfzig Zuschriften beschloß ich, daß sie ein Buch wert seien. Meine Auswahl richtete sich danach, möglichst viele Berichte aus möglichst ebenso vielen verschiedenen Blickwinkeln wiederzugeben. Ich wollte die Berichte von Männern und von Kindern. Die meisten Menschen denken oder dachten damals, Engel seien etwas für alte Mütterchen. Ich wollte Berichte von Menschen mit unterschiedlichen Glaubensbekenntnissen und von Menschen, die überhaupt nicht religiös sind. Leider schrieb mir kein Moslem. Ich hätte sehr gern den Bericht eines Moslems in mein Buch aufgenommen, denn Engel spielen im Islam eine sehr wichtige Rolle. Ansonsten mangelte es mir nicht an Berichten, denn alle meine Wünsche wurden von Gott erfüllt.

F: Spüren Sie die Gegenwart oder den Einfluß der himmlischen Boten, wenn Sie an Ihren Büchern arbeiten?

JWA: Ich war schon immer eine pflichtbewußte Journalistin und halte meine Abgabetermine strikt ein. Ich schrieb, während ich fünf Kinder großzog, und war daran gewöhnt, mit dem Spiralheft zu Football-Spielen zu gehen, um rechtzeitig fertig zu werden. Ich schrieb sieben andere Bücher vor ›Where Angels Walk‹, alle in Spiralhefte. Schreiben war immer schwierig.

Auch dieses Buch über Engel war schwierig, da es aus Einzelteilen zusammengestellt werden mußte. Dennoch hatte ich diesmal ein anderes Gefühl der Verantwortung. Bei der Auswahl der Personen und dem Umgang mit ihren Berichten erfüllte mich ein starkes und überwältigendes Verantwortungsgefühl, da ich diesen Menschen Sicherheit geben mußte – sonst hätten sie nie mit mir gesprochen. Hatten sie sich aber erst geöffnet, begannen viele zu weinen. Bei Telefoninterviews hörte ich sie manchmal schluchzen, obwohl sie sich bemühten, es zu verbergen. In gewisser Weise wurde ich zur Therapeutin. Das störte mich nicht, da ich immer der Ansicht war, daß der Kontakt mit himmlischen Sphären Gänsehaut auslöst. Wissen Sie, in jedem von uns gibt es eine durch Gott geformte Nische. Und diese Nische kann auch nur von Gott selbst besetzt werden. Das ist ein Teil der menschlichen Einsamkeit; wir versuchen, diese Nische mit anderen Dingen auszufüllen. Aber wenn Gott uns dann berührt, erkennen wir es meistens zuerst durch körperliche Reaktionen – Gänsehaut oder Tränenausbrüche. Deshalb sagte ich diesen Menschen auch immer wieder, sie sollten ihre Tränen nicht bremsen und sie als Zeichen einer wunderbaren Erfahrung annehmen. Dieses Verantwortungsgefühl war für mich schwieriger als das Schreiben selbst, da es ja ihre Geschichten und nicht meine waren.

F: Arbeiten Sie jetzt an einem neuen Buch?

JWA: Eigentlich habe ich gerade zwei Bücher abgeschlossen. Das eine ›Where Miracles Happen‹ beschreibt, wie Gebete erhört werden. Das andere berichtet über Begegnungen zwischen Kindern und Engeln und heißt ›An Angel To Watch Over Me‹. Das zweite Buch entstand hauptsächlich aufgrund der Zuschriften, die ich für ›Where Angels Walk‹ erhielt. Kinder teilten mir in ihren Briefen mit, daß sie mein Buch gelesen hätten; Eltern schrieben, daß ihre Kinder, seit sie ihnen abends aus dem Buch vorlasen, keine Alpträume mehr hätten und viel ruhiger geworden seien. Dennoch beklagten sie, daß die meisten Geschichten eher für Erwachsene wären und fragten, ob ich nicht etwas nur für Kinder schreiben könne. Und so schrieb ich das Buch über die Begegnungen zwischen Kindern und Engeln, das sich allerdings nicht nur an Kinder als Leser wendet.

Die Kinder von heute machen unerklärliche Erfahrungen, mit denen wir nicht vertraut sind und die so bisher auch nicht vorkamen. Mir scheint, daß manche Kinder über ein himmlisches Gedächtnis verfügen. Das beunruhigt mich etwas, weil ich mir nicht sicher bin, ob es glaubwürdig ist, aber auch nicht weiß, was es sonst bedeuten könnte. Sie kommen zur Welt und haben noch eine schwache Bindung an den Himmel. Dinge, die wir vor fünf oder zehn Jahren nicht beachteten, nehme ich inzwischen viel ernster, wie etwa Geschichten von kleinen Kindern, die mit hocherhobenen Armen rennen, als ob ihnen jemand entgegenkäme, der sie in die Arme nehmen und herumwirbeln könnte. Aber niemand ist zu sehen. Diese Kinder sind vielleicht ein- bis eineinhalb Jahre alt. Zwei- bis Dreijährige beharren unerschütterlich auf ihren unsichtbaren Begleitern, die sie zum Beispiel als »die hübsche Frau, die nachts in mein Zimmer kommt« beschreiben. Fünf- bis sechsjährige Kinder erzählen ihren Eltern, was vor ihrer Geburt geschah. In der Bibel steht: »In den letzten Tagen werde ich meinen Geist über alle Menschen ausschütten. Eure Söhne und Töchter werden weissagen. Eure kleinen Kinder werden Erscheinungen haben.« Ich frage mich, ob es da einen Zusammenhang gibt.

F: Sie wissen, daß Kinder über eine reiche Fantasie verfügen?

JWA: Ja, das weiß ich.

F: Ich frage mich deshalb, ob Sie sich nicht mit besonders einfallsreichen Kindern unterhalten haben. Glauben Sie, daß Kinder, die von ihrem Schutzgeist oder Schutzengel erzählen, nicht träumen oder Traum und Wirklichkeit verwechseln, sondern eine wahre Geschichte mitteilen?

JWA: Meiner Meinung nach lassen sich beide Teilfragen bejahen. Natürlich können sie sich alles einbilden, aber sie könnten auch Kontakt zu etwas haben, das wir nicht kennen. Ich glaube, wenn Kinder geboren werden, haben sie noch für kurze Zeit eine Verbindung zum Himmel. Man sagt, je länger wir irdischen Dingen nachgeben, um so mehr werden wir von einem Schleier eingehüllt. Jemand sagte mir einmal, daß wir vielleicht deshalb nicht mit Sprache geboren würden, weil wir zu viele herrliche Dinge erzählen könnten, die niemand verstehen würde. Ich weiß es nicht. Meine Arbeit besteht nicht darin, für etwas zu werben, sondern nur darin, Dinge aufzuzeichnen. Ich muß mir stets darüber im klaren sein, ob alles, was ich schreibe, in Einklang mit meinem spirituellen Leben steht, damit ich nicht heuchlerisch werde oder Dinge gutheiße, an die ich nicht glaube. Andererseits teilt man als Chronist die Dinge nur so mit, wie sie erzählt wurden, und jeder Leser kann selbst entscheiden, was er glauben möchte und was nicht.

F: Woher kommt ausgerechnet jetzt dieses plötzliche Interesse an Engeln?

JWA: Ich stimme mit denjenigen überein, die behaupten, daß sich die Welt gerade in einem sehr finsteren Abschnitt befindet. Und als Katholikin habe ich dazu einen etwas klareren Standpunkt, da im Katholizismus der Glaube an die Mutter Gottes, an ihre Führung und ihre Fürbitte sehr stark ist. In den letzten fünfzehn Jahren soll sie angeblich wesentlich häufiger auf der Welt erschienen sein als zuvor. Sie kam jedesmal, um die Menschen liebevoll zu warnen und um uns mitzuteilen, daß wir endlich aufwachen müssen, damit wir nicht die Strafe und Züchtigung Gottes auf uns ziehen. Das sind nicht Botschaften eines rachsüchtigen und zornigen Gottes, sondern eines Gottes, der versucht, unsere Aufmerksamkeit zu gewinnen. Er sollte den ersten Platz einnehmen, und alles andere sollte hinter Ihm zurückstehen, doch so wie es in unserem Land derzeit aussieht, kommt alles andere zuerst und ganz am Ende Gott.

Ich glaube nicht jeder einzelnen Eingebung – das tun weder die Kirche noch die meisten Menschen –, doch stimmen genügend Dinge überein, um mich aufmerksam zu machen. Trotzdem sind dies auch Zeichen der Hoffnung, da mit zunehmenden Unheilsverkündungen auch beständig das Bewußtsein wächst, daß Menschen des Lichts, Menschen Gottes nichts fürchten müssen – daß es Engel gibt, die für uns da sind und uns in der Not helfen werden. Es gibt keinen Grund, Angst zu haben.

Vielleicht kommen die himmlischen Wesen unter anderem aus diesem Grund. Ihre Ankunft ist eine Antwort und eine Möglichkeit, uns die nötige Zuversicht zu schenken für das, was auch immer kommen mag.

F: Sie erwähnten die jüngsten Warnungen der Mutter Gottes als Zeichen des Umbruchs. Können Sie auf bestimmte geschichtliche Ereignisse oder Naturgeschehen hinweisen, die wir beachten sollten?

JWA: In Amerika hatten wir mit Hurrikan Andrew die größte Naturkatastrophe seit Bestehen dieses Landes, und im selben Jahr geschah auch das größte durch Menschen hervorgerufene Unglück – die Aufstände von Los Angeles. Ich bin mir nicht sicher, ob das einfach als Zufall abgetan werden kann. Ich weiß aber bestimmt, daß wir nichts zu befürchten haben, solange wir glauben. Und deshalb schickt Gott uns Engel, um uns daran zu erinnern.

F: Was sind Engel?

JWA: Aus meiner Sicht ist ein Engel keine Person, die nach ihrem Tod in den Himmel kam. Sehr oft hören wir, wie jemand behauptet, nach dem Tod eines Familienangehörigen noch dessen Gegenwart zu spüren, ihn als Schutzengel zu empfinden, der über die Familie wacht. Das ist natürlich ein angenehmer Gedanke. Wahrscheinlich stimmt es sogar, daß ein Verstorbener über seine Familie wacht, aber definitionsgemäß gehören Engel einer anderen Schöpfung an. In der Bibel steht, daß Gott die Engel schuf, lange bevor er die Welt und aus ihr den Menschen schuf. Sie waren deshalb von Anfang an gegenwärtig und sind eine eigene, rein geistige Schöpfung. Zu ihren drei grundlegenden Aufgaben gehören die Anbetung Gottes, die Mittlerrolle zwischen Himmel und Erde sowie der Schutz für uns Menschen.

Jetzt fragt sich der eine oder andere, warum Gott sich nicht selbst mit uns befaßt? Wozu brauchen wir Engel? Natürlich kann Gott in direkten Kontakt zu uns treten und tut es auch, aber ich stelle nicht in Frage, wozu Er Engel benötigt; es genügt mir, daß Er sie schuf, weil wir sie brauchen.

Engel müssen auch manchmal die menschliche Gestalt annehmen, um uns zu beschützen oder uns Botschaften zu überbringen; deshalb sehen wir sie auch als altes Mütterchen, als strahlende Gestalt oder als Kind, das uns ein Wort der Zuversicht oder des Trostes überbringt. Im Grunde haben sie aber weder ein Geschlecht noch einen Körper.

F: Haben wir alle einen Schutzengel?

JWA: Ich selbst glaube, daß jeder einen Schutzengel besitzt. Beides ist nicht möglich; entweder haben ihn alle oder keiner. In der Bibel steht in Psalm 91: »Denn er befiehlt seinen Engeln, dich zu behüten auf all deinen Wegen.« Es heißt nicht »ich werde dich behüten, bis du elf Jahre alt bist oder nur, wenn du es brauchst«. Es heißt einfach »auf all deinen Wegen«. Viele glauben, das bedeute von Anfang an, für immer, und daß Engel uns nach unserem irdischen Leben zurück nach Hause zum himmlischen Thron begleiten. Dieser Gedanke hat etwas sehr Beruhigendes und deshalb glaube ich gern daran, daß wir alle Schutzengel haben.

F: Glauben Sie daran, daß wir bestimmte Botschaften von den Engeln erhalten?

JWA: Ich glaube, sie übermitteln uns dieselben Botschaften, die sie schon immer überbracht haben. Denken Sie an die Weihnachtsengel, die den Hirten in den Bergen erschienen – sie überbrachten die Botschaft, deuteten auf den Stall und verschwanden. Im Stall begann alles. Die Engel kamen, um unsere Aufmerksamkeit auf Gott zu lenken. Ihr Wirken dient nicht ihnen selbst, ist keine Religion in sich, kein Kult oder etwas, das von uns angebetet wird, sondern trägt dazu bei, eine Botschaft zu vermitteln: »Er ist gekommen, Er ist bei euch, fürchtet euch nicht« – genau wie zu allen Zeiten.

F: Glauben Sie, daß Engel stark an Heilprozessen beteiligt sind?

JWA: Ja, aber es gehörte früher bestimmt nicht zu ihren wichtigsten Tätigkeiten. Ich glaube vielmehr, daß sie jetzt auf der Erde viel stärker tätig werden – bei allen menschlichen Nöten, wozu auch das Heilen von Krankheiten gehört. Ich bin der Meinung, daß nur Gott selbst heilen kann. Er heilt nach Seinem Plan, nicht nach unserem. Die Engel können für uns vermitteln, wenn wir sie bitten, bei der Genesung zu helfen; sie können sich auch in allen anderen Angelegenheiten für uns verwenden, die endgültige Entscheidung liegt jedoch immer bei Gott.

F: Es gibt unzählige Berichte, denen zufolge Gebete, die um das Eingreifen Gottes baten, auf erstaunliche Weise in Erfüllung gingen. Haben Sie auch darüber geschrieben?

JWA: Mein Buch ›Where Miracles Happen‹ streift dieses Thema. In diesem Buch wollte ich Menschen zu Wort kommen lassen, die mit dem Himmel auf andere Weise in Berührung gekommen waren, als durch Engelsbegegnungen. Es interessierte mich, wie viele Zuschriften ich mit etwa folgendem Wortlaut erhalten würde: »Ich glaube an Engel, aber mir ist bisher keiner begegnet.« Sehr oft hörte ich hinter diesen Worten die unausgesprochene Frage, ob Gott diesen Menschen genauso liebe wie all die anderen. Viele dieser Menschen hatten gerade ein Unglück erlebt. Sie hatten von Menschen gehört, die noch rechtzeitig einem zu schnell fahrenden Wagen hatten ausweichen können, während sie selbst hilflos zusehen mußten, wie ihr Kind überfahren wurde. Sie litten an Krebs und hatten gehört, wie andere auf wunderbare Weise durch Engel von diesem Leiden befreit wurden. Diese unausgesprochene »Frage« beschäftigte mich zunehmend. Ich beantwortete die Post dieser Menschen und fragte sie, ob sie jemals eine überirdische Erfahrung gemacht hätten oder ob ihnen jemals die Gnade eines erhörten Gebets zuteil geworden war. Meine Frage wurde bejaht und verstanden, so daß mir klar wurde, daß ich mich bisher nicht deutlich genug ausgedrückt hatte. ›Where Miracles Happen‹ handelt deshalb davon, wie Gebete auf andere Weise beantwortet werden können, obwohl ich nicht ganz auf »Engelsgeschichten« verzichte, da auch Engel eine wundervolle Antwort auf ein Gebet sein können. Ein Abschnitt behandelt die Heilung von Krankheiten. Es kommen darin nicht nur Menschen zu Wort, die in kürzester Zeit von einer schweren Krankheit geheilt waren; manchmal blieb die Krankheit, aber die Person wurde auf eine Weise geheilt, die sie vielleicht nötiger hatte. Wir erhalten nicht immer das, worum wir bitten. Aber wir erhalten immer etwas, und manchmal ist dieses Etwas sogar besser.

F: Glauben Sie daran, daß Engel verschiedene Gestalten annehmen können, eine physische Gestalt oder die Form eines Lichtstrahls?

JWA: Ich glaube, sie erscheinen uns immer in der Gestalt, die zur Übermittlung der Botschaft notwendig ist. Natürlich können sie auch in Gestalt eines Lichtstrahls erscheinen. Sie können die Gestalt eines Kindes, einer älteren Dame oder einer Person aus einer anderen »Rasse« annehmen, was ich sehr interessant finde. Als ich mit meinen Nachforschungen begann, fiel mir auf, daß Asiaten von Engeln mit asiatischem Aussehen sprachen und Schwarze von schwarzen Engeln. Ich kam zu dem Schluß, daß Engel wahrscheinlich die Kultur, die Hautfarbe und das Geschlecht der Person annehmen, der sie erscheinen, um sie nicht zu beunruhigen oder zu verängstigen. Inzwischen erhalte ich auch andere Briefe, in denen mir von Engeln berichtet wird, die ein fremdartiges Aussehen haben. Weil das so ungewöhnlich ist, hebt der Schreibende dies meistens besonders hervor: »Uns begegnete diese kleine asiatische Frau, aber warum war sie Asiatin?« Für mich ist die Antwort beglückend schön, wir sind alle Gottes Geschöpfe, und dies ist Seine Art, es uns mitzuteilen.

F: Glauben Sie, daß Gebete wirklich mit Hilfe der Engel erhört werden? Kennen Sie Menschen, die ihre Gebete nicht nur an eine höhere Macht richten, sondern auch an die Engel?

JWA: Natürlich. Papst Johannes XXIII. hatte ein kleines Ritual, das er gewöhnlich vor hochrangigen Gesprächsrunden vollzog, die Stoff für Mißverständnisse und hitzige Debatten boten. Er bat seinen Schutzengel, die Schutzengel der Personen aufzusuchen, die an diesem Tag anwesend sein würden – die Engel sollten ihre Herzen öffnen und in ihnen die Bereitschaft wecken, die richtige Entscheidung zu treffen. Nach Meinung des Papstes nahmen die Gespräche immer einen besonders glücklichen Verlauf, wenn er daran gedacht hatte, die Engel um Hilfe zu bitten.

Wenn ich diese Geschichte erzähle, bestätigen mir meine Zuhörer, daß auch sie Engel bitten, ihre Kinder auf dem Schulweg zu begleiten oder einem Familienangehörigen in einer Notlage zu helfen. Doch, ich glaube daran, daß Engel als Boten dienen.

F: Wie reagieren Sie auf Wissenschaftler, die behaupten, daß Engel nicht zu definieren sind und deren Existenz sogar in Frage stellen?

JWA: Glaubensfragen lassen sich eben nicht beweisen. Man muß sie entweder annehmen oder ablehnen, da ein Glaube ohne unsere Antwort tot ist. Wie kann man mit dem Herzen eine Antwort geben auf etwas, das bereits vorgegeben ist? Man muß seine Seele erheben, um für Gott empfänglich zu sein, und das geschieht nicht notwendigerweise durch die Wissenschaft. Die Aussage, »diejenigen, die glauben, brauchen keine Erklärung; denjenigen, die nicht glauben, genügt keine Erklärung«, trifft den Nagel auf den Kopf.

Meine Aufgabe besteht nicht darin, die Bedenken anderer zu zerstreuen oder sie zu überzeugen. Gott behandelt jeden auf Seine Weise. Meine Aufgabe besteht einfach darin, Informationen zu verbreiten und zu hoffen, daß sie einem Wissenschaftler, der sie liest, nur um sie anzufechten, einen leichten Stoß versetzen. Wenn er die Tür zu seinem Herzen nur einen Spalt breit öffnet, vertraue ich darauf, daß Gott eintritt und das weitere tut.

F: Können Kinder leichter als Erwachsene einem Engel begegnen?

JWA: Das glaube ich eigentlich nicht, aber sie bringen die größere Bereitschaft dazu mit. Ein Erwachsener rationalisiert eine Begebenheit, er dreht und wendet sie in Gedanken und versucht, eine natürliche Erklärung für das Vorgefallene zu finden. Grund dafür ist unser Argwohn. Wir glauben nicht, daß wir gut genug sind, daß Gott wirklich zu uns auf die Erde kommt oder uns als Zeichen seiner Liebe Engel sendet. Wir nähern uns also einer Engelsbegegnung mit all diesen negativen Vorurteilen, wogegen ein Kind vorbehaltlos und offen ist. Jesus sagt, daß wir unserem himmlischen Vater wie ein Kind begegnen sollen, und was tut ein Kind? Es liebt seinen Vater. Es legt seine Hand in die seines Vaters und folgt ihm. Das in der Bibel von Jesus gesprochene Wort »Abba« bedeutet »Vater«. Diese Beziehung sollten wir zu unserem Vater haben, und als Kinder haben wir sie auch. Doch als Erwachsene haben wir bereits soviel Schmerzliches erlebt – vielleicht hatten wir keine gute Beziehung zu unserem Vater oder es fehlte etwas, das uns diese wahre Bedeutung der Bindung vermissen ließ. Ich erlebte das mit meinen eigenen Kindern. Ich betrachtete sie und wußte, daß die Liebe zu ihnen auch bedeutet, ihnen ihre eigenen Erfahrungen mit allen Folgen, die daraus erwachsen, zuzugestehen; unabhängig von ihren Taten könnte ich jedoch niemals aufhören, meine Kinder zu lieben. Niemals. Und ganz verschwommen begriff ich, daß, wenn ich so tief und bedingungslos lieben kann, Gott für mich das gleiche empfinden muß. Meine Kinder konnten mich zur Verzweiflung bringen, ich konnte wütend auf sie sein, aber ich habe niemals aufgehört sie zu lieben. Deshalb glaube ich sehr stark daran, daß Gott fast alles unternehmen wird, um unsere Aufmerksamkeit zu gewinnen.

F: Wir haben mit vielen Menschen gesprochen, die dasselbe starke Gefühl der Liebe empfanden, wenn sie von ihrem Engel gesegnet oder gestreift wurden – unvergleichliche Gefühle von Trost, Wärme und Licht. Gibt es unter den vielen Engelsgeschichten, die Ihnen erzählt wurden, eine, die Ihnen besonders lieb ist – abgesehen von der Geschichte Ihres Sohnes?

JWA: Es gibt viele Geschichten, die ich besonders mag. Ich behaupte immer, die schönste Geschichte sei die, die ich gerade gehört habe, da ich jedesmal fassungslos bin, aber dann lese oder höre ich die nächste Geschichte und schon sage ich wieder: »Das ist die beste Geschichte, die ich je gehört habe.«

Wahrscheinlich mag ich aber die Geschichte des ›Mannes in Weiß‹ am liebsten. Sie stammt von einer jungen Frau aus Florida und handelt von ihrem damals dreizehnjährigen Sohn. Sie wohnten in einem dünn besiedelten Gebiet, in dem es viele Schlangen gab. Die Kinder wußten, daß sie beim Spielen vorsichtig sein mußten. Trotzdem wurde ihr Sohn Mark, während er draußen mit dem Hund spielte, von einer riesigen Klapperschlange oberhalb des Knöchels in die Hauptschlagader gebissen. Seine Mutter hielt sich im Haus auf, als er über die Schwelle stolperte und nur noch sagen konnte: »Ich wurde gebissen.« Dann wurde er ohnmächtig, und sie erfuhr nichts mehr. Sein Knöchel war bereits dick angeschwollen, als sie ihn ins Krankenhaus brachte. Dort fiel er ins Koma und man glaubte bereits, er würde sein Bein und vielleicht sogar sein Leben verlieren.

Beides traf nicht ein. Er wachte aus dem Koma auf und wurde wenige Tage später vom Arzt und seiner Familie befragt, was vorgefallen sei. Zuerst sagte er, die Schlange habe ihn zweihundert bis dreihundert Meter vom Haus entfernt gebissen, aber der Arzt meinte, diese Entfernung hätte er bei einer solchen Menge Schlangengift im Blut nicht mehr zurücklegen können. Da sagte Mark, daß er diese Strecke auch nicht gegangen sei. Ein in Weiß gekleideter Mann habe ihn auf die Arme genommen und sehr vorsichtig getragen. Mark war ein hochaufgeschossener und nicht gerade leichter Teenager, aber dieser Mann trug ihn zum Haus und sagte ihm, daß er sich wieder erholen würde. Mark konnte sich nicht an das Gesicht des Mannes erinnern, da seine Wange an dessen Schulter geruht hatte. Er wußte nur noch, daß er sich sehr wohl und geliebt gefühlt hatte und erinnerte sich bei all den Schmerzen und der Angst, die er im Krankenhaus empfand, immer wieder an dessen Botschaft. Dieser Mann hatte Mark dreizehn Stufen zum Haus empor getragen, die verschlossene Eingangstür geöffnet und Mark sicher im Haus abgelegt. Diese Geschichte gefiel mir immer besonders, da sie das wesentliche einer Engelsbegegnung vermittelt: Zärtlichkeit, Trost, Sicherheit und Schutz.

F: Glaubte Mark jemals selbst, einem Engel begegnet zu sein?

JWA: Mark dachte daran, daß es Jesus gewesen sein könnte. Danach durchlebte er eine schwierige Zeit, da man sich über ihn lustig machte, wenn er seine Geschichte erzählte. (Die Geschichte passierte, als man sich noch nicht wieder so intensiv mit Engeln beschäftigte.) Ich glaube, wenn Mark heute dasselbe erlebt hätte, er hätte eine bereitwillige Zuhörerschaft gefunden. Damals verletzten ihn die Antworten der anderen, weil das Erlebnis für ihn selbst überaus kostbar war. Er konnte nicht ertragen, wie es herabgesetzt wurde und erwähnte es deshalb nicht länger.

F: Warum nahm man Engel vor zehn, fünfzehn oder zwanzig Jahren nicht so gut auf wie heute?

JWA: Engel sind jetzt »in«, eine Art Modeerscheinung. Im Augenblick gibt es in den USA zwei Richtungen. Wir treffen Menschen, die Anstecknadeln mit Engeln tragen und über Engel sprechen, weil es Mode ist. Das ist meiner Meinung nach in Ordnung, da an Gott sowieso kein Weg vorbeiführt und vielleicht das Tragen einer Anstecknadel dem einzelnen den Himmel etwas näherbringt. Das mag einigen eine Stütze sein. Daneben gibt es all diejenigen, die schon immer an etwas Besonderes glauben wollten. Diese Menschen kaufen unsere Bücher und strecken zaghaft ihre Hände nach Höherem aus. Ich erhalte viele Briefe von Menschen, die zehn oder fünfzehn Jahre lang nicht über spirituelle Dinge nachgedacht haben. Vielleicht wurden sie als Kinder gekränkt, wurden mißverstanden oder die meiste Zeit vernachlässigt. Und sie traten ohne feste Regeln ins Erwachsenenleben. Sie irren umher und treiben dahin mit einem inneren Hunger, den natürlich jeder kennt, und siehe da, ganz plötzlich bieten sich Engel an, das Tor zu öffnen. Versuchsweise und ohne Wagnis kann man sich Gott nähern. Engel verlangen nichts von uns, sie bringen uns nur Liebe. Aber Engel allein sollten nicht das Ziel sein. Die meisten Menschen, die einem Engel begegnet sind, müssen noch eine Hürde nehmen. Es stellt sich ihnen die Frage, ob sie weiter vordringen wollen. Wollen sie dahin, wohin die Engel weisen oder haben sie Angst davor, daß Gott zu viel von ihnen verlangen könnte? Ich will dazu nur sagen: »Geht, denn dort findet ihr wirkliche Freiheit und echten Frieden.

F: Sie erwähnten, daß Engel im Augenblick eine Art Modeerscheinung sind. Wir hörten auch schon den Begriff »Engel-Manie«. Umfragen ergeben, daß auf vielen großen Rock-Konzerten neuerdings einzelne Personen vortreten und über Engel sprechen. Die jugendlichen Besucher dieser Ereignisse bezeichnet man auch als Generation X. Suchen sie nach einem spirituellen Erlebnis? Haben sie einen ech-

ten Glauben oder springen sie nur auf den »Engelskarren« auf, weil es »in« ist?

JWA: Ich liebe dieses Alter. Vier meiner Kinder gehören noch zur Generation X, und ihre Ausgelassenheit, Lebendigkeit und Freude faszinieren mich. Es gibt düstere Vorhersagen für diese Generation, die wahrscheinlich nicht eintreten werden. Dennoch wird die organisierte Religion von dieser Gruppe einheitlich abgelehnt. Sobald sie das Elternhaus verlassen und niemand mehr die Teilnahme am Gottesdienst verlangt, werden Kirche und Gott für sie uninteressant. Da das Leben sich aber nicht mehr auf vorgegebenen Bahnen bewegt, geraten diese Jugendlichen leichter als ihre älteren Geschwister, die unter anderem noch einen stabileren Arbeitsmarkt antrafen, ins Schleudern. Jugendliche, die in den neunziger Jahren die Schule abschließen, haben keinen wirklichen Halt. Deshalb gewinnen spirituelle Dinge für sie etwas früher als für ihre älteren Geschwister an Bedeutung.

In meiner Gemeinde wunderten wir uns immer darüber, warum unsere Kirche gerade von den etwa Dreißigjährigen so regen Zulauf erhielt. Schließlich dämmerte uns, daß gerade diese Altersgruppe häufig drei- bis vierjährige Kinder hatte. Und diese Kinder fingen an, Fragen nach Gott zu stellen, die ihre Eltern bewogen, wieder eine Kirche zu besuchen.

F: Sie haben fünf Kinder. Kam eines ihrer Kinder im Alter von sechs bis acht Jahren zu Ihnen und fragte, was ein Engel sei?

JWA: Nein, und ich erzählte ihnen auch nichts über Engel. Wir hatten nie das Bild eines Schutzengels oder Heiligen in unserem Haus, und wenn ich jetzt zurückblicke, weiß ich, daß mir etwas fehlte. Meine ersten vier Kinder bekam ich innerhalb von fünf Jahren, und alle sind Jungen. Zu dieser Zeit war ich deshalb sehr nervös; immer fürchtete ich, einem von ihnen könnte etwas zustoßen. Sie gerieten in die unmöglichsten Situationen und spielten mir andauernd Streiche. Aber sie hatten einen unsichtbaren

Freund – ich glaube er hieß Peter –, nach dem ich mich, während ich im Durcheinander der Küche belegte Brote richtete, bei ihnen erkundigte, um mit von der Partie zu sein: »Ist Peter heute hier? Will Peter auch ein Sandwich?« Bis vor kurzem war mir dabei nicht bewußt, daß mir alle vier immer wie aus einem Munde antworteten: »Ja, er ist hier« oder »nein, er ist nicht hier«.

Wenn ich damals daran gedacht hätte, hätte ich vielleicht gefragt, weshalb sie alle die gleiche Antwort geben konnten. Sie sprachen sich nicht ab und sie gaben sich keine Zeichen hinter meinem Rücken. Ich habe meine Söhne inzwischen darauf angesprochen, aber sie haben keine Ahnung, wovon ich rede. Die meisten Kinder können sich später im Leben nicht mehr an solche Begebenheiten erinnern. Ich glaube einfach, mir ist damals etwas Wesentliches entgangen.

F: Wenn Sie heute ein kleines Kind fragen würde: »Was ist ein Engel?« – was würden Sie antworten?

JWA: Ich würde sagen, ein Engel ist ein Geist, der bei Gott lebt. Engel haben verschiedene Aufgaben. Manche wohnen im Himmel und umgeben Gott, andere kommen auf die Erde, um uns zu helfen. Immer wenn ein Kind geboren wird, sagt Gott den Engeln: »Beschützt dieses Kind, denn ich liebe es.« Und die Engel folgen Ihm. Deshalb wird auch jedes Kind immer von seinem Engel begleitet und auch von anderen, wenn es mehr Zuwendung oder Hilfe benötigt. Man muß sich niemals vor einem Engel fürchten – sie sind immer herrlich –, aber vielleicht wird man auch niemals einen zu sehen bekommen, und das bedeutet »Glaube«. Manchmal müssen wir an Dinge glauben, ohne sie zu sehen, aber Glauben bringt Freude. Du kannst dein ganzes Leben lang mit Engeln reden, sie werden immer für dich da sein.

F: Offensichtlich haben Sie Kinder sehr gerne.

JWA: Ja, das stimmt. Ich liebe Kinder, besonders in der heutigen Zeit, wo so viele Kinder von uns im Stich gelassen werden. Sie müssen einfach erfahren, daß sie nicht allein sind. Es gibt so viele emotionell heimatlose Kinder. Kinder, die ohne Zuwendung aufwachsen, Kinder, die vielleicht über viele materielle Dinge verfügen, aber die niemanden haben, der einfach mit ihnen spricht. Viele Kinder wurden auf dem Altar wirtschaftlicher Interessen geopfert. Das klingt vielleicht hart, und ich will Eltern deswegen auch keine Schuldgefühle aufbürden. Ich glaube, auch viele Eltern sind emotionell heimatlos. Ich will damit auch nicht sagen, daß meine Generation alles besser gemacht hat. Jeder tat, was er konnte, und es gibt auch heute viele Eltern, die das ihnen Mögliche tun. Trotzdem brauchen viele Kinder mehr, als sie bekommen.

F: Wie stehen Sie zu der Tatsache, daß jetzt häufig Engel um Hilfe gebeten werden?

JWA: Bitten ist sehr wichtig, es ist ein Ausdruck von Demut. Es bedeutet, daß wir uns eingestehen, nicht für alles eine Antwort zu haben. Letzte Nacht goß es hier in Strömen, der Wind heulte, und natürlich bat ich als erstes um den Schutz der Engel für unser Haus. Sehen Sie, indem ich um Hilfe bat, gestand ich meine völlige Hilflosigkeit dem Sturm gegenüber ein. In meinem Verhältnis zu Gott erkenne ich an, daß Er Gott ist und ich nur eines Seiner Kinder. Mit diesem Verständnis ist es für mich nicht verwunderlich, daß ich Hilfe erhalte, wenn ich darum bitte. Ich gestehe meine Not ein, und Gott erhört die Bedürftigen.

F: Sind Engelsbegegnungen jetzt so häufig, weil mehr Menschen darum bitten?

JWA: Ja, denn mehr Menschen verspüren das Schlechte. Viele Dinge machen unsere Seele krank, und trotzdem dulden wir vieles im Namen der Toleranz. Dinge, die man vor Jahren als falsch betrachtete, sind es auf einmal nicht mehr. Aber unser Inneres weiß Bescheid. Wir sehen die Gewalt und den Schmerz und wissen, daß es eine Antwort darauf gibt. Unsere Seele kennt die Antwort, aber wir zögern. Wir glauben, eine offenere Spiritualität schränkt uns ein, aber in Wirklichkeit befreit sie uns.

Deshalb kommen Engel, um uns zu warnen, um uns darauf aufmerksam zu machen, daß wir es allein nicht schaffen. Man kann nur bis zu einem gewissen Punkt das Ruder selbst in der Hand halten, den Rest muß man Gott überlassen.

F: Welche Geschichte einer Kind-Engel-Begegnung erzählen Sie am liebsten?

JWA: Eine der Geschichten in meinem Buch über Kinder und Engel beeindruckte mich besonders, da auch ich ein lernbehindertes Kind hatte. Damals verstand man diese Behinderung noch nicht so gut wie heute, und wir wußten nur, daß etwas nicht stimmte. Die Geschichte in meinem Buch handelt von einem Mädchen mit derselben Behinderung. Während des Unterrichts trommelte sie immer mit den Füßen auf den Boden. Wenn der Lehrer sie bat aufzuhören, nahm sie es sich fest vor, aber schon kurze Zeit später waren ihre Füße wieder in Bewegung. Man kann sich nur vorstellen, wie hyperaktiv dieses Kind gewesen sein muß. Sie konnte den Zeilen im Buch nicht folgen. Alle Kinder konnten lesen, nur sie nicht. Es handelte sich um eine Lesestörung, aber sie wußte nichts von diesem Problem. Sie wußte nur, daß sie als dumm galt.

Eines Tages ärgerte sich der Lehrer so über sie, daß er sie aus dem Klassenzimmer wies. Sie ging in die Bibliothek, vergrub ihren Kopf unter ihren Armen und weinte hemmungslos. Sie fand sich dumm, häßlich und vieles mehr. Da berührte sie plötzlich eine Hand an der Schulter und eine männliche Stimme sagte: »Es wird alles gut, kleine Laura, habe keine Angst.« Sie fühlte sich von einer Welle der Stärke, Liebe und Zuversicht ergriffen. Als sie sich – noch mit Tränen in den Augen – umdrehte, war die Bibliothek menschenleer. Dennoch war sie getröstet und wußte, daß von diesem Zeitpunkt an alles anders werden sollte. Und so geschah es auch, denn nach einem Jahr fand man ihr eigentliches Problem heraus und konnte sie entsprechend unterrichten.

Niemals vergaß sie diese Hand und das Gefühl, das sie

ihr gab. Natürlich denkt sie (und auch ich), daß der Mann ihr Schutzengel war, dem sie in einer schwierigen Zeit begegnete.

F: Ihre Geschichten sind sehr bewegend und lebensnah. Können Sie uns noch eine weitere erzählen?

JWA: Zu den mir persönlich liebsten Geschichten gehört auch eine kleinere Begebenheit, nichts Atemberaubendes. Ich erzähle sie gerne, weil Gott auch im Kleinen wirkt und wir das häufig übersehen. Für uns sind dies »Zufälle«. Ich selbst glaube nicht an Zufälle.

Diese Geschichte handelt von einem Ehepaar in Kansas, das sich ein Kind wünschte, aber keines bekam. Die Frau war Mitglied in einem Chor, der durch das Land reiste und auf verschiedenen Veranstaltungen sang. Die anderen Frauen in diesem Chor ermunterten sie, an der Stelle des Programms, an der jede sich selbst vorstellen sollte, über ihren Kinderwunsch zu sprechen: »Bitte die Menschen einfach darum, für dich zu beten.« Obwohl sie meistens bei nicht-religiösen Veranstaltungen sangen, beschloß die Frau, diesem Ratschlag zu folgen.

Eines Tages besuchte sie mit ihrer Mutter ihre jüngere Schwester, die in Kansas City studierte. Es war ein regnerischer Tag, sie erledigten ihre Einkäufe mit dem Wagen und verriegelten ihn jedesmal sorgfältig, da man in dieser Stadt besonders vorsichtig sein mußte. So geschah es auch am Abend. Es regnete die ganze Nacht hindurch bis zum folgenden Morgen, als sie wieder ins Auto stiegen und ihre Mutter auf dem Rücksitz einen kleinen rosaroten Baby-Schuh entdeckte. Er war vollkommen trocken, und keine der Frauen konnte verstehen, wie er wohl in den verriegelten Wagen gelangt war. Was die Frau dann sagte, gefiel mir besonders: »Der Schuh sah aus, als ob man ihn absichtlich so hingelegt hätte.«

Ohne es zu wissen, war sie bereits schwanger und hatte es an diesem Wochenende, am Muttertag, bemerkt. Neun Monate später gebar sie ein Mädchen. »Klar«, sagte sie, »hätte Gott mir sonst einen rosaroten Schuh geschickt?«

Ich mag diese Geschichte, da ich mir vorstelle, wie unzählige Gebete aus den weiten Ebenen von Kansas gen Himmel steigen und all diese Menschen und vielleicht auch ihre Engel für diese eine Frau Fürbitte einlegen. Der Schuh war ein Zeichen des Himmels.

F: Glauben Sie, daß wir im Augenblick einen tiefen Bewußtseinswandel erleben, daß wir eine höhere Schwingungsebene erlangen?

JWA: So würde ich das nicht sagen. Wie ich bereits sagte, sieht man derzeit, wie die Natur gegen den Menschen aufbegehrt, und auch die Menschen untereinander sind sehr aggressiv. Aber solchen Zeiten folgte schon immer eine sehr friedliche Epoche, in der die Menschheit harmonisch zusammenlebte. Diese Ansicht ist sehr biblisch, wird aber auch von den meisten Anhängern der New-Age-Theorie vertreten. Egal wie man es nennt, mir erscheint diese Möglichkeit sehr wirklich. Wir sehen in der Geschichte, daß Engel zu Krisenzeiten scheinbar vermehrt wirkten und dann jeweils eine bessere Epoche folgte. Ich hoffe, diese besseren Zeiten kommen bald, obgleich wir uns wahrscheinlich erst in der Mitte der »düsteren Zeit« befinden.

F: Viele Menschen denken, die Welt steht kurz vor dem Untergang – daß Krieg, Hungersnöte, Tod und AIDS die Boten der letzten Tage sind.

JWA: Ja, Seuchen. Bis zur Jahrtausendwende werden ungefähr vierzig Prozent der afrikanischen Bevölkerung an AIDS erkrankt sein. Wenn das keine Seuche von epidemischem Ausmaß ist, was dann? Ich hörte, daß neue, unheilbare Krankheiten die Menschheit in den kommenden Jahren heimsuchen werden, die mindestens so bedrohlich wie AIDS sein könnten. Ich will keine Schwarzmalerei betreiben, denn wir erhielten das Versprechen, daß uns dies alles nur aufrütteln soll. Ich glaube fest daran, daß alles aufhören wird, sobald wir Einsicht zeigen. Vielleicht ist das das Zeitalter, von dem Sie sprechen. Vielleicht steuern wir darauf zu.

F: Welche Rolle werden Engel spielen?

JWA: Ich glaube, Engel werden uns behilflich sein und in vielerlei Hinsicht beschützen. Wir werden mit Hilfe der himmlischen Wesen unsere Schwierigkeiten überwinden. Der Gedanke bewegt mich so sehr, daß ich Eltern bat, die Äußerungen ihrer kleinen Kinder aufzuschreiben, da sie uns in der Zukunft Trost oder Führung sein könnten. Ich erwähnte Eltern gegenüber auch, daß sich im Moment das Syndrom der »Falschen Erinnerung« ausbreitet – Menschen behaupten, man habe ihnen oder anderen ihre Erinnerungen eingeredet. Niemand will sich auf diese Weise beschuldigen lassen. Am besten führt man ein mit Datum versehenes Tagebuch darüber, was Tommy tat, als er klein war. Er wird sich später nicht daran erinnern, und man selbst kann sich jederzeit vergewissern. Vielleicht könnte dieses Wissen wertvoll für uns sein.

F: Können wir lernen, mit unserem Engel Verbindung aufzunehmen?

JWA: Sie sollten daran denken, daß Engel nicht in unserem Dienst stehen, sondern Gottes Boten sind. Sie handeln nach seinem Plan und seinem Willen. Aus meiner Sicht heißt das, wir können sie immer um Schutz und Hilfe bitten, aber wir können sie nicht erreichen, um sie unseren Willen ausführen zu lassen, oder damit sie sich uns auf eine gewünschte Weise offenbaren. Sie folgen immer dem Gebot Gottes; wir können uns ihre Gegenwart nur ersehnen, sie um ein Zeichen ihrer Anwesenheit bitten und uns daran erfreuen.

Manchmal finden wir diese Zeichen in Form eines Aufklebers oder eines lieben Briefes. Vor kurzem erfuhr ich von einer Dame, daß ihr Enkelkind verunglückt sei und sie sehr darunter leide. Bei der Beerdigung brachten viele Menschen rosarote Rosen als Abschiedsgeschenk, obwohl solche Rosen im Leben des Kindes nie eine Rolle gespielt hatten. Auch in den folgenden Wochen erhielten die trauernden Familienangehörigen immer wieder rosarote Rosen. Über ein Jahr später trauerte diese Dame noch immer um ihr Enkelkind und bat ihren Engel um ein Zeichen, daß er bei ihr sei und es dem Kind gutginge. Als sie am selben Abend nach einem Restaurant-Besuch auf dem überfüllten Parkplatz nach ihrem Wagen suchte, hatte er als einziger eine rosarote Rose auf der Windschutzscheibe.

Natürlich könnte man von einem Zufall sprechen, aber ich behaupte, sie betete und erhielt eine Antwort, die nur von ihr selbst als himmlische Botschaft verstanden werden konnte.

F: Welches Prinzip soll uns die Gegenwart der Engel vermitteln? Nennen Sie ein Schlüsselwort.

JWA: Hoffnung. Die Menschen von heute sind sehr einsam und suchen nach etwas in ihrem Leben, das ihnen Halt gibt. Wir alle brauchen Hoffnung, die Hoffnung, daß diese Welt nicht das einzige ist, daß wir hier nur nach Gottes Willen leben, auch wenn wir Seine Absichten nicht kennen, so daß schließlich alles zum Besten gerät. Ich erinnere mich an die niederländische Missionarin Corrie ten Boom, die einmal sagte, daß unser Leben wie die Rückseite eines Teppichs sei; die Fäden laufen kreuz und quer, es gibt Knoten und lose Enden, rote Fäden stechen an manchen Stellen besonders hervor, ansonsten herrscht ein Farben-Wirrwarr. Dreht man dieses Durcheinander aber auf die richtige Seite, entfaltet sich ein herrliches Muster.

So stelle ich mir den himmlischen Blick auf das irdische Dasein vor, doch wir hier unten sehen nur das Wirrwarr auf der Rückseite des Teppichs. Gelegentlich streift uns eine kaum wahrnehmbare Eingebung, ein sanfter, aber kurzer Hauch – wie die Rose auf der Windschutzscheibe. Wenn wir aber nach Seinem Willen leben, erkennen wir irgendwann ganz plötzlich die Vorderseite des Teppichs, sie erhält eine herrliche Gestalt. Daran habe ich nicht den geringsten Zweifel.

F: Was denken Sie über Engel, die uns im Traum erscheinen?

JWA: Ich erhalte Briefe von Menschen, die mir von ihrer Begegnung mit Engeln berichten, aber sie im selben

Moment wieder verneinen, indem sie sagen: »Ich weiß, es war keine wirkliche Begegnung, denn ich habe nur geträumt.« Ich empfehle ihnen dann immer, in der Bibel zu lesen. Zum Beispiel über Joseph, Jesu Ziehvater. Nirgendwo steht geschrieben, daß ihm in Momenten des Zweifels ein Engel erschien, aber dreimal erschien er ihm im Traum und sagte ihm jedesmal, was zu tun sei: das erste Mal, Maria zu heiraten, das zweite Mal, Jesus und Maria vor Herodes' kindermordenden Truppen in Sicherheit zu bringen und das dritte Mal, nach Hause zurückzukehren. Diese Begegnungen waren sicher himmlischer Art und die Bibel schweigt darüber, ob Joseph den Engeln auf dem Feld während des Pflügens oder in seiner Schreinerei begegnete. Wenn die himmlischen Boten also Joseph im Traum erscheinen konnten, warum nicht auch anderen?

F: Kennen Sie jemanden, dem ein Engel im Traum begegnete?

JWA: Ja. Verschiedene Menschen haben mir berichtet, daß ihnen im Traum Engel begegnet seien, um ihnen etwas über sich selbst mitzuteilen. Häufig werden sie vor etwas gewarnt, das sie bereits erahnen. Eine Frau erzählte mir von ihrem Traum, den sie kurz vor der Ferienreise ihrer Familie hatte. Sie hatten diese Reise lange geplant, aber trotzdem träumte sie in der Nacht vor ihrer Abreise, daß sie sich verirrten und der Motor ihres Wagens auf der Autobahn Feuer fing. Im Traum wußte sie, daß sie sich umdrehen, ihr Kind aus dem Kindersitz befreien – das tat sie jedesmal als erstes – und es über die Vordertüre aus dem Wagen ziehen mußte. Obwohl sie mehrmals aufwachte, wiederholte sich der Traum die ganze Nacht hindurch, und jedesmal schien es, als ob ein Engel über ihrem Wagen schwebte.

Am Morgen richtete sie sich erschöpft zur Abreise. Noch während sie auf der Fahrt über ihren Traum nachdachte, fing plötzlich der Motor ihres Wagens Feuer. Sie drehte sich wie programmiert um, dachte nicht nach und regte sich auch nicht auf. Sie löste einfach den Sicherheitsgurt des Kindersitzes und verließ mit dem Baby den Wagen durch die Vordertür, die seltsamerweise offenstand. Normalerweise wäre sie in Panik geraten, hätte geschrien oder hätte mit ihrem Mann gestritten – sich also kopflos verhalten (wie das in Krisensituationen häufig vorkommt). Dafür kannte sie sich selbst gut genug. Aber der Traum hatte sich so oft wiederholt, daß sie fast automatisch das Kind aus dem Wagen befreite.

Diese Geschichte zählt zu den schönsten »Traumbegegnungen«, die mir erzählt wurden. Manche träumen auch von ihnen nahestehenden Personen, die verstorben sind. Die Toten besuchen sie im Traum und teilen ihnen mit, daß sie wohlauf seien und man nicht über sie trauern müsse. Eine Frau träumte einmal von einer Verwandten, die ihr sagte: »Ich habe im Himmel so viele Dinge zu tun, die liegenbleiben, wenn du mich weiter festhältst. Laß los.« Genauso hätte ihre Tante tatsächlich mit ihr gesprochen. Besonders interessant war, daß der Traum für diese Frau sehr wirklich war und sie danach keine Trauer mehr verspürte. Wir alle wissen aber, daß sich Trauer nicht über Nacht auflöst. Wir müssen uns hindurcharbeiten und gerade, wenn wir glauben, den Schmerz bewältigt zu haben, kommt er mit voller Wucht wieder. Die Tatsache, daß diese Frau nach ihrem Traum nie wieder um ihre Tante trauerte, ist für mich das Zeichen für einen »Engelstraum«, obwohl ihre Tante nicht als Engel erschien. Es ging um das spirituelle Erlebnis – der Traum war ein Geschenk des Himmels.

F: Die meisten Ihrer Geschichten handeln davon, wie jemand vor dem Tod oder einem schweren Unglück bewahrt wird. Erscheinen Engel auch, um leise und unauffällig Hilfe zu leisten?

JWA: Sicher erscheinen viele Engel auch in alltäglichen Situationen. Eine Mutter berichtete mir einmal, wie sie in einem großen Einkaufszentrum mit ihrer achtzehn Monate alten Tochter auf dem Arm, bepackt mit Einkaufstaschen und auf Stöckelschuhen mit dem Aufzug nach unten fahren mußte. Gleichzeitig versuchte sie, ihre dreijährige Tochter, die vor dem Aufzug Angst hatte, mitzuziehen. In dieser unheilvollen Lage, schon halb im Fallen, legte sich plötzlich eine Hand auf die Schulter ihrer Tochter. Diese Hand gehörte einem sanft wirkenden, weißhaarigen Herrn in schwarzem Anzug, der vielleicht siebzig bis fünfundsiebzig Jahre alt gewesen war. Sie mochte den gut gekleideten und seriös wirkenden Herren auf den ersten Blick und nickte ihm zu, als er ihr mit Blikken zu verstehen gab, daß sie sich nicht um ihre Tochter sorgen müsse. Sie sprachen nicht miteinander, ein unbedeutender Vorfall im Aufzug. Als sie nur ein Stockwerk tiefer angelangt waren, verlor sie den Herrn zwischen den Menschen, die aus dem Aufzug drängten, kurz aus den Augen und konnte ihn auch nirgends wieder entdecken. Die Menschenmenge zerstreute sich und um sie herum war es nahezu menschenleer. Wegen seines auffälligen dunklen Anzugs und dem weißen Haar hätte sie ihn bestimmt hinwegeilen sehen. Auch hinter dem gläsernen Aufzug konnte er sich nicht versteckt haben. Plötzlich dämmerte ihr, daß ihre Tochter keinerlei Reaktion gezeigt hatte. Sie fragte sie, aber ihre Tochter konnte sich weder an einen Mann noch an eine Hand auf ihrer Schulter erinnern. Intuitiv begriff diese Mutter in jenem Augenblick, daß sie flüchtig dem Schutzengel ihrer Tochter begegnet sein mußte. Und seine wortlose Botschaft hieß: »So wie ich jetzt hier meine Hand über dieses Kind halte, werde ich es immer tun. Sei unbesorgt, genieße und liebe deine Kinder. Du kannst ihr Leben keinen Tag länger oder kürzer machen. Solange sie in deiner Obhut sind, mußt du sie lieben, und wir kümmern uns um das weitere.«

Da sie eine sehr nervöse Mutter gewesen war, änderte dieser bedeutsame Vorfall ihr ganzes Leben. Ich mag diese Geschichte, weil sie so alltäglich ist. Gott kommt in vielen alltäglichen Momenten zu uns, und Engel erscheinen nicht immer mit Posaunen. Manchmal kommen sie so zart wie ein Windhauch.

Richard M. Baroff

Richard M. Baroff ist Rabbi an der Beth-David-Synagoge in Snellville, Georgia, und Präsident der Rabbinervereinigung von Atlanta. Er besuchte die George Washington University und das Hebrew Union College Institute für jüdische Religion in Jerusalem und ist gegenwärtig Mitarbeiter an einem Buch über die Beziehung zwischen Judentum und Christentum.

Frage: Können Sie die Geschichte von Engeln in der jüdischen Religion beschreiben?

Rabbi Richard M. Baroff: In den Apokryphen war die Rolle der Engel sehr genau ausgearbeitet. Engel übernahmen viele Naturkräfte, Wind und Flüsse, und sie nahmen weitgehend die Rolle heidnischer Gottheiten ein. Sie wirkten als Zwischenwesen zwischen uns und Gott, den man sich als weit entfernt von uns im Jenseits vorstellte. So brauchen wir Mittler, ein ganzes Gebäude von vermittelnden Wesen zwischen uns und Gott. Wahrscheinlich gibt es einen griechischen Einfluß, was einleuchtet, da das frühe Judentum stark durch die griechische Kultur geprägt war. Zu der Zeit, als die größeren Kommentare Talmud und Midrasch entstanden – etwa zweihundert bis achthundert nach Christus (wie die Christen sagen) –, waren Engel allgegenwärtig und wurden als selbstverständlich angenommen. Man setzte sich mit den Engeln nicht auseinander wie in den Apokryphen oder wie, in geringem Maße, bei Hesekiel, Daniel und Zacharias. Sie haben im Talmud und in der Midrasch ihren Platz, aber sie werden einfach als ein selbstverständlicher Teil der Wirklichkeit behandelt.

F: Welche Rolle spielen Engel in den verschiedenen jüdischen literarischen Traditionen?

RMB: In der jüdischen Mystik, besonders in der Zohar, steht sehr viel über Engel. Engel scheinen gewaltige kosmische Kräfte darzustellen, Licht und Dunkelheit, Gut und Böse, Männlich und Weiblich. An einer Stelle heißt es, jeder einzelne habe immer einen guten und einen bösen Engel bei sich, und so werden Engel als ein Teil der Struktur des Universums angesehen. Entscheidend ist dabei ihre Rolle im Gefüge einer gewaltigen Hierarchie von sowohl positiven als auch negativen kosmischen Kräften. Auch in der jüdischen Philosophie findet man Engel, aber dort werden sie abstrakter. Unter den mittelalterlichen jüdischen Philosophen, die Aristoteles folgen, werden Engel als eine Art von gesonderten Intelligenzen angesehen, himmlischen Intelligenzen. In dem Maße, in dem die Engel abstrakter werden, sind sie vielleicht nur noch dem Namen nach Engel.

In der jüdischen Liturgie, im Gebetsbuch, steht viel über Engel. In Jesajah Kapitel 6 gibt es die Seraphim, die sechs Flügel haben. Sie kommen zu Jesajah und sagen: »Heilig, heilig, heilig ist der Herr der Heerscharen; die ganze Erde ist voll seines Ruhmes.« Dieser Teil der täglichen jüdischen Liturgie heißt Keduscha – Heiligkeit. Wir haben ein Lied, bei dem man normalerweise an den Sabbat denkt, das Schalom Aleichem – Friede sei mit dir – heißt und das über helfende Engel, die zu uns kommen, spricht. Es gibt also auch in der jüdischen Liturgie Engel.

F: Denken Sie, daß Engel und das Leben nach dem Tode heutzutage abgewertet worden sind?

RMB: Die Abwertung der Engel in der heutigen Zeit ist meiner Ansicht nach eine Folge der Aufklärung. Die Aufklärung kam nach Europa, begann bei Locke und Newton, und setzte sich fort in Frankreich mit Montesquieu, Voltaire und Rousseau. Sie war ein Angriff auf das Christentum, ein Angriff auf den Glauben an das Transzendente und Übernatürliche. In Frankreich, Deutschland, England und weitgehend auch in Amerika gab es eine Bewegung, die wegführte von dem Glauben an diesen fruchtbaren, fast mittelalterlichen Gedanken, daß Engel und das Leben nach dem Tode einen realen onthologischen Stellenwert haben, daß sie wirklich existieren und daß man wirklich auf- und abwärts steigen kann wie Jakob auf der Himmelsleiter. Dieser Glaube endete in der Aufklärung, und die Menschen begannen, die Welt streng durch den Verstand zu betrachten. In Wissenschaft und Demokratie spiegelt sich die Vorstellung, daß wir hier auf Erden eine bessere Welt errichtet haben, und damit hat sich's. Das Judentum nahm die Aufklärung weitgehend an, weil sie für die Juden viel Gutes bedeutete. Die Ghetto-Mauern wurden durch Napoleon niedergerissen, und Juden konnten in Frankreich und England und dem, was damals Deutschland war, am öffentlichen Leben teilnehmen.

So kam es dazu, daß die Juden den Glauben an das Leben nach dem Tode, die Transzendenz und die Engel abwerteten. Ich denke, man kann sehen, wie sich das in den Philosophien der konservativen Bewegung, in der Reformbewegung und besonders im Rekonstruktionismus spiegelt, wo dieser Glaube an die Transzendenz und das Übernatürliche wenn nicht direkt abgelehnt, so doch weitgehend abgeschwächt wird. Ich glaube, das steht ganz außer Frage, und deshalb spielen die Engel für Juden auch keine große Rolle.

F: Die Beulenpest, die Europa in jener Zeit heimsuchte – schwächte sie den Glauben an Engel oder untergrub sie die Kirche?

RMB: Es heißt, die Pest sei einer der Umstände gewesen, die zur Renaissance beitrugen. Ich denke, die Pest war eines jener erdbebenartigen Ereignisse, die die mittelalterliche Übereinkunft zerstören halfen und zur modernen Welt führten.

F: Wie hat diese große Bewußtseinsveränderung die Welt beeinflußt? Sind wir reicher oder ärmer geworden?

RMB: Ich finde, daß sie in der Folge viel von der Transzendenz des Judentums, seiner Geistigkeit, seiner Fähigkeit, die Juden aufzurichten, auslöschte. Sowohl im Judentum wie im Christentum gibt es eine Spaltung: Die einen glauben, daß Engel und ein Leben nach dem Tod wirklich seien und Gottes Offenbarung an die Welt darstellen, die anderen glauben, daß sie symbolisch zu verstehen seien. Darin unterscheidet sich wohl die konservative theologische Position von der liberalen. Ich würde sagen, daß im Judentum theologisch die meisten Menschen auf der liberalen Seite stehen. Sie glauben, daß diese Ideen vom Sein sich eher historisch entwickelten als ein wirkliches Sein darstellen, das von Gott geschaffen wurde. Aber ich glaube, daß wir innerhalb meiner eigenen Religion das Transzendente, das Leben nach dem Tode, Gottes Rolle darin und den Platz der Engel in unserem Leben wieder zurückgewinnen müssen. Wir müssen uns wieder darauf besinnen, daß es einen Bereich jenseits unseres Daseins gibt, damit das Judentum seine geistige Kraft wiedergewinnt.

F: Was würde das bewirken?

RMB: Besonders im Judentum gibt es den Glauben, daß das Leben von einem niedrigen zu einem höheren Dasein erhoben werden kann – zum Erhabenen – und daß jene geistige Erhebung durch unseren Glauben an das höhere Leben, an diese höhere Sphäre entsteht.

Im Judentum geht es um den Aufstieg vom Niederen zum Höheren, und damit das individuell und kollektiv im Leben der Juden geschieht, müssen wir eine Vision haben von Gott in einem Reich über uns, zu dem wir aufsteigen können. Engel können ein Teil jenes Reiches sein.

F: Was genau verstehen Sie unter dem Weg von einem niedrigeren zu einem höheren Dasein? Welcher Aspekt von uns geht vom Niederen zum Höheren?

RMB: Es ist ein Gefühl, eine psychologische, emotionale Antwort auf das Heilige. Das ist meine Theorie. Ich werde versuchen, sie in der Einführung zu dem Buch näher auszuführen, das ich über das Leben nach dem Tode zu schreiben plane. Dies ist der wesentliche Gedanke des Judentums, das entscheidende geistige Gefühl. Unsere

Antwort auf das Letzte oder das Heilige ist das Gefühl der geistigen Erhebung; um es zu erlangen, muß man an eine bestimmte Struktur des Universums glauben. Und diese Struktur muß jenseits unserer Welt von Raum und Zeit sein, die die Wissenschaft mißt.

F: Was halten Sie von der Vorstellung, man könne ein Fernrohr bauen, das groß genug ist, um Gott zu sehen?

RMB: Es gibt Parapsychologen und andere Menschen im Randbereich der Wissenschaft, die glauben, man könne einige paranormale Ereignisse oder Wesen messen, wirklich messen, aber a) wissen wir nicht, wo oder wie wir schauen sollen, und b) haben wir keine hinreichend entwickelten Instrumente. Aber man versucht es. Es mag sein, daß diese paranormalen Erscheinungen, einschließlich der Engel, wirklich sind und mit wissenschaftlichen Begriffen verstanden werden können. Es mag sein, daß sie eine Art von Strahlung oder Elektrizität sind. Diese Wesen mögen ein Reich jenseits unseres Daseins darstellen oder nicht, oder vielleicht sind sie ein Teil der Welt, die wir kennen, aber zu vergänglich, als daß wir sie jetzt schon messen könnten. All dies ist möglich, aber nicht bewiesen.

F: Hat es irgendeinen Wert, wenn man versucht, sie zu messen?

RMB: O ja. Es ist sehr wichtig, wenn wir beweisen könnten, daß es paranormale Erscheinungen gibt, und wenn wir beweisen könnten, daß diese Erscheinungen auf ein transzendentes Reich jenseits unseres Daseins hindeuten. Das wäre außerordentlich wichtig für unseren Versuch auszuloten, was das Leben eigentlich ist, und was wir tun sollen – denn das wissen wir nicht. Ich weiß nicht, ob wir diese Ungewißheiten jemals in Gewißheiten umwandeln können, oder ob vielleicht der Glaube an Gott, an Engel und an ein Leben nach dem Tod immer eine Frage des Glaubens bleiben wird. Meines Erachtens lohnt sich der Versuch. Wir haben wirklich nicht viel zu verlieren – vielleicht ein bißchen Geld beim Herumschleppen all der Instrumente –, wenn wir Ausschau halten nach Gespenstern oder Engeln oder Strahlenkränzen. Soweit ich weiß, wurde nichts davon bewiesen, aber wir müssen offen dafür bleiben – skeptisch, aber offen –, daß es sie gibt.

F: In meiner Kindheit bläute man mir ein, daß man an Gott einfach glauben müsse. Mit anderen Worten, daß es wirklich keinen Sinn habe, Glaubensdinge beweisen zu wollen.

RMB: Ich stimme der Ansicht, daß es allein auf den Glauben ankommt, nicht zu. Wenn man sicher wüßte, daß es einen Gott gibt, daß es ein Leben nach dem Tod gibt, wenn diese Dinge bewiesen werden könnten – und ich bin mir keineswegs sicher, daß sie bewiesen werden können, aber falls doch –, dann könnten wir unser Leben verbessern, wir könnten uns ändern und erfülltere Menschen werden, da wir mehr Wissen besäßen über das Universum und unsere Rolle in ihm. Ich denke, das wäre etwas Gutes, würde unseren Horizont erweitern und uns großherziger machen. Mit anderen Worten, ich bin nicht ganz sicher, ob die Wissenschaft nicht doch das Tor zur Spiritualität sein könnte. Es ist möglich, und deshalb lohnt es sich, wenn ein paar Wissenschaftler in den Randbereichen des Paranormalen forschen.

F: Heutzutage gibt es viele Menschen, die Engeln begegnen, Kurse über Engel besuchen, Bücher über Engel lesen. Was halten Sie davon? Wonach suchen diese Menschen? Was steckt dahinter?

RMB: Sie suchen nach einer Verbindung zu Gott. Möglicherweise ist Gott für viele Menschen zu furchterregend, zu mächtig, zu überwältigend, als daß sie sich direkt an ihn wenden wollten. Gott sagte zu Moses: »Der Mensch kann mich nicht von Angesicht zu Angesicht schauen und leben.« Ich denke, Engel verkörpern zumindest ein psychologisches Bedürfnis nach einem Zwischenwesen zwischen uns und Gott. Das war besonders zur Zeit der Apokryphen und in der jüdischen und christlichen Mystik offensichtlich. Aber dieses Bedürfnis nach einem Zwischenwesen ist heute immer noch vorhanden. Erinnern Sie sich an den Film: ›Jede Frau braucht einen Engel‹? Gott kam nicht zu David Niven; Cary Grant kam in Gestalt eines Engels, weil das viel menschlicher ist. Engel sind menschlicher als Gott. Ich nehme an, so etwas Ähnliches geht in unserem Innern vor sich. Nun, ob all das wirklich wahr ist und ob es wirklich Engel gibt, die kommen und Gott vertreten, das weiß ich nicht. Es wäre interessant, das herauszufinden.

F: Es ist also schwierig zu sagen, ob Engel eine Projektion des Geistes sind oder ein eigenständiges Wesen besitzen, aber Gott ist absolut – Gott existiert. Läuft es darauf hinaus?

RMB: Ich glaube schon. Offensichtlich gibt es Menschen, die dem linken Flügel in der christlichen und jüdischen Theologie angehören, für die auch Gott ein Prozeß oder eine geistige Kategorie ist. Aber innerhalb der jüdischen Tradition und in allen größeren Bewegungen gibt es den Glauben, daß Gott als ein wirkliches Wesen existiert, als Schöpfer des Universums, und daß wir Gott durch das Gebet erreichen können.

Mein persönlicher Glaube ist, daß Gott existiert und alle Vorstellungen von Ihm unangemessen sind. Die Wirklichkeit Gottes liegt jenseits von allem, was wir sagen oder worüber wir sprechen oder denken können, weil Menschen endlich sind und Gott unendlich, und so mag letztlich Gott jenseits sein von dem, was wir Sein oder Istzustand nennen. Das Wirken und die Geistigkeit Gottes, all diese theologischen Kategorien, die wir gebrauchen, um Gott zu beschreiben, sind begrenzt, aber Gott ist unendlich. So können wir höchstens vorsichtig nach einem Verständnis für das Heilige suchen, und das ist eine Reise, eine ständige Reise, hin zu der persönlichen Begegnung mit Gott.

F: Was ist Ihre Definition der Seele?

RMB: Die große Frage ist, ob die Seele eine Begleiterscheinung des Gehirns, des Geistes ist, etwas, das aus der neurologischen Komplexität der Menschen kommt, oder ob der Körper ein Haus für die Seele ist. Im Judentum und in der Bibel sieht es sehr danach aus, als seien Körper und Seele so ineinander verflochten, daß man nicht eindeutig zwischen beiden unterscheiden kann. In der rabbinischen Literatur trennt sich nach dem Tod die Seele vom Körper und geht in ein Reich ein, das wir Olum Habal nennen, das Leben nach dem Tod. Nach Ansicht mancher kehrt die Seele irgendwann während der Zeit der Auferstehung in den Körper zurück, wenn der Messias kommt und die Welt gerichtet sein wird. Die Definition der Seele ist eine große Frage, und ich habe wirklich keine Antwort darauf. Aber meine tiefsten Instinkte sagen mir, daß, wenn es ein Leben nach dem Tod gibt, sich dann irgendein Teil von uns von dem Teil löst, der im Boden zerfällt, um sich an einen anderen Ort zu begeben. Deshalb würde ich sagen, daß wir eine Seele haben, einen Funken in uns, der uns zum Zeitpunkt des Todes verläßt und weiterlebt.

F: Können Sie die jüdische Auffassung der Schekinah erklären?

RMB: Die Schekinah ist Gottes Gegenwart in der Welt unter den Gerechten. Sie wird manchmal als Gottes weiblicher Aspekt betrachtet. Es könnte sein, daß die Christen da den Gedanken des Heiligen Geistes fanden, der unter uns wohnt. Gott ist geistig und wirkt auch unter uns. Die Schekinah ist Gottes Wirken mitten unter uns.

F: Erscheint die Schekinah am Sabbat lebendiger? Ist das eine Zeit, sie willkommen zu heißen oder zu erkennen?

RMB: Der Sabbat wird als Braut betrachtet, die zu uns kommt, ein Gedanke, der sich auf die Reinheit der Schekinah bezieht. Das geistige Leben wird zur Zeit des Sabbats erweitert, wenn wir die Sabbat-Braut unter uns willkommen heißen. Zu dieser Zeit sind wir enger mit Gott verbunden als während der übrigen Woche.

F: Könnten Sie »Schalom Aleichem« übersetzen? Wie ist das auf Engel zu beziehen?

RMB: Es bedeutet »Friede sei mit Dir« und bezieht sich auf die Friedensengel. Es ist ein Lied, das wir am Vorabend des Sabbat singen. Ich glaube, es bezieht sich auf die helfenden Engel. Es gehört zu dieser ganzen geistigen Erweiterung, die ein Teil des Sabbat ist.

F: Wünschen sich die Engel etwas von uns? Schulden wir ihnen etwas?

RMB: Im Judentum stellen Engel eine übernatürliche Kraft dar, die in vielerlei Hinsicht den Menschen überlegen ist, aber in anderen Beziehungen ironischerweise auch geringer als der Mensch ist. Sie sind nicht aus Fleisch und Blut und leben nicht so aus der Fülle wie wir. Im Judentum haben sie nicht wirklich einen eigenen Geist, weil sie nur Gottes Willen darstellen, auf vertrautere Weise und in kleinerem Maßstab, so daß wir Ihm nicht von Angesicht zu Angesicht entgegentreten müssen. Wir können Gott durch diese Boten erreichen. Ich denke, wir schulden den Engeln nichts. Wir schulden Gott treue Anhänglichkeit und sollten versuchen, so weit wir das innerhalb unserer sehr begrenzten Möglichkeiten können, die Welt ein bißchen wärmer zu machen, ein bißchen freundlicher, als sie es sonst wäre.

Melissa Deal Forth
Eine verwandelte Seele

Am 6. Januar 1981 wurde bei meinem Ehemann Chris Deal akute lymphatische Leukämie diagnostiziert. Wir lebten damals in Nashville.

Die Krankheit hatte sich bereits im November 1980 bemerkbar gemacht. Chris war Musiker, und seine Band spielte immer zu verrückten Zeiten – ihre Vorstellungen konnten bis spät in die Nacht hinein dauern. Irgendwann machte er es sich zur Gewohnheit, Nickerchen zu halten und schlief auch nach seiner Heimkehr schon vor dem Essen ein; eigentlich schlief er nur noch.

Da Chris ein athletischer Typ war, wunderten wir uns. Er konnte täglich fünf Meilen laufen, aber jetzt schlief er nur noch und hatte außerdem leichtes Fieber. Ich empfahl ihm, einen Arzt aufzusuchen, aber statt dessen sagte er: »Warten wir bis die Feiertage vorüber sind, es wird schon nichts Schlimmes sein.« Ich glaube, er wußte, daß er sehr krank war und wollte deshalb die Feiertage nicht mit seiner Krankheit überschatten. Schließlich konnte ich ihn im Januar zu einem Arztbesuch überreden. Wir gingen gemeinsam hin, und ich wartete im Nebenzimmer erst eine, dann zwei Stunden. Schließlich sah ich Chris nach viereinhalb Stunden in Begleitung des Arztes wieder. Ich wußte, daß etwas Schreckliches in der Luft lag. Der Arzt teilte mir mit, daß er bei Chris Leukämie vermutete und er deshalb für weitere Untersuchungen ins Krankenhaus müsse. Dort stellte sich dann heraus, daß er tatsächlich an akuter lymphatischer Leukämie erkrankt war.

Man sagte uns, daß sein Leben nur mit einer Knochenmarktransplantation zu retten sei, und deshalb fuhren wir zur Anderson-Krebsklinik in Houston, Texas. Damals, 1981, wurden Knochenmarktransplantationen erst vorgenommen, wenn sich der allgemeine Zustand des Patienten verbesserte (heute ist das wohl nicht mehr so). Den idealen Spender fanden wir in seinem Bruder, und so mußten wir nur noch darauf warten, daß Chris' akute Krankheitserscheinungen nachließen. Um seinen Zustand zu stabilisieren, wurde er verschiedenen Chemotherapien unterworfen, aber nichts half. Die Monate vergingen und er wurde immer schwächer; es war ziemlich offensichtlich, daß er den Kampf verlieren würde.

Sein Zimmer in der Leukämie-Abteilung der Klinik lag im elften Stockwerk. Alle Zimmer waren im Kreis um das zentral gelegene Schwesternzimmer angeordnet, so daß die Schwestern immer auf alle Patienten ein Auge haben konnten. Chris hatte gerade eine weitere Chemotherapie-Serie beendet. Sein Körper befand sich in einem schrecklichen Zustand: Er aß nicht, schlief viel, war äußerst angespannt und sehr deprimiert. Er konnte nicht einmal mehr allein auf die Toilette gehen. Im Anschluß an die Chemotherapie wurden Vitamine und andere Substanzen verabreicht, um den Körper wieder aufzupäppeln. Zu diesem Zeitpunkt hing Chris an zwei Infusionen, an jeder Seite des Betts befand sich ein Aufhängeständer. Am 4. Januar 1982 schlief ich auf meinem Feldbett neben Chris, nur 20 cm von seiner Bettkante entfernt. Um drei Uhr morgens wurde ich von einer Krankenschwester mit den Worten geweckt: »Wir können Chris nirgends finden.« Sie war sehr aufgeregt. Ich konnte nicht glauben, daß Chris verschwunden war. Ich war verwirrt und geriet in Panik. Um ihn zu suchen, sprang ich auf und rannte instinktiv den Gang hinunter geradewegs auf den Fahrstuhl zu. Plötzlich bemerkte ich die Kapelle. Jedes Stockwerk der Klinik verfügte über eine eigene, sehr kleine Kapelle mit drei Stuhlreihen und einem Altar an der Rückseite. Der Eingang war eine große Glaswand. Ich ging zu dieser Glaswand und schaute ins Innere. Da saß Chris und ihm gegenüber, fast Knie an Knie, saß ein junger Mann, der sich mit ihm unterhielt. Ich traute meinen Augen nicht. Wie hatte er mit zwei

IV-Aufhängeständern sein Bett verlassen und sich unbemerkt an den Schwestern vorbeistehlen können? Außerdem wunderte ich mich über mich selbst. Gewöhnlich schlief ich – wie jede Frau an der Seite einer geliebten Person unter solchen Umständen – mit einem offenen Auge –, schon das Fallen einer Nadel hätte mich geweckt. In jener Nacht aber mußte ich in einen komaartigen Schlaf gefallen sein, denn es war ihm gelungen, mit beiden Aufhängeständern das Zimmer zu verlassen, ohne daß ich dadurch erwachte!

Ich konnte deshalb kaum glauben, daß er sich jetzt mit diesem Typen da drinnen unterhielt. Ich öffnete die Tür und betrat die Kapelle mit den Worten: »Chris, wo warst du nur? Ich hatte solche Angst!« Er schaute ganz ruhig zu mir auf und erwiderte: »Alles ist okay, es geht mir gut. Geh bitte ins Zimmer zurück.« Ich fragte: »Chris, was ist los? Wo warst du? Du hast allen einen fürchterlichen Schrecken eingejagt!« Wieder sagte er so ruhig er nur konnte: »Melissa, es ist alles in Ordnung. Du kannst ins Zimmer zurückgehen. Ich komme bald, mach dir keine Sorgen.«

Währenddessen betrachtete ich den jungen Mann, der ihm gegenüber saß. Woher kam er wohl um drei Uhr morgens? Was tat er hier? Ich hatte ihn nie zuvor gesehen. Schon als ich die ersten Blicke auf ihn warf, schaute er zu Boden, als ob er meinem Blick ausweichen wollte. Natürlich interessierte er mich dadurch noch mehr, weil ich mir Sorgen machte; ich wußte nicht, ob er gefährlich war. Ich bemerkte, daß seine Hände weiß und durchscheinend waren. Einmal drehte er sich um und schaute mich an. Unsere Blicke trafen sich. Seine Augen waren eisblau wie die von Eskimohunden, aber noch klarer. Trotzdem machten sie mir keine Angst – ich war wie hypnotisiert. Dann schaute er geradewegs durch mich hindurch – seine Miene war vollkommen ausdruckslos. Seine Haut war weiß, beinahe durchsichtig und seine Gesichtszüge ohne eine einzige Linie. Er sah jung aus wie ein Teenager, aber dennoch umgab ihn eine Weisheit, etwas, das ihn alt erscheinen ließ. Sein Aussehen und seine übrige Erscheinung paßten irgendwie nicht zusammen. Dann betrachtete ich eingehend seine Kleidung. Er trug ein Flanellhemd, Jeans und Schnürstiefel. Chris war Musiker und kleidete sich häufig auf dieselbe Weise, und ich hatte das unerklärliche Gefühl, dieser Mann kleidete sich so, um bei Chris Vertrauen zu erwecken. Das Merkwürdige an seiner Kleidung war nur, daß alles nagelneu und wie eben aus dem Regal gezogen wirkte. Sogar die Falten waren noch sichtbar. In diesem Moment wurden wir von Chris unterbrochen, denn ich stand nur wie hypnotisiert da. Chris schaute mich an und bat mich erneut: »Melissa, bitte geh zurück ins Zimmer. Es geht mir gut, ich komme bald.« Ich fragte: »Bist du sicher?«, und er antwortete: »Ich bin ganz sicher.« Ich zögerte noch einen Moment, aber da ich erkannte, daß er mich wirklich loswerden wollte, verließ ich den Raum. Ich sagte den Schwestern, daß ich Chris in der Kapelle gefunden hätte, und sie waren sehr erleichtert. Dann setzte ich mich in seinem Zimmer aufs Bett und wartete nur noch auf seine Rückkehr.

Er erschien nach unendlich langen dreißig Minuten. Er schob seine IV-Aufhängeständer, lächelte und wirkte energisch und stark; es war einfach unglaublich. Er hatte im Bett gelegen und war nicht in der Lage gewesen, alleine aufzustehen – und jetzt ging derselbe Mann aufrecht an seinen IV-Ständern und lächelte. Ich konnte meinen Blick nicht von ihm abwenden; der Mann, neben dem ich am Abend eingeschlafen war, unterschied sich vollkommen von dem Mann, der jetzt ins Zimmer trat. Der Mann, neben dem ich eingeschlafen war, hatte die Bürde einer unheilbaren Krankheit getragen, war äußerst deprimiert gewesen und durch die medizinische Behandlung körperlich am Ende. Der Mann, der jetzt aus der Kapelle ins Zimmer trat, glich dem jungen, gesunden Mann, den ich einst geheiratet hatte. Er hatte sich verändert.

Ich fragte ihn, wer der junge Mann gewesen sei, und er

antwortete: »Du wirst mir niemals glauben.« – »Doch, das werde ich.« Da sagte er: »Der Mann war mein Schutzengel.«

Und dann erzählte er mir, daß ich »eingeschläfert« und er »gerufen« worden sei. Er sagte, er sei plötzlich aufgewacht und hätte das überwältigende Bedürfnis verspürt, in die Kapelle zu gehen. Und so geschah es. Er war gläubig, und ich bin sicher, daß er manchmal betete, aber für uns war Religion kein Thema. In der Kapelle kniete er nieder und begann zu beten. Das nächste, woran er sich erinnerte, war, daß eine Stimme ihn gefragt hatte, ob er Chris Deal sei. Daraufhin hatte er sich umgedreht, die Frage bejaht und den jungen Mann erblickt.

Der junge Mann war gekommen, um mit ihm zu sprechen. Er fragte Chris, ob er sich für etwas Vergebung wünsche, und Chris bejahte. Er wünschte sich, daß ihm der Haß auf seinen Stiefvater vergeben werde. Er hatte in seiner Kindheit sehr unter seinem Stiefvater gelitten, wollte aber diesen Haß nicht länger mit sich herumtragen. Da sagte der Engel: »Gut, dir ist vergeben.« Chris machte sich auch Sorgen um mich, aber der Engel sagte ihm, daß es mir auch in Zukunft gut gehen werde. Er sagte genau das – gut gehen. Sie sprachen auch über Dinge, über die Chris mit mir nicht reden wollte, und anscheinend gab es da einiges. Dann fragte der Engel ihn, ob sie gemeinsam den Rosenkranz beten sollten. Er hatte dem Engel aber nie gesagt, daß er katholisch war; der Engel wußte es einfach. Sie sprachen den Rosenkranz und ein gemeinsames Gebet und dann kam Chris zurück.

An diesem Punkt der Erzählung sprang ich auf und rannte den Gang hinunter; ich wollte mir diesen Mann noch einmal ansehen. Aber er war weder in der Kapelle noch sonst irgendwo im elften Stockwerk. Ich ging zum Fahrstuhl. Da die Anderson-Klinik ein nuklearmedizinisches Versuchskrankenhaus ist, gab es sehr strenge Sicherheitsvorschriften. Familienangehörige mußten einen Ausweis tragen, um nach 21.00 Uhr in die Klinik hinein- oder hinausgelassen zu werden. Unten fragte ich den Sicherheitsbeamten, ob er einen jungen Mann habe hinausgehen sehen. Ich beschrieb ihn genau, aber er beteuerte, daß er während dieser Nacht niemanden habe die Klinik verlassen sehen. Ich fuhr in den elften Stock zurück und erzählte Chris, daß niemand den jungen Mann gesehen hätte. Er brach in schallendes Gelächter aus und meinte nur: »Gut, wenn du dich jetzt besser fühlst.«

In dieser Nacht schlief Chris besser und ruhiger als in all den vielen Monaten vorher. Zwei Tage später starb er – genau ein Jahr, nachdem die erste Diagnose gestellt worden war. Aber diese zwei Tage, die uns verblieben waren, verbrachte ich mit einem gesunden Chris. Er hatte sich wiedergefunden. Er lächelte, aß, lachte und machte Witze und besuchte andere Patienten auf der Station. Er sah völlig gesund aus. Er hatte eine unglaubliche Energie, so als wäre das Gewicht der Krankheit von ihm genommen worden. Alles hatte sich verändert, und nur die Tatsache, daß wir uns in einem Krankenhaus befanden, erinnerte uns daran, daß er krank war. Er glich dem Mann, den ich geheiratet hatte. Die Veränderung war einfach unglaublich. Als er zwei Tage später starb, schien es mir, als sei seine Seele geheilt worden, auch wenn sein Körper nicht überlebt hatte. Auf welche abenteuerliche Reise er sich auch begeben haben mochte, er hatte sie heil, stark und vorbereitet angetreten. Chris hatte keine Angst und keine Schmerzen mehr gehabt. Was auch immer in dieser Kapelle vor sich gegangen war, was immer der Engel ihm gesagt oder gezeigt hatte, es hatte ihn von Schmerz und Angst befreit. Es war ein echtes Wunder geschehen.

Wir alle haben Angst vor dem Tod, da ihn etwas Endgültiges umgibt, da er das Ende bedeutet. Aber dieser Engel hatte Chris irgend etwas gegeben, das ihn von Grund auf veränderte, das stärker gewesen war als seine körperliche Krankheit und sein niedergeschlagener Geist. Es war wie eine totale geistige Verwandlung. Er hatte plötzlich etwas Wundervolles auf sich zukommen sehen.

Ich habe mich nie um Chris gesorgt; ich konnte weiterleben und weiß, daß er weiter existiert, daß er immer noch da ist und… lebt.

Joan Borysenko

Dr. Joan Borysenko ist Mitbegründerin und Präsidentin der Gesellschaft für körperliche und geistige Gesundheit in Boulder, Colorado. Sie ist Autorin zahlreicher Artikel und Bestseller, darunter ›Gesundheit ist lernbar. Hilfe zur Selbsthilfe‹, ›Ich bin wie ich bin. Das Aufbauprogramm für ein intaktes Selbstbewußtsein‹ und ›Feuer in der Seele. Den inneren Helfer finden‹: Sie war Mitbegründerin der psychosomatischen Klinik am Diakonissenkrankenhaus von New England. Als Zellbiologin, zugelassene Psychologin und Joga- und Meditationslehrerin begründete Joan Borysenko zusammen mit anderen die neue medizinische Richtung der Psycho-Neuro-Immunologie.

Frage: In einem Ihrer Bücher erzählen Sie die wunderbare Geschichte einer um Heilung betenden Frau. Können Sie uns erläutern, worum es darin geht?

Joan Borysenko: Im Lauf der Jahre, die ich mit kranken und sterbenden Menschen arbeitete, hörte ich viele erstaunliche Geschichten, und immer wieder spielte das Licht darin eine entscheidende Rolle. Diese Menschen, die nachts in ihren Betten liegen, sehen gewöhnlich ein herannahendes Licht, das vor Betreten des Zimmers um Einlaß bittet und ihnen dann körperliche oder geistige Heilung bringt. Der Autor Melvin Morse schreibt über eine Frau, bei der man einen harmlosen Hautkrebs diagnostiziert hatte. Da aber für die meisten Menschen eine Krebserkrankung etwas Schlimmes bedeutet, legte sich auch diese Frau mit schrecklicher Angst und voller Panik schlafen. Als sie so lag, sah sie, wie sich ein Licht der Tür näherte, und sie spürte die Gegenwart von etwas Heiligem. Dieser Augenblick war eine willkommene Gelegenheit zum

Gebet, und so betete sie um die Heilung ihres Krebsleidens. Da sprach das Licht: »Warum beschwerst du dich, statt wirklich zu beten? Willst du richtig beten, dann denke an deinen schlimmsten Feind und vermittle ihm das Licht und die Liebe, die du gerade selbst erfährst.« Ich mag diese Geschichte, weil die Frau dem Rat folgte. Sie dachte mit ungeheuer viel Licht und Liebe an ihren schlimmsten Feind und spürte, wie diese Energie wie von einem Spiegel reflektiert auf sie zurückfiel. Dabei verstärkten sich die Empfindungen von Licht und Liebe immer mehr, so als wäre sie selbst die nährende Glut. Noch während sie abwechselnd lachte und weinte, vernahm sie wieder die Stimme, die zu ihr sprach: »Jetzt hast du zum ersten Mal wirklich gebetet.«

Als sie sich am folgenden Morgen für die bevorstehende Operation richtete, bemerkte sie, daß ihr Hautkrebs auf wunderbare Weise verschwunden war und nichts mehr entfernt werden mußte.

F: Was können Sie zu diesem Gefühl sagen, mit allen Dingen verbunden zu sein?

JB: Im Lauf der Jahre wurden mir ungefähr fünfhundert bis sechshundert Sterbeerlebnisse erzählt. Wenn Menschen wieder aus der Erfahrung des übernatürlichen Lichts zurückfinden, erwähnen sie häufig, daß sie sich mit allen Dingen verbunden gefühlt hätten. Das ist schwierig zu beschreiben, aber wir sind alle gleich und sind alle durch eine Seele miteinander verbunden. Das bezieht sich allerdings nicht nur auf uns Menschen, sondern schließt auch Bäume, Blumen und andere Lebewesen mit ein.

Ich denke da ganz besonders an einen Mann, der einen Herzinfarkt überlebt hatte und mir danach sagte, er wisse zum ersten Mal in seinem Leben, was Glück bedeute. Er war der Meinung, daß wahres Glück vor allem darin besteht zu erkennen, daß alle Dinge eins sind. Alles in diesem Universum ist voneinander abhängig. Wenn man nun Liebe mit dem Gefühl dieses »Eins-Seins« schenkt, wenn man wirklich die Schönheit eines Baumes oder eines anderen Menschen bemerkt und dafür dankbar ist, dann wird diese Liebe reflektiert und als persönliches Glück wahrgenommen.

F: Bilden Ihre wissenschaftliche Ausbildung und Ihr Wissensstand einen Widerspruch zu Ihren Erfahrungen von »All-Verbundensein« und Licht?

JB: Ich bin sehr froh darüber, auf eine wissenschaftliche Ausbildung zurückgreifen zu können, denn sie lehrt mich, daß das Leben außerordentlich reichhaltig ist und ganz bestimmten Regeln folgt. Wenn ich in ein Elektronenmikroskop blicke und Zellstrukturen betrachte, die einem winzigen Sonnensystem gleichen, werde ich von unglaublicher Ehrfurcht erfüllt. Es erinnert mich immer an die überlieferte Weisheit, »im Kleinen spiegelt sich das Große«.

Meine Ausbildung hat mich gelehrt, der Welt mit offenen Augen zu begegnen und zu versuchen, für die Rätsel um mich herum eine Erklärung zu finden. Für einen Wissenschaftler besteht das Leben aus Geheimnissen und Wundern. Als ich vom Labor zur direkten Krankenbetreuung wechselte und vermehrt mit schwerkranken Menschen arbeitete, beschäftigten mich persönlich unzählige Fragen, auf die ich keine Antwort wußte. Zum Beispiel die Frage, warum Menschen mit dem gleichen Krankheitsbild im einen Fall sehr schnell sterben, im anderen zehn bis fünfzehn Jahre länger leben, als ihnen vorhergesagt wurde. Worin liegt der Unterschied? Für mich gleicht das einem Wunder.

Dieselbe Frage hat meine Aufmerksamkeit aber auch auf geistig-körperliche Zusammenhänge sowie spirituelle Belange gelenkt. Mein Gefühl sagt mir, daß es nicht unwissenschaftlich ist, wenn mir jemand mitteilt: »Nachdem mein Gebetskreis für mich gebetet hatte, wurde ich gesund«, oder wenn jemand anderem auf einer Pilgerreise nach Lourdes ein Wunder widerfährt. Dies sind günstige Gelegenheiten, um herauszufinden, welchen Beitrag die Wissenschaft zu einem der ältesten Geheimnisse der

Menschheit leisten kann. Man kann auch Gebete erforschen – es gibt sogar einige großartige Untersuchungen. Zu den meistgenannten zählt eine Studie an vierhundert Herzinfarkt-Patienten, durchgeführt von Dr. Randolph Byrd, einem Kardiologen an der Universität von San Francisco. Für einen Teil dieser Patienten wurde während ihres Aufenthalts auf der Intensivstation gebetet (diese Gruppe wurde durch Computer ermittelt), eine zweite Gruppe erhielt nur die übliche Intensivpflege. Weder die Patienten noch das Pflegepersonal wußten von dem Versuch, so daß ein »Placebo-Effekt« ausgeschlossen werden kann. Während dieser Studie kam es in der Gruppe, für die gebetet wurde, weniger häufig zu Herzstillständen oder Flüssigkeitsansammlungen in der Lunge; außerdem gab es weniger Todesfälle. Es zeigt sich also, daß das, was manche Menschen intuitiv als richtig empfinden, von der Wissenschaft bestätigt werden kann.

In anderen Fällen gelingt dies vielleicht nicht. Dennoch begegnete ich vielen Patienten, die nach sogenannten Lichterlebnissen körperlich und geistig gesund wurden. Wissenschaftliche Untersuchungen führen hier nicht weiter. Können wir aber deshalb behaupten, daß etwas unwissenschaftlich ist, nur weil es keine Untersuchungsmethode gibt? Nein. Ich bin der Meinung, daß diese Dinge ihre Berechtigung haben und daß ihr Nutzen letztlich daran gemessen werden sollte, inwieweit eine Person liebevoller, ausgefüllter oder auf irgendeine Weise leistungsfähiger wurde; und dazu benötigen wir keine wissenschaftlichen Beweise.

Ich selbst machte beim Tod meiner Mutter eine Erfahrung, die niemals wissenschaftlich bewiesen werden kann. In jener Nacht saß ich neben ihrem Bett im Krankenhaus. Mir gegenüber saß mein damals zwanzigjähriger Sohn Justin. Etwa um drei Uhr nachts waren wir beide in Gedanken und Gebete für meine Mutter versunken, und es herrschte tiefe Stille.

Plötzlich hatte ich eine Erscheinung, obwohl ich nicht

zu den Personen gehöre, die für Visionen empfänglich sind. In dieser Erscheinung sah ich, wie ich ein Kind gebar, aber gleichzeitig auch selbst das Neugeborene war. Das war wirklich erstaunlich: Ich erlebte, wie ich aus zwei Personen gleichzeitig bestand. Als Neugeborenes tauchte ich aus einem dunklen Tunnel in ein unbeschreibliches Lichtfeld ein – ein Licht, wie es von Menschen nach einem Sterbeerlebnis geschildert wird. Im selben Augenblick verstand ich das Leben mit meiner Mutter, es erschien mir vollkommen richtig, daß sie mich in diese Welt geboren hatte, und jetzt gerade hatte ich ihre Seele in eine andere Welt zurückgegeben. Ich war meiner Mutter so dankbar. Als ich meine Augen öffnete, war das ganze Zimmer in Licht getaucht, überall sah ich einzelne kleine Lichtteilchen. Ich blickte zur anderen Bettseite, und da saß mein Sohn, weinte und fragte mich mit tränenüberströmtem Gesicht: »Siehst du das Licht hier im Zimmer?« Ich nickte und er fuhr fort: »Es ist Großmutter; sie läßt uns gerade ein klein wenig an der Ewigkeit teilhaben.«

Welche Antworten kann die Wissenschaft auf so eine Erfahrung geben? Sobald ein Mensch eine innere Wandlung erlebt, brauchen wir keinen Beweis mehr für die Gültigkeit der Erfahrung.

F: Läßt sich das »unmittelbare Erleben heiliger Sphären« beschreiben?

JB: Diese Frage löst bei Menschen mit derartigen Erfahrungen spontan die Antwort aus: »So ein Erlebnis ist unbeschreiblich.« Es fehlen einfach die Worte. Nachdem mir bereits von unzähligen Sterbe- und Lichterlebnissen berichtet worden war, hatte ich selbst vier Lichterlebnisse und kann nur bestätigen, daß sie nicht zu beschreiben sind – aber ich werde es versuchen. Bei einem Lichterlebnis fühlt man sich in ein warmes, lebendiges Licht aus Weisheit und Liebe gehüllt, das sowohl von außen, als auch aus dem eigenen, tiefsten Ich kommt und das ein Gefühl von Gnade, Mitgefühl, Vergebung und tiefer Weisheit vermittelt. Irgendwie erhält alles auf einmal einen Sinn, und alles, woran man in diesem Augenblick des Lichts denken kann, ist Teil eines größeren Ganzen – selbst beängstigende oder unbewältigte Erfahrungen, die man bisher nicht verstehen konnte.

F: Verstehen Sie unter einem Lichterlebnis nicht dasselbe wie unter einer Engelsbegegnung?

JB: Seit etwa fünf Jahren interessiert man sich wieder für Engel, und Menschen erzählen über ihre Begegnungen mit den himmlischen Wesen. Wie ich diese Leute verstehe, erscheinen ihnen Engel auf ganz unterschiedliche Weise. Häufig wird berichtet, daß die Engelsbegegnung einem brausenden Licht gleicht, einer sehr hellen Wahrnehmung. Weit stärker ist dabei aber anscheinend ein besonderes, ein körperliches Gefühl des in Flügel eingehüllt oder von ihnen umschlungen seins – das unmittelbare Gefühl von Geborgenheit. Manchmal wird man von einer kurzen körperlichen Empfindung gestreift oder eher von der Wahrnehmung, Gnade empfangen zu haben. Man fühlt sich nicht mehr einsam, sondern angesprochen, umsorgt und behütet.

F: Unterscheidet sich unser höheres Selbst von dem, was wir Engel nennen?

JB: Niemand kann einen Engel genau beschreiben. Der Buddhismus sagt zum Beispiel, daß alles, was wir sehen, eine Projektion des eigenen Bewußtseins darstellt, so daß Engel und Teufel nur nach außen projizierte Aspekte des eigenen Ichs sind. Andere sagen, daß Engel eine eigene, unabhängige Wirklichkeit besitzen. Um ehrlich zu sein, ich glaube nicht, daß wir diese Frage beantworten können.

Ich finde es faszinierend, daß bei der Beschreibung des höheren Selbst die moderne Psychologie mit den alten, durch geistige Traditionen überlieferten Weisheiten übereinstimmen. Zum Beispiel wissen wir, daß Menschen, die mißhandelt wurden, gespaltene Persönlichkeiten entwikkeln können. Sie lernen buchstäblich, im Zustand seelischer Not neben sich zu treten und sich von dem, was tatsächlich geschieht, zu lösen. Vor einigen Jahren behandelte der Psychiater Ralph Allison Menschen mit mehrfach gespaltener Persönlichkeit, indem er sie mittels Hypnose an die Quelle ihrer seelischen Not zurückführte. Er beobachtete, daß jede Persönlichkeit ihm von ihrer Geburt, dem Ursprung ihres Seins erzählen konnte. Aber bei allen Patienten unterschied sich eine bestimmte Persönlichkeit immer deutlich von den übrigen. Sie sagte etwa: »Ich war schon vor der Geburt der Menschen bei ihnen und werde es auch nach ihrem Tode sein.« Häufig bezeichnete sich diese Persönlichkeit als Weg zur Weisheit oder sogar als Bote der Liebe Gottes. Diese Aussage stimmte bei allen Patienten überein, unabhängig davon, welcher Religionsgemeinschaft sie angehörten oder ob sie ungläubig waren.

Als ich Allisons Studie las, erinnerte ich mich sofort an die »Upanischaden«. In einigen fernöstlichen Überlieferungen heißt es, daß jeder von uns tief im Inneren ein höheres Selbst besitzt, das ohne Geburt und ohne Tod existiert und das, unabhängig davon, wie wir leben, niemals getrübt oder beschmutzt werden kann. Es kann nicht mit dem Messer herausgeschnitten oder unter einem Fels zermalmt werden. Auch bei den Buddhisten gibt es dafür einen Begriff – »rigpa«, das wahre Gesicht. Man sagt, es sei wie ein Spiegel, es reflektiere die Vorstellungen und Ereignisse des Lebens, aber bleibe selbst vollkommen rein.

Ich glaube, daß Menschen bei einem Sterbeerlebnis auf genau dieses innere Selbst stoßen. Sie begegnen der Reinheit ihrer Seele, die sich hinter den unzähligen schwierigen Erfahrungen ihres Lebens verbirgt.

F: Ist »Seele« also nur ein anderes Wort für das höhere Selbst?

JB: Ich bin überzeugt, daß die Seele und das höhere Selbst dasselbe bedeuten.

F: Wir sprachen über Licht und Engel – aber was ist mit dem Bösen? Spiegelt sich das Böse auch im höheren Selbst?

JB: Allgemein mag man hier in den USA fröhliche Geschichten. Wir bevorzugen das »Happy-End«, wir freuen uns über Geschichten, die von Engeln und Licht handeln, aber das Böse verdrängen wir gern. Ich halte das für sehr einseitig. C. G. Jung sagte einmal etwas Großartiges: »Erleuchtung rührt nicht daher, daß man sich Licht-Gestalten vorstellt. Den Weg zur Erleuchtung findet nur, wer das Böse überwindet.« Und damit hat er recht. Man wird nie wissen, was Glück wirklich bedeutet – dieses innere Gefühl, das sich unabhängig von äußeren Umständen einstellt –, wenn man nicht auch die dunklen Seiten des Lebens kennt.

In all den Jahren, in denen ich eine psychosomatische Klinik leitete und während derer ich jede Woche unzähligen Patienten mit Krebs und AIDS begegnete, erkannte ich, daß diese Menschen wirklich in einem seelischen Tief stecken. Sie haben plötzlich den Sinn ihres Daseins verloren, und in einem solchen Moment stellen sich automatisch die großen Fragen ein: Wer bin ich? Was ist der Sinn des Lebens? Was ist ein erfülltes Leben? Normalerweise stellen wir uns diese Fragen erst in einem wirklich düsteren Augenblick, weil wir zu sehr damit beschäftigt sind, unser Leben einzurichten und vorwärtszukommen. In diesem Augenblick aber gibt es gewöhnlich nur zwei Antworten. Entweder man sagt: »Ich bin glücklich und habe meinen inneren Frieden gefunden«, oder man sagt: »Ich erkenne, daß ich falschen Zielen nachgeeifert bin und daß ich nicht weiß, was innerer Friede bedeutet.« Und während man die Finsternis erlebt, beginnt man sich zu fragen: »Was muß ich tun, um gesund zu werden? Muß ich verzeihen? Was ist mir wichtig?«

Häufig höre ich, daß in düsteren Momenten drei Dinge ganz besonders wichtig werden: erstens der Glaube, Frieden zu schließen mit Gott (wie er von jedem selbst verstanden wird), mit sich selbst und dem Kosmos; zweitens die Familie; drittens Freunde, denn Liebe entfaltet sich in persönlichen Bindungen. Hier finden wir auch Licht, aber erst, wenn wir uns mit der Zersplitterung auseinandersetzen, die vielleicht in der Familie unserer Eltern herrscht oder mit der Gespaltenheit, die wir empfinden, weil wir uns selbst nicht lieben können. Das ist der Wert des Bösen: Es zwingt uns zur Auseinandersetzung mit dem, was wir zur geistigen Genesung benötigen.

Die meisten Menschen wollen nicht wahrhaben, daß ihr Leben von Angst beherrscht wird. Sie unternehmen alles Erdenkliche, um das nagende Gefühl der Furcht und der Unsicherheit zu unterdrücken. Jahrelang war Valium bei uns das meistverkaufte Medikament, und immer noch fließt das meiste Geld der Pharmaindustrie in die Produktion von Beruhigungsmitteln und Antidepressiva – in die Art von Medikamenten also, die uns helfen, mit der uns Menschen eigenen Furcht zu leben. Leider schlucken die meisten von uns lieber eine Pille, nehmen einen Drink oder bedienen sich aus dem Kühlschrank, unternehmen also alles, um sich davon abzulenken, woher diese Furcht rührt und wie sie zum persönlichen Wachstum genutzt werden kann.

Für mich persönlich und viele andere war Furcht der beste Lehrer. Nur wenn wir an einen Punkt gelangen, wo wir uns selbst wirklich elend fühlen und nicht länger davor weglaufen, stellen wir fest, daß genau dieser Aspekt unseres Lebens der Heilung bedarf; nur so können wir uns selbst und unsere Kultur verändern.

F: Wie empfinden Sie die Gegenwart des Guten und des Bösen?

JB: Die Gegenwart von Gut und Böse ist mit das interessanteste Dilemma, das Menschen je beschäftigt hat. Wenn Gott nur gut, nur gütig und allmächtig ist, ist das Böse dann eine klar von Ihm trennbare Macht? Oder wurde das Böse auf die eine oder andere Weise von Gott geschaffen, so daß wir geistig wachsen und uns in Weisheit üben können? Auch Theologen können diese faszinierende Frage nicht beantworten.

Für mich besteht kein Zweifel daran, daß das Böse vorhanden ist. Man muß sich nur auf der Welt umsehen; bei jedem Massenmord tritt das Böse in Aktion. Immer, wenn

Menschenrechte durch Habgier und Ausbeutung verletzt werden, zeigt sich das Böse. Ob dadurch einzelnen Seelen geholfen wird oder nicht, bleibt fraglich, aber das Böse ist eine Tatsache, die meiner Meinung nach nicht übersehen werden sollte. Ich glaube jedoch, daß sich alle Dinge ergänzen: Mann und Frau, die linke und die rechte Hand, Gut und Böse. Ich kenne viele lehrreiche Erzählungen von Joseph Campbell über das Gute und das Böse, über Gott und den Teufel, darüber, daß das eine das andere braucht, um »das große Drama des Lebens zu inszenieren«. Bis zu einem gewissen Punkt stimme ich mit ihm überein. Aber darüber hinaus müssen wir uns des Bösen bewußt werden, müssen wir erkennen, daß wir uns alle in jedem Moment unseres Lebens entweder für Liebe oder Furcht, für gute oder böse Taten, für die Suche nach Erkenntnis oder das Verharren in Unwissenheit entscheiden. Das sollte uns Antrieb geben, das Gute zu suchen, und unser persönlicher Wunsch sollte es sein, das Beste in uns freizulegen.

F: Können Sie uns von Ihrem persönlichen Gottesbild berichten?

JB: Mein persönliches Verständnis von Gott gleicht sehr stark dem der Mechthild von Magdeburg, einer mittelalterlichen christlichen Mystikerin. Im wesentlichen war Gott für sie voller Widersprüche. Einerseits ein großes, unpersönliches Mysterium – das Universum und alle Dinge in ihm; andererseits ist die Begegnung mit Gott außergewöhnlich persönlich und in ihrer Intimität einzigartig.

Diese Erfahrung teile ich. Einerseits liegt Gott weit außerhalb meiner Vorstellungskraft und ist mir so unerklärlich, daß ich Ihn überwiegend in kleinen Dingen wahrnehme – zum Beispiel im Lächeln meines Enkelkindes, in der Entfaltung einer Blüte oder in den Sternbildern am nächtlichen Himmel. Voll Ehrfurcht denke ich an dieses verwirrende Mysterium, durch das alles erschaffen wurde. Und dabei ist mir das Gefühl des Unpersönlichen und Geheimnisvollen sehr wichtig.

Andererseits habe ich in vielerlei Hinsicht ein sehr enges, persönliches Verhältnis zum Himmlischen. Obwohl ich Jüdin bin, habe ich eine enge Beziehung zu Jesus. Es wird oft übersehen, daß Jesus ein großartiger Rabbi war – und daß es so etwas wie eine jüdisch-christliche Religion gibt. Außerdem fühle ich mich der Jungfrau Maria sehr nah. Für mich ist Maria das Weibliche in Gott. Ich kann also zu Maria beten und dabei eine Gebetsform aus dem tibetanischen Buddhismus wählen. Ich kann mir eine sehr persönliche Begegnung mit Gott vorstellen und fühlen, wie ich von Seinem Licht durchflutet und gereinigt werde. Irgendwann habe ich das Gefühl, mit diesem Licht auf ganz persönliche Weise zu verschmelzen. Für mich gibt es beides: die Intimität und das Mysterium.

F: Können Sie kurz auf das Böse, die Schattenseite der menschlichen Seele zurückkommen?

JB: Der Schriftsteller und Dichter Robert Bly gebrauchte einmal eine sehr schöne Metapher: »Wir werden alle als strahlende Kugeln geboren und schenken diesen herrlichen Glanz unseren Eltern. Doch sie schauen uns an und sagen: ›Ich wollte etwas anderes, ich wollte ein kleines Mädchen‹ oder: ›Ich wollte einen netten Jungen‹.« Das ist seiner Meinung nach der erste Akt des menschlichen Dramas. Alle Eigenschaften, die unsere Einzigartigkeit ausmachen, werden von unseren Eltern, von der Gesellschaft, von unseren Lehrern, von Gleichaltrigen oder von der Kirche abgelehnt und werfen Schatten auf unseren Glanz. Für Bly ist dieser Schatten der »große Sack voll abgelegter Eigenschaften, den wir alle hinter uns herschleppen, weil jemand sagte, daß sie nicht gut genug seien«.

Und meistens wirft man nie wieder einen Blick in diesen Sack. Die Eigenschaften faulen vor sich hin und entwikkeln Hitze, die wir dann als eine selbstkritische, innere Stimme vernehmen, die immerzu sagt: »Das hättest du besser machen können, du bist nicht gut genug.« Es ist die Stimme der Wertlosigkeit.

Ein Teil der Genesung beruht darauf, zurückzugehen und sich zur eigenen Schattenseite zu bekennen, sich die eigenen Unzulänglichkeiten einzugestehen und zu erkennen, daß der größte Teil unserer Kreativität, der größte Teil unserer unbewußten Stärken dort im Sack verrottet. Erst wenn wir diesen Sack wieder ausschütten, können wir echte, vollkommen gesunde Menschen werden. Bly drückt das sehr schön aus, indem er sagt: »Bis wir etwa zwanzig Jahre alt sind, stopfen wir alles in den Sack, und dann brauchen wir den Rest unseres Lebens, um ihn wieder zu leeren.«

F: Was können Sie uns zum »Fürst der Finsternis« und dem Sturz Luzifers sagen? Sind diese Metaphern noch lebendig?

JB: Wir kennen nicht nur unzählige Geschichten darüber, wie Gott die Welt erschuf, sondern auch darüber, wie Luzifer den Himmel verließ. Mir sind ungefähr sieben verschiedene Berichte über diesen Sturz bekannt, und ich finde, daß jeder einzelne Bericht eine großartige Metapher für uns ist – wie fallen wir dem Bösen anheim?

Wir alle besitzen tief in unserem Inneren ein von Psychologen und Philosophen beschriebenes höheres Selbst. Wenn wir bei diesem Selbst sind, sind wir vollkommen mit dem Augenblick verbunden – wir sind weise, liebevoll und mitfühlend.

Tatsächlich sind die meisten von uns aber nur sehr selten »bei sich«. Wir neigen dazu, uns den größten Teil unseres Lebens hinter irgendwelchen Masken zu verbergen, die wir aufsetzen mußten, um unseren Eltern und Lehrern zu gefallen. Wir haben vergessen, wer wir wirklich sind. Wir haben unsere Echtheit und die Gnade, uns selbst zu erkennen, verloren und nehmen nur noch einen begrenzten Ausschnitt unseres eigenen Selbst wahr. Deshalb könnte man sagen, daß jeder einzelne von uns irgendwann seinen persönlichen »Höllensturz« erlebt. Das Böse in uns führt uns immer wieder in Versuchung. Und wir geben der Versuchung nach, weil sie uns vertraut ist und weil es bequem ist. Der Weg zur Erleuchtung und zur geistigen Genesung ist mühevoll, da man immer wieder schmerzlichen Erfahrungen aus der Vergangenheit begegnet. Man muß seinen Glauben überprüfen, das eigene Leben neu bewerten. Und hier kam schon immer der Teufel ins Spiel: Er prüft die Seele. Wenn daher der Teufel das Böse in uns verkörpert, so dient er also auch unserem Heil.

Das Wort »Satan« bedeutet im Hebräischen »Widersacher«,wurde im Alten Testament nur viermal verwendet und bezieht sich auf »ein wirkliches Wesen mit dunklen Absichten«. In gewisser Weise könnte man sagen, daß dunkle Augenblicke und Schwierigkeiten, denen wir im Laufe unseres Lebens begegnen, immer Prüfungen »des Widersachers« sind, Prüfungen, die uns der Himmel schickt, damit wir aufwachen und uns selbst erkennen. Diese Prüfungen müssen bestimmt nicht immer unheilvollen Zwecken dienen, aber sie bewirken, daß wir innehalten und die großen Fragen des Lebens stellen.

F: Sie nehmen jeden Tag mit einem Ihrer Engel Verbindung auf – wie machen Sie das?

JB: Wenn ich meditiere, beziehe ich mich zum Teil auf die jüdische Mystik, in der der Glaube an Engel fest verankert ist. Heute ist der Glaube an Engel kein Bestandteil der jüdischen Erziehung, und so kam es, daß meine katholischen Freunde alle ihren Schutzengel hatten, während meine jüdischen Freunde ohne Engel aufwuchsen. Vor einigen Jahren leitete ich eine Frauenfreizeit. Der erste Abend war ein Freitag, und ich wollte, daß wir den Sabbat willkommen hießen. Im Judentum wird mit diesem Brauch und dem Lied »Schalom Aleichem« die Schekinah begrüßt, der weibliche Aspekt Gottes. Außerdem (und das erfuhr ich erst, als ich mich näher damit beschäftigte) heißt das Lied Gottes Engel willkommen – sie kommen, um den Sabbat zu schützen, so daß die Gläubigen in den folgenden vierundzwanzig heiligen Stunden der Welt den Rücken kehren und sich der »göttlichen Gegenwart« nähern können. Diese altertümliche Betrachtungsweise veränderte meine spirituellen Praktiken von Grund auf.

Zuerst werden die vier Erzengel Uriel, Gabriel, Raphael und Michael gerufen. Bei diesen Namen mögen Frauen vielleicht sagen: »Verdammt, alle diese Engel sind Männer, herrscht im Himmel etwa auch ein Patriarchat?!« Im Hebräischen sind diese Namen jedoch weder männlich noch weiblich – sie sind verschiedene Aspekte Gottes. Uriel (hebräisch: ur) bedeutet »Feuer« und wird angerufen, wenn im Osten die Sonne aufgeht. Wenn ich mich also wie im Gebet nach Osten wende, beschwöre ich Uriel im Raum vor mir. Das Feuer Gottes bedeutet Klarheit, und deshalb bitte ich Uriel: »Schenke mir für diesen Tag Klarheit. Zeige mir, wie ich meine Fähigkeiten am besten einsetze.« Falls ich Schwierigkeiten habe, bitte ich ihn darum, mir einen klaren Kopf zu schenken, damit ich eine Lösung finde.

Dann wende ich mich an Gabriel, den Engel des Südens. Gabriel bedeutet auf hebräisch »die Kraft Gottes« und meint damit vor allem die Kraft, sich den eigenen Ängsten zu stellen und sie zu überwinden. Ich überlege mir also, wovor ich Angst habe und wofür ich Kraft benötige; und dann bitte ich um Gabriels Beistand.

Im Westen ist Raphael beheimatet. Sein Name steht für »Heiler Gottes«. Im Westen liegt die Pforte zum Tod und zum Leben danach – ganz ähnlich wie es das »Medizinrad« in der indianischen Kultur symbolisiert. Raphael ist der Hüter der westlichen Pforte. Wenn ich also Heilung nötig habe – physisch oder emotional –, dann bete ich zu Raphael. Ich überlege, welche Teile in mir absterben, so daß Neues geboren werden kann – und bitte ihn um Erleuchtung meiner Gedanken.

Der letzte Engel, Michael, befindet sich im Norden. Auf hebräisch bedeutet Michael »gleich nach Gott« und steht für die Kraft der Weisheit und Liebe. Nach indianischer

Überlieferung ist der Norden »das große, gefrorene Wasser des Winters«. Wie ein Spiegel reflektiert die gefrorene Oberfläche das eigene Leben – sie lädt ein, sich dem Sinn des Lebens zu nähern und über die wesentlichen Dinge nachzudenken. Deshalb überdenke ich kurz mein eigenes Leben; falls ich mir über irgend etwas klar oder wirklich bewußt werden muß, bitte ich Michael.

Nach Anrufung der vier Engel verlangt der alte jüdische Brauch, daß sich die Gläubigen zum Abschluß das Licht der Schekinah vorstellen, »das himmlische Prinzip Gottes«; es umfaßt alles, was durch den weiblichen, fürsorglichen und gebärenden Aspekt Gottes geschaffen wurde. Man wird davon umspült – umspült und durchflutet gleichzeitig. Während so alle meine schlechten Gedanken und Zweifel hinweggespült werden, stelle ich mir vor, wie mein Herz immer leichter wird und sich ausdehnt, bis mein eigenes Licht mit den göttlichen Strahlen verschmilzt, um mich wie ein unsichtbarer Schild zu umgeben.

Dieses Ritual bildete den Anfang meiner allmorgendlichen Meditation. Danach verbringe ich den größten Teil dieser heiligen Stunden einfach gedankenverloren in der göttlichen Gegenwart.

F: Haben Sie das Gefühl, im Alltag von Engeln umgeben zu sein?

JB: Auf jeden Fall, obwohl mich das anfänglich sehr überraschte. Bereits kurz nachdem ich auf diese Weise zu meditieren begonnen hatte, spürte ich tagsüber unbekannte Wesenheiten um mich herum. Häufig bemerke ich Michael zu meiner Linken, besonders, wenn bei Unterhaltungen etwas Bestimmtes angesprochen wird oder wenn ich etwas lese, auf das ich wirklich achten sollte – dann verspüre ich natürlich nicht buchstäblich die Hand auf meiner Schulter, aber eine sich mir nähernde und warnende Gegenwart. Falls ich mich vor etwas fürchte oder von alten Ängsten geplagt werde, rufe ich bewußt nach Gabriel. Bin ich sehr verwirrt, erbitte ich Uriels Beistand, und falls ich mich emotional zerrissen fühle oder unter Kopfschmerzen leide, bemühe ich Raphael. Ihre Anwesenheit ist inzwischen ein wichtiger Bestandteil meines Alltags.

F: Wie verhält sich die Mystik zur Wissenschaft?

JB: Die Frage nach den Berührungspunkten von Mystik und Wissenschaft ist faszinierend – gewöhnlich denkt man dabei an die Quantenmechanik und an Einsteins Relativitätstheorie. Zum Beispiel der Stuhl, auf dem ich gerade sitze. Er sieht stabil aus, aber in Wirklichkeit sind die Abstände zwischen den Atomen dieses Stuhls viel größer als die Atome selbst, etwa so groß wie die Entfernung zwischen Erde und Sonne. Wenn man noch einen Schritt weitergeht, stellt sich sogar heraus, daß die Atome selbst nur aus kleinen Lichtteilchen bestehen. Ich sitze also nur auf einer kleinen Masse Licht – das ist die eine Wirklichkeit. Wir reden von dem, was wissenschaftlich mit bloßem Auge oder mit Hilfe von Meßgeräten erfaßt werden kann, und sehen doch »den Wald vor Bäumen nicht«. Was unsere Beobachtungen und unsere Erfahrung als Wirklichkeit erfassen, unterscheidet sich doch sehr von dem, was sie tatsächlich zu sein scheint.

Mystiker würden dabei wahrscheinlich von einer Energieansammlung sprechen. Erzählt man buddhistischen Lehrern von der Quantenmechanik, werden sie mit dem Kopf nicken und sagen: »Das haben wir doch schon immer gesagt. Zwischen allen Erscheinungen besteht ein Zusammenhang.« Tatsächlich sind auch auf energetischer Ebene unabhängige Erscheinungen voneinander abhängig. Alles ist mit allem verbunden. Andererseits kann man damit auch übertreiben. Die Quantenphysik ist kein Beweis für die Mystik. Was mich aber wirklich beschäftigt, ist, daß die herausragendsten Physiker nach einer Weile alle wie Mystiker reden, sich sozusagen in Mystiker verwandeln. Einstein beispielsweise konnte die herrlichsten Dinge sagen. Einmal meinte er, daß die Vorstellung unserer gegenseitigen Getrenntheit nur »eine optische Täuschung unseres Bewußtseins« sei. Spricht aus diesem

Satz Einstein der Wissenschaftler, oder Einstein der Mystiker? Gewissermaßen nähern sich beide einander an.

Anscheinend existiert eine neurophysiologische Grundlage für mystische Erlebnisse. Zum Beispiel berichten Patienten mit Epilepsie-Anfällen im sogenannten rechten Schläfenlappen des Gehirns sehr häufig von derartigen Erlebnissen. Als Reaktion auf plötzliche körperliche Energieentladungen nimmt ihr Körper oft ohne ihren Willen und ohne ihre Kenntnis eine natürliche Joga-Stellung ein. Vielleicht litten sogar einige große Mystiker unter Epilepsie im rechten Schläfenlappen.

Sterbeerlebnisse scheinen sich ebenfalls in diesem Teil des Gehirns abzuspielen. Viele Dinge lassen sich aber nicht auf neurophysiologischen Erklärungen, auf »unbedeutende Stromstöße unserer Nervenzellen« zurückführen. Es gibt Wissenschaftler, die behaupten, daß ein Sterbeerlebnis nur das massive Absterben von Gehirnzellen signalisiert. Tatsächlich gibt es für alle unsere Erfahrungen eine biologische Grundlage, aber sie erklärt nicht alles. Viele Menschen verspüren während eines Sterbeerlebnisses einen tiefen Frieden. Sie lösen sich von ihrem Körper und finden sich plötzlich an einer weit entfernten Stelle wieder – zum Beispiel im Haus ihrer Familie. Eine spätere Befragung der Familie bestätigt dann, daß der klinisch Tote wirklich miterlebte, was in großer Entfernung von ihm geschah. Es gibt also neben den körperlichen Vorgängen auch solche, die sich außerhalb der Körperlichkeit abspielen. Ja, unser Gehirn ist für Mystik empfänglich, aber wir sollten mystische Erlebnisse nicht nur auf rein biochemische Vorgänge zurückführen.

F: Werden wir vor unserer Geburt auf das Sterbeerlebnis vorbereitet?

JB: Es sprechen zahlreiche Gründe für die Bedeutung jenes Teils unseres Gehirns, der uns zu mystischen Erlebnissen befähigt. Zunächst aber ist der öffentliche Austausch darüber in unserer Kultur vollkommen neu. Bis vor etwa zehn Jahren sprach niemand über Lichterlebnisse oder mystische Erfahrungen. Doch mit dem technologischen Fortschritt wächst auch die Zahl der Sterbenden, die ins Leben zurückgeholt werden und über ihre Erfahrungen berichten können. Acht bis zwölf Millionen Amerikaner, somit etwa jeder zwanzigste hatte ein Sterbeerlebnis. Diese Erfahrung bewirkt, daß Menschen anfangen, über den Sinn des Lebens nachzudenken und dem alten Sprichwort Glauben schenken, daß wir nicht menschliche Wesen mit gelegentlichen spirituellen Erfahrungen sind, sondern spirituelle Wesen, die im Augenblick ihr menschliches Dasein erfahren. Eine wachsende Zahl derartiger Berichte erhöht aber allgemein die Spiritualität einer Kultur. Deshalb ist es für mich sehr wichtig zu wissen, daß Menschen solche Erfahrungen machen und ihre Erfahrungen auch weiterverbreiten.

Es gibt eine Gruppe von Wissenschaftlern, für die die menschliche Evolution nicht abgeschlossen ist, sondern die Möglichkeit körperlicher Veränderungen beinhaltet – besonders in dem für mystische Erlebnisse zugänglichen Teil unseres Gehirns –, so daß ihrer Meinung nach in Zukunft immer mehr Menschen an solchen Erfahrungen teilhaben werden. Wenn es soweit kommt und wir Verantwortung für uns als spirituelle Wesen übernehmen können, dann bin ich sicher, daß unsere Kultur und Gesellschaft gewaltfreier wird und jeder sich mehr um die Heilung von Wunden kümmert. Dann aber können wir wirklich für andere da sein und ihnen, aber auch uns selbst, liebevolle Zuwendung schenken. Deshalb glaube ich nicht an die Zufälligkeit dieser Veränderungen.

F: Was halten Sie von der Aussage: »Der Tod ist ein freudiges Ereignis«?

JB: Wie in vielen westlichen Kulturen wird der Tod auch bei uns verdrängt. Ich arbeite nun schon viele Jahre im medizinischen Bereich, und besonders hier wird der Tod als Feind betrachtet. Der Tod einer Person bedeutet, versagt zu haben. Deshalb vermeiden es viele Schwestern und Ärzte, sich im Augenblick des Todes bei einem

Patienten aufzuhalten. Sie wollen nicht mit ihrer Angst oder der Tatsache konfrontiert werden, daß sie vielleicht am Tod dieses Patienten schuld sein könnten. Wir alle haben den Wert zweier Dinge aus den Augen verloren.

Erstens ist der Tod das natürliche Ende des Lebenskreises – das Leben verläuft nicht geradlinig. Erst werden wir geboren und dann ist der Tod das Ende. Ich teile den indianischen Glauben an den »Kreis des Lebens« und daran, daß »Geburt und Tod dasselbe sind«. Zweitens vermitteln die Berichte von Menschen mit Sterbeerlebnissen das Gefühl, daß der Tod keineswegs das Ende ist, sondern tatsächlich eine Befreiung. Sie haben das herrliche Gefühl, das Gefängnis ihres Körpers zu verlassen und sich »ins Licht« zu begeben. Sie spüren die Gegenwart eines großen Lichtwesens, von dem die einen behaupten, es sei ein Engel, andere, es sei Jesus oder ein anderer himmlischer Anblick. Sie sehen das ganze menschliche Drama und erkennen, daß sie in ihrem Leben nichts versäumt haben. Alles geschah, um sie lieben zu lehren und sie der geistigen Weisheit näherzubringen.

F: Glauben Sie, daß die Bewußtseinsveränderung einzelner Menschen zu einer weltweiten Bewußtseinsveränderung beiträgt?

JB: Selbst wenn ich jetzt fürchterlich optimistisch klingen sollte: Ich bin der Meinung, daß wir uns tatsächlich mitten in einer weltweiten Krise befinden – die vielen Kriege, AIDS, die schweren Menschenrechtsverletzungen –, sozusagen mitten in einer langen, dunklen Nacht der Seele. Dunkle Nächte aber begeistern mich, weil ich an den Ausspruch von Meister Eckhart, einem christlichen Mystiker, glaube: »Der dunkelsten Nacht folgt das Morgengrauen.« Und genau an diesem Punkt befinden wir uns gerade. Der Physiker Ilya Prigogine entwickelte die Theorie der dissipativen Strukturen und erhielt dafür den Nobelpreis. Es geht dabei um das Ereignis des Fortschritts, darum wie Veränderungen eintreten: immer dann, wenn das alte System gesprengt wird und in seine

Teile zerfällt. In einem solchen Augenblick können wir einen riesigen Sprung vorwärts machen, da genügend Energie freigesetzt wird, um auf eine, wie er es nennt, »höhere Organisationsebene« zu gelangen. Ich glaube, derzeit befindet sich die Menschheit gerade mitten im Sprung zu dieser »höheren Organisationsebene«. Und die Energie für diesen Sprung stammt wahrscheinlich aus der wachsenden, immer mehr Menschen innewohnenden Spiritualität. Gleichzeitig umgibt uns trotzdem noch Finsternis; wir leben in einer Gesellschaft, in der Gewalt zur landesweiten und weltweiten Epidemie wurde und vielen Angst macht. Aber auch dieses dunkle Zeichen des Himmels soll uns nur aufrütteln und uns zeigen, daß wir besser leben können. Wir werden also immer wieder als einzelne Person oder als Nation mit denselben Dingen konfrontiert – der Notwendigkeit, Toleranz, Mitgefühl und Verständnis zu üben. Seine Heiligkeit der Dalai Lama ist für mich das größte Vorbild. Als die Chinesen in den fünfziger Jahren seine Heimat Tibet unterwarfen, töteten sie ungefähr ein Sechstel der Bevölkerung und brannten um die sechstausend Klöster nieder. Sie zerstörten die Natur, beuteten das Land aus und verseuchten es mit ihrem radioaktiven Atommüll. Wird der Dalai Lama aber gefragt, ob er die Chinesen hasse oder ob er Vergeltung wolle, verneint er. Statt dessen versucht er mit Hilfe der Meditation, die Unwissenheit der Chinesen, die zu solcher Unmenschlichkeit geführt hatte, in sich aufzunehmen und sie durch seine Glückseligkeit und Weisheit zu ersetzen. Er ist ein bewundernswertes Vorbild und erhielt deshalb auch den Friedensnobelpreis.

Auf einer höheren Ebene könnte man sagen, daß vor dreißig Jahren kaum jemand etwas über Tibet wußte und daß auch die zahlreichen dort überlieferten Meditationspraktiken zum Erlernen von Mitgefühl bei uns unbekannt waren. Infolge der schrecklichen Ereignisse mußten viele Tibeter ihre Heimat verlassen, und dreißig Jahre später können wir die Vorteile aus ihrer Vertreibung ziehen. Das verstehe ich als Bestandteil einer weltweiten Bewußtseinsveränderung.

F: Wie wird Heilung in Zukunft aussehen?

JB: Die Art und Weise des Heilens wird sich in mehrfacher Hinsicht verändern. Wir werden wahrscheinlich weniger körperorientiert sein und uns weniger mit Gedanken beschäftigen wie: »Wenn ich nur weniger äße, bessere Gene hätte oder das Richtige dächte, dann bliebe ich ewig (körperlich) jung.« Immer wieder gibt es Menschen, die sich selbst verachten, indem sie sagen: »Ich bin selbst schuld an meiner Krankheit.« Sie versuchen mit Hilfe geistig-körperlicher Methoden jung zu bleiben und Unsterblichkeit zu erlangen, aber sie werden schrecklich enttäuscht werden. Redd Foxx sagte einmal etwas großartig Philosophisches: »Wie dumm werden sich diese verrückten Naturköstler fühlen, wenn sie im Krankenhaus liegen und an nichts sterben?« Wir werden schließlich alle sterben. Selbst die großen Heiligen und Mystiker starben, obwohl sie sich zeitlebens von der göttlichen Gegenwart durchtränkt fühlten. Häufig starben sie sogar jung.

Die heilige Bernadette machte sich in ganz Lourdes lächerlich, als sie im Lehm nach einer Heilquelle grub, nachdem ihr die Heilige Jungfrau in einer Vision den Auftrag dazu erteilt hatte. Trotzdem entsprang die Heilquelle dem Boden, und viele Menschen wurden nachweislich in Lourdes geheilt. Bernadette starb aber schon Anfang dreißig an sehr schmerzhaftem Knochenkrebs. Was kann man dazu sagen? Meditierte sie nicht richtig? Dachte sie etwas Falsches? Konnte sie sich nicht selbst heilen? Wir müssen uns eingestehen, daß ihr Leben vollendet war, daß ihr Lebenskreis sich bereits mit zweiunddreißig Jahren geschlossen hatte. Wir sollten aufhören, ein gut gelebtes Leben nach der Zahl der gelebten Jahre zu beurteilen. Ich war immer der Meinung, daß einige Menschen ihr Leben bereits mit zwei Monaten, andere erst mit hundert Jahren vollendet haben. Es geht nicht um die körperliche Gesundheit, sondern darum, *wie* man sein Leben lebt.

Gelingt es mir, mein Herz zu öffnen? Habe ich das Gefühl, mein Leben sinnvoll zu leben? Echte Heilung erfährt man immer dann, wenn man den Mut hatte, seine Bestimmung zu leben. Wenn wir uns nur auf körperliche Heilung beschränken, können wir inzwischen natürlich die Lebensdauer hinauszögern. Dank hervorragender medizinischer Errungenschaften leben wir länger als je zuvor.

Ich will aber nochmals betonen, daß nur die Heilung des Geistes wirklich gesund macht. Der Körper ist eine zeitlich begrenzte Hülle, die wir irgendwann zurücklassen. Echte Gesundung erfahren wir, wenn wir uns mit Hilfe geistig-körperlicher Heilmethoden selbst erkennen, wenn wir gelernt haben, aufmerksam zu sein und zu lieben. Die Tatsache, daß es uns dann auch körperlich besser geht, ist schließlich nur noch der Rahmen, der das eigentliche Kunstwerk umfaßt.

Sophy Burnham

Sophy Burnham ist Direktorin des Fund for New American Plays in Washington, D.C. Für ihre Arbeit als Dramaturgin, Romanschriftstellerin, Journalistin und Sachbuchautorin gewann sie mehrere Preise, zwei ihrer Bücher – ›Engel. Erfahrungen und Reflexion‹ und ›The President's Angel‹ – sind Bestseller. Burnham lehrte am Writer's Center in Washington, D.C. und arbeitet derzeit an einem neuen Roman.

Frage: Was veranlaßte Sie zur Veröffentlichung Ihres Buches ›Engel. Erfahrungen und Reflexion‹?

Sophy Burnham: Ich bin hauptberuflich Schriftstellerin und hatte gerade das Buch ›Revelations‹ beendet. Da ich damals an nichts anderem arbeitete, wollte ich – eigentlich nur für mich oder meine Kinder, aber nicht für die Öffentlichkeit – all die zauberhaften, geheimnisvollen und unbegreiflichen Dinge aufschreiben, die mir oder vertrauenswürdigen Bekannten widerfahren waren. Ich schrieb diese Dinge nieder, drehte und wendete sie in meinem Kopf wie Kieselsteine, um sie auf ihren Wahrheitsgehalt hin zu prüfen. Wenn man diese Geschichten nämlich logisch, rational, vernünftig oder wissenschaftlich betrachtet oder so, wie man das auf der Universität beigebracht bekommt, ergeben sie einfach keinen Sinn.

Während ich mich mit diesen Dingen beschäftigte, fragte ich mich häufig, ob das alles tatsächlich wahr sein konnte oder nur in meiner Einbildung existierte. Dazu fiel mir die Befragung der Jeanne d'Arc durch ihre Inquisitoren ein, die etwa so lautete: »Du sagst, du hättest die Stimme Gottes gehört?« Darauf sie: »Ja, ich hörte Gottes Stimme.« – »Woher weißt du, daß es nicht deine Vorstellung war?« – »Es war meine Vorstellung.« – »Aber gerade sagtest du noch, es sei Gottes Stimme gewesen – war es nun deine Vorstellung oder Gottes Stimme?« Da erwiderte sie: »Meine Vorstellung ist nur eine Möglichkeit, Gott zu hören.« So ähnlich erging es mir mit der Rohfassung dessen, was später ›Engel. Erfahrungen und Reflexion‹ werden sollte. Schrieb ich über wahre Ereignisse oder nur über meine Vorstellung?

Als ich etwa die Hälfte des Manuskripts fertiggestellt hatte, gab ich es einigen Freunden zu lesen, und sie waren alle sehr bewegt. Mir selbst erging es ähnlich, denn als Schriftstellerin weiß man, ob ein Werk gelungen ist oder nicht. Vieles, was ich schreibe, gefällt mir nicht. Dieses Mal aber spürte ich eine große Kraft dahinter, und deshalb kümmerte ich mich um die Veröffentlichung. Ich gab das Buch meinem damaligen Agenten, der es vier Jahre behielt, weil er es nicht verkaufen konnte. Dann wechselte ich den Agenten und fast umgehend konnte das Buch verkauft werden, denn die Zeiten hatten sich geändert. Jeder Künstler ist seiner Zeit und seinen Mitmenschen ein klein wenig voraus, damit er in Ruhe arbeiten kann.

F: Welche Veränderungen konnten Sie feststellen, während Sie auf die Veröffentlichung von ›Engel. Erfahrungen und Reflexion‹ warteten?

SB: In den achtziger Jahren schrieb ich in acht Jahren sechs Bücher – das ist sehr viel –, aber ich konnte kein einziges veröffentlichen. Alle handelten vom spirituellen Leben, von der Suche nach Spiritualität.

Die Bücher wurden nicht verkauft, weil damals kein Interesse an diesen Themen bestand. Die Zeit der Reagan-Regierung war äußerst materialistisch, in den Zeitungen sprach man von der Yuppie-Generation. Anfang der neunziger Jahre setzte eine Bewußtseinsveränderung ein – man entwickelte ein Gespür für die eigene Unzufriedenheit. Das Gefühl der inneren Leere blieb – egal, ob man es mit Geld, verschiedenen Ehen, Pelzmänteln oder BMWs zu verdrängen suchte. Man fand keinen inneren Frieden, und doch suchen wir nur das: Erfüllung und Frieden. Nach einem schrecklichen Jahrhundert nähern wir uns der Jahrtausendwende und merken, daß uns etwas fehlt, daß wir spirituell verhungern.

F: Wie stellen Sie sich Engel vor?

SB: Sie sind geistige Wesen und anscheinend sehr verschieden von uns. Viele sind der Ansicht, daß wir Menschen uns nach dem Tod oder nachdem wir mehrere Menschenleben durchwandert haben in Engel verwandeln. Andere halten Engel für eine von Gott am Anfang der Zeit geschaffene und von uns unabhängige Schöpfung. Ob Engel mit dem ersten Morgengrauen, mit dem ersten Klang erschaffen wurden – wir werden es nie erfahren. Aber wir wissen, daß es diese Wesen gibt, die wir Engel nennen, daß sie an unserer Seite stehen und daß sie Wärme, Licht, höchsten Glanz und eine herrliche Farbenpracht verbreiten. Wenn man ihnen begegnet, erfährt man Wärme und das Gefühl unergründbarer Liebe. Sie lieben uns weit über unsere kühnsten Vorstellungen von der Liebe hinaus. Das uns vom Universum entgegengebrachte und uns tragende Mitgefühl ist unvorstellbar und bleibt uns meistens verborgen. Ganz selten öffnet sich ein kleiner Spalt oder der Schleier hebt sich, so daß wir es erkennen, aber schon bald versinkt wieder alles im Dunkel.

Unsere Engel wollen nicht erkannt werden. Sie verstellen sich und vermeiden es, in unsere Wirklichkeit einzubrechen oder unser Gefühl dafür zu zerstören. Deshalb erscheinen sie uns als Visionen, Stimmen oder Eingebungen, ohne unsere Wahrnehmung von der Wirklichkeit zu beeinträchtigen – leise Hinweise auf den richtigen Weg. Bestimmt hat sich jeder schon einmal über die innere Stimme gewundert, die sagte: »Ich wußte, ich hätte es nicht tun sollen, aber ich achtete nicht darauf.« Diese kurze Eingebung ist Engelsgeflüster oder eine geflügelte Weisung. Außerdem kenne ich großartige Geschichten, in denen Engel Tiergestalt annehmen.

Meine liebste Tiergeschichte stammt aus Hope Mac-

Donalds Buch ›When Angels Appear‹ und handelt von einer Frau, die mit dem Bus nach Hause fährt. Es ist spät abends, und außer dieser Frau befindet sich nur noch ein weiterer Fahrgast in dem Bus. Intuitiv ahnt sie, daß er ebenfalls an ihrer einsamen Haltestelle aussteigen und ihr folgen wird. In ihrer Angst beginnt sie zu beten. Der Mann steigt auch wirklich an derselben Haltestelle aus, aber im selben Moment erscheint ein großer weißer Hund und schiebt seinen Kopf unter ihre Hand, begleitet sie bis an ihre Haustüre und wartet, bis sie aufgeschlossen hat. Dann macht er sich davon und auch der Mann ist verschwunden. Nie zuvor hatte sie diesen Hund in ihrem Stadtviertel gesehen, niemals danach sah sie ihn wieder. So aber wirken Engel. Man kennt das Tier nicht, vielleicht ist es sogar wirklich vorhanden. Trotzdem haben wir das Gefühl, einem Engel zu begegnen, da es wie ein Engel erscheint und dessen Aufgabe verrichtet.

Manchmal erscheinen Engel auch in menschlicher Gestalt. Ich kann jemandem das sagen, was er gerade zu hören nötig hat. Oder jemand kommt zu mir und spricht Worte, die ich in diesem Augenblick brauche. Ein Versehen? Ein Zufall? Zufälle sind die anonymen Wunder Gottes. Oder die kurzen, unerwarteten Momente des Glücks – unsichtbare Hände, die einen aus dem brennenden Auto ziehen, die uns vollkommen unerklärlich sind. Und ganz selten erscheinen diese Momente in einem vollendeten strahlenden Glanz – als Engel. Gewöhnlich sind es Kinder, die es sehen, denn sie sind unschuldig, voller Staunen und sehen noch mit dem Herzen. Engel kann man nicht mit dem Verstand sehen, sondern nur mit dem Herzen. Ein offenes Herz aber macht verletzbar, und weil wir davor Angst haben, können wir uns nur äußerst selten öffnen.

F: Welche äußere Gestalt haben Engel?

SB: Ich glaube, daß Künstler Engel abbilden, wie wir sie sehen – als unschuldige Kinder, als herrlich strahlende geflügelte Wesen oder mit für Leidenschaft und Gerechtigkeit erhobenen Schwertern. Engel sind Lichtwesen wie wir, aber da unsere Schwingungen tiefer sind, entsteht bei uns der Eindruck von Masse. Engel bestehen aus reinem Licht und können deshalb jede beliebige Gestalt annehmen – Mann, Frau oder Kind, groß, klein oder gewaltig. Und weil das Licht wellenartig von ihnen abperlt, entsteht der Eindruck von Flügeln oder etwas Fließendem. Die Flügel sind auch eine Metapher für die Schnelligkeit der Engel; denn sie sind schnell wie Gedanken, ohne dazu Flügel zu benötigen. Sie gelangen nicht durch das Schlagen ihrer Schulterblätter ans Ziel. Ihr Fortbewegungsmittel sind die Gedanken; mit ihrer Hilfe verwandeln sie sich schlagartig in ein Kind, ein junges Mädchen oder in einen herrlichen, starken, schwerttragenden männlichen Engel.

Ich glaube, daß die ersten Menschen – etwa der affenartige Australopithecus oder später die Neandertaler – Engel sahen. Wenn alle Menschen unabhängig von ihrer Religion diese Vorstellung haben – den Glauben an eine spirituelle Dimension mit geistigen Wesen –, dann könnte diese Vorstellung doch stimmen. Die Mystiker glauben daran.

F: Glauben Sie, daß Spiritualität gegenwärtig neu bestimmt wird?

SB: Viele Menschen fragen sich, warum Engel so wichtig sind. Einer der Gründe beruht vielleicht auf der Vorstellung, die wir von Gott als einer patriarchalischen Gestalt haben: strafend, eifersüchtig, böswillig oder von weißer Hautfarbe, die über uns wacht und jede unserer leisesten Bewegungen kennt. Und das gefällt uns nicht, das gefällt niemandem. Ein Engel oder unsere Beziehung zu ihm dagegen ist immer zart, immer mitfühlend. Wir geben uns der Begegnung mit einem Engel mit dem Gefühl hin, Heimat, Geborgenheit und Sicherheit gefunden zu haben.

Engel überbringen eine Botschaft. Sie weisen auf das, was wir Gott nennen. Gemeint ist damit aber nicht diese selbstherrliche, eifersüchtige und uns überwachende Gottheit, sondern vielmehr eine Energiequelle, die noch unerklärlich viel mehr Liebe spendet als Engel es vermögen. Dieses Meer der Liebe sind wir, wir gehen daraus hervor, wir kehren dorthin zurück und alle unsere Körperzellen bestehen aus dieser Liebe.

Nun, ob die Menschheit insgesamt derzeit ihre Beziehung zu Gott neu bestimmt – diese Frage hängt von jedem einzelnen ab und steht am Ende einer Kette von grundlegenden Fragen, die uns ein Leben lang begleiten: »Wer bin ich? Warum lebe ich? Gibt es ein Leben nach dem Tod? Was geschieht, wenn ich sterbe? Warum wurde ich geboren?« Alle diese Fragen bedeuten nur eins: »Gibt es dich, Gott? Wer ist Gott?« Bei der Beschäftigung mit diesen Fragen helfen uns Engel, das Wissen, daß sie für uns da sind, um uns bei der Suche zu helfen und um uns im Alltag zu begleiten.

F: Hat also jeder seinen Schutzengel?

SB: Alle Menschen werden von Engeln umgeben und von mehr als nur einem Engel beschützt. Ich habe gehört und keinen Grund, daran zu zweifeln, daß, wenn wir uns entschließen, geboren zu werden, wenn wir also Geistwesen auf der anderen Seite sind und in dieses Leben eintreten wollen, wir bereits unsere Begleiter fürs Leben gewählt haben und diese Geistwesen von der anderen Seite her kennen. Im Tod, wenn wir ins eigentliche Leben zurückgekehrt sind, werden wir wieder mit diesen Geistwesen, unseren Freunden, zusammensein. Wir haben alle mehr als nur einen oder zwei Engel, da jeder aufgerufene Engel tausend oder mehr mit sich führen kann.

F: Spürten Sie persönlich schon einmal die Gegenwart von Engeln?

SB: Ich hatte zu meiner Mutter – sie starb vor vielen Jahren – ein sehr liebevolles, aber auch sehr stürmisches Verhältnis. Kurz vor ihrem Tod an Lungenkrebs lag sie im Krankenhaus von Baltimore. Ich lebte damals in Washington und besuchte sie jeden Tag. Manchmal blieb ich auch in Baltimore bei meinem Vater, der einen Schlaganfall erlitten hatte. Die Umstände waren wirklich schmerzlich, und jeder Aufenthalt fiel mir sehr, sehr schwer. Ich arbeitete, um nicht denken zu müssen. Meine Mutter hatte höchstens noch Wochen, vielleicht aber auch nur noch Tage zu leben – niemand wußte es genau.

Bei meinen Besuchen nahm sie den Gummischlauch, der sie mit Sauerstoff versorgte, aus der Nase, wedelte damit herum und hielt große Reden. Außerdem hatte sie bei meinen Besuchen immer etwas an mir auszusetzen, sei es, daß mein Rock schmutzig war, ich nicht richtig sitzen würde oder warum ich solche Dinge schriebe. Sie fragte mich auch, wann ich zuletzt meinen Vater besucht hätte oder warum ich mich so benähme. Immer wieder kleine Nörgeleien und Kritik. Auch an jenem Tag schmerzte mich ihr Meckern, aber ich wollte nichts darauf erwidern. Sie war krank, ich wollte keinen offenen Streit beginnen, doch tatsächlich wollte und hatte ich *niemals* einen offenen Streit mit ihr. Deshalb rutschte ich immer tiefer in meinen Stuhl und dachte: »Warum bin ich nur hier? Ich sollte besser gehen. Wir sollten über Wichtigeres sprechen, es gibt Wichtigeres, wenn eine Mutter stirbt.« In diesem Augenblick betrat eine schwarze Putzfrau aus Jamaica den Raum und begann, energisch den Boden zu wischen. Meine Mutter nörgelte, ich saß zusammengekauert und mit finsterer Miene im Stuhl. Da sagte die Putzfrau: »Ich liebe es, einer Mutter zuzuhören.« Da ich sie nicht richtig verstanden hatte, richtete ich mich im Stuhl auf und fragte fast gleichzeitig mit meiner Mutter: »Wie bitte?« Sie wiederholte: »Ich liebe es, einer Mutter zuzuhören. Meine Mutter starb als ich zwölf war, und ich habe schon lange keine mütterlichen Predigten mehr gehört. Das klingt so gut.« Dann verließ sie das Zimmer. Aber sie hatte uns beide verändert, vollkommen verändert. Meine Mutter nörgelte nicht länger an mir herum, unsere Unterhaltung nahm seit diesem Moment einen sehr liebevollen und aufrichtigen Verlauf. Ich hatte immer das Gefühl, daß jene Putzfrau damals wie ein Engel aufgetaucht war, um meiner Mutter und mir unser wahres Verhältnis zueinander bewußt zu machen und uns zu versöhnen. Meine Mutter hatte wirklich nur ihr »Junges geknufft«: mich auf schwer verständliche

Weise geliebt, aber geliebt. Und diese Putzfrau hatte mir das auf wunderbare Weise noch vor dem Tod meiner Mutter vermittelt.

Zwei Tage später starb meine Mutter, aber wir unterhielten uns in dieser Zeit viel über ihren Tod und was danach folgen würde. Ich bat sie, zurückzukommen und mir vom Jenseits zu berichten, worauf sie antwortete: »Oh, das könnte ich nicht. Nicht einmal Houdini war dazu in der Lage.« Ich machte sie auf unser sehr enges Verhältnis aufmerksam und darauf, daß sie deshalb bestimmt zu mir kommen könnte. Nach ihrem Tod kam sie auch wirklich dreimal, aber ich schaffte es nicht, sie nach dem Jenseits zu befragen.

Um genau zu sein, mir erschienen vor nicht allzu langer Zeit meine beiden Eltern. Ich war sehr erregt darüber, daß ein guter Freund – genau wie mein Vater – einen Schlaganfall erlitten hatte und ich nichts mehr für ihn tun konnte. Ich war verzweifelt und fühlte mich schrecklich. Ich lief nur aufgeregt von einem Zimmer meines Hauses ins nächste und dachte: »Wo seid ihr jetzt, wenn ich euch brauche? Ihr müßt mir sagen, was ich tun soll, aber ihr seid nicht mehr da, schon seit Jahren tot und ich bin ganz allein.« Dann ging ich in die Küche, schaltete irgendeinen dummen Film im Fernsehen ein und sah ganz plötzlich aus dem Augenwinkel heraus Schatten an der Wand des Eßzimmers. (Hier möchte ich betonen, daß Erscheinungen oft am Rand des Blickfeldes wahrgenommen werden.) Ich sah also diese Schatten, und während ich sie so betrachtete, standen sie reglos und warteten. Keine Lampe, kein vorbeifahrendes Fahrzeug oder sonst irgend etwas konnte den Schatten verursacht haben. Aber beim Anblick der Schatten wußte ich, daß es meine Mutter und mein Vater waren – so wie sie zusammen gelebt hatten. Sie sagten nichts, und ich erfuhr nichts über das Jenseits. Ich glaube, der Vorfall dauerte höchstens dreißig Sekunden bis eine Minute, aber als ihre Schatten verblaßten und nicht länger an der Wand standen, wußte ich, was ich für meinen kranken Freund tun konnte. Es war so einfach, ich mußte ihn nur lieben. Sonst nichts. Mein Verhalten spielte keine Rolle, überhaupt keine. Am Ende läuft doch alles auf die Frage hinaus: »Wie können wir uns tiefer lieben? Wie lieben wir und wie drücken wir unsere Liebe füreinander aus?«

F: Warum geschieht so viel Unheil, wenn wir doch alle von Engeln und Schutzengeln umgeben sind?

SB: Diese Frage ist schrecklich wichtig, auch wenn ich glaube, daß wirklich niemand darauf eine Antwort weiß. Für mich habe ich inzwischen aber eine annehmbare Antwort gefunden. Engel helfen uns scheinbar auf verschiedenste Weise; sie bewirken Wunder, sie durchbrechen sogar die physikalischen Gesetze des Universums: Ich hörte sogar schon davon, daß ein Auto durch ein anderes hindurchfuhr. Einzig auf unseren freien Willen haben Engel keinen Einfluß.

In meinem Buch ›Engel. Erfahrungen und Reflexion‹ handelt eine Geschichte von einer Frau namens Sarah. Sie war einmal in Griechenland und betete in einer sehr gefährlichen Lage: »Herr Jesus, habe Mitleid mit mir. Jesus Christus habe Mitleid.« Sie war vor Schreck erstarrt, und da sie Christin ist, betete sie natürlich zu Jesus. Als Muslimin hätte sie in derselben Situation zu Allah gebetet, aber das hätte nichts geändert. So jedenfalls betete sie zu Christus und da spürte sie, wie zwei Hände sie von hinten ergriffen und emporhoben. Sie fühlte deutlich alle Erscheinungen, die ich bereits geschildert habe – aufgenommen zu werden in diese Arme aus Wärme, Geborgenheit, unendlicher Liebe und Sicherheit. Die Hände trugen sie die Straße hinunter und bis über die Brücke und setzten sie dort ab. Dabei fiel sie und schürfte sich die Knie, stand aber schnell wieder auf, rannte ins Dorf, polterte die Treppe zu ihrer Pension hinauf und stürzte ins Zimmer ihrer Freunde. Alle fragten: »Sarah, Sarah, was ist geschehen?« Und sie antwortete: »Nichts, mir ist nur ein Gespenst begegnet. Wirklich, es ist nichts geschehen.« Da sagte einer ihrer

Freunde. »Nein. Du bist von Licht umgeben; du hast Gott gesehen.«

Einige Jahre später wurde sie vergewaltigt. Während der Vergewaltigung dachte sie fortwährend: »Jetzt werde ich gleich von meinem Schutzengel gerettet.« Aber weder ihr Schutzengel noch sonst irgend jemand erschien, um ihr zu helfen. Als wir uns darüber unterhielten, sagte sie, daß es so in Ordnung sei, denn der Vorfall hätte sie eine andere Ebene der Vergebung gelehrt; sie mußte lernen, ihrem Vergewaltiger zu verzeihen. Ich dachte nur: Engel können wirklich alles, aber sie können keinen Mörder daran hindern, sein Messer ins Herz des Opfers zu stoßen. Sie können keinen Krieg abwehren. Sie sind machtlos gegen den freien Willen eines Menschen, einem anderen zu schaden.

F: Wodurch spürt man die Gegenwart eines Engels? Wie kann man einem Engel begegnen?

SB: Diese Fragen höre ich ständig. »Wie begegne ich meinem Engel? Wie kann ich meinen Engel sehen? Wie kann ich eine Verbindung zu meinem Engel herstellen?« Tatsächlich müssen wir gar nichts dafür tun. Wir müssen nur all das Gute, das uns widerfährt, erkennen und dafür danken. Je dankbarer wir sind, desto segensreicher wird unser Leben, desto offener werden wir. Nicht wir sollen Engel sehen, sondern sie werden sich uns offenbaren. Letztendlich ist es auch unwichtig, ob man seinem Engel begegnet. Was wirklich zählt, ist, am Ende seines Lebens zurückzublicken und sagen zu können: »Habe ich richtig gelebt? Habe ich Mitgefühl für andere gezeigt?«

Ich kenne die Geschichte eines Mädchens, das mit zwölf Jahren ein Sterbeerlebnis hatte. Sie machte dieselben Erfahrungen wie andere Menschen: Sie ging durch einen Tunnel aus Licht und sah am anderen Ende geistige Wesenheiten oder Engel. Plötzlich stieß sie auf eine unüberwindbare Sperre – eine Wiese, einen Zaun oder einen Fluß –, konnte aber von dieser Sperre aus sehen, wie vor ihren Augen ihr bisheriges Leben vorüberzog. (So etwa würden wir es ausdrücken, weil der Tod sich scheinbar auf diese Weise bemerkbar macht.) Sie bemerkte aber, daß sie immer nur Ausschnitte aus ihrem Leben sah, fast wie im Morsealphabet: Lichtflecken und dazwischen dunkle Abschnitte. Und dann erkannte sie, daß sie nur die Momente ihres Lebens sah, in denen sie bedingungslos liebte. An diesem Punkt entschied sie sich für die Rückkehr ins Leben, da sie noch nicht genug Liebe geschenkt hatte.

Ich glaube, dazu sind wir alle aufgerufen: zu immer höherer Wahrnehmung, immer höherer Berufung und immer höherer Spiritualität. Das ist sehr schmerzhaft, denn wie kann man jemanden lieben, der einen gerade beleidigt hat? Wie kann ich die Person, die gerade meine Gefühle verletzt hat, bedingungslos lieben? Wie kann ich mich von meinem Groll befreien? Buddha übte sich täglich zwei Stunden im Vergeben. Jeden Tag meditierte er so lange, bis er vergeben konnte, und sandte dann eine Welle der Vergebung über die Welt. Auch wir handeln so. Überall beten Menschen, überall vergeben Menschen ihren Feinden, überall finden sich Hände, um einem Fremden zu helfen – jederzeit.

F: Interessanterweise spricht der heilige Thomas von Aquin über Engel als »Wesen aus Licht« und beschreibt damit intuitiv physikalische Gesetze, die inzwischen durch die Quantenphysik belegt werden konnten. Wie können Sie sich das erklären?

SB: Wissen Sie, wenn man meditiert, kann man Dinge sehen und die himmlischen Wesen erreichen. Meditieren muß man möglicherweise lernen, aber wenn man es dann kann, erweitert es den Blick. Lukrez, ein römischer Dichter und Philosoph, beschrieb als erster die Theorie von den Atomen. Er sah sie, während er meditierte, und er sprach: »Stühle und Tische bestehen aus Atomen und den dazwischenliegenden Räumen – wie Menschen.« Aber wann wurde das gesagt? Irgendwann im ersten Jahrhundert vor Christus. Woher wußte er es? Er wußte es, weil er meditierte und dabei eine Vision hatte, denn wo sonst sieht man

Engel? Und so endet der Wissenschaftler nach unzähligen Studien der Quantenphysik auf demselben Gipfel, auf dem bereits der Mystiker sitzt und lange vor ihm alles gesehen hat. Aber jetzt kann man es beweisen, indem man Drei-Milliarden-Dollar-Reaktoren mit schwebenden Teilchenbeschleunigern baut.

F: Warum leugnen manche Menschen ihre Begegnung mit einem Engel?

SB: Wenn man einmal einem Engel begegnet ist, wenn man einmal von einem Engel aus einer Lebensgefahr gerettet wurde oder nachdem man einmal einem Engel von Angesicht zu Angesicht gegenüberstand – dann ist nichts mehr, wie es einmal war. Das Erlebnis löst einen schweren inneren Kampf aus. Als ich jung war, wollte ich nicht glauben, daß mir Engel das Leben gerettet hatten. Ich war nicht darauf vorbereitet, daß sich mein Leben total verändern sollte. Ich glaubte damals nicht an Gott und wollte nicht die Verantwortung auf mich nehmen, die der Glaube von mir verlangt hätte. Und so verdrängte ich den Vorfall und sagte mir, daß einfach nichts geschehen sei. Die Jahre vergingen, und ich machte andere Erfahrungen, aber mit jeder weiteren Erfahrung wurde ich gezwungen, mich erneut mit jenem ersten Erlebnis auseinanderzusetzen und es als das zu erkennen, was es war – eine Auseinandersetzung, vor der ich mich fürchtete.

Niemand will wirklich einen Engel sehen. Vielleicht wünscht man es sich, aber diese Begegnung ist nicht einfach ein kurzer und unbedeutender Augenblick. In diesem Augenblick spürt man eine so gewaltige Kraft, daß man sie den Rest seines Lebens nicht mehr vergessen kann. Vielleicht erfährt niemals jemand davon, und das Erlebnis wird zu einem jener »Aha-Erlebnisse«, die man nicht weiter verbreitet. Aber man selbst schaut und stößt darauf, erinnert sich daran und fühlt sich dadurch geborgen und geheilt. Der Glaube ist geboren.

F: Sind wir den Engeln etwas schuldig?

SB: Ja. Wir schulden ihnen Dank, Lobpreis und besonders eine innige Liebe zu Gott. Die himmlischen Boten freuen sich über freundliche Worte, Sanftmut und liebevollen Dank. Man kann Engeln immer danken. Sie sind sehr leicht, sie spielen gern und wollen, daß man fröhlich ist. Sie sind überaus glücklich über ein Lachen. Engel sind so leicht, weil sie sich selbst auf die leichte Schulter nehmen.

F: Werden wir mitfühlender? Lernen wir etwas dazu?

SB: Ich glaube, das ist unsere Aufgabe. Es bleibt nur die Frage, ob wir den Mut finden, Haß durch Liebe zu ersetzen. Scheinbar lernen wir gerade. Können wir unsere Kinder lehren, daß sie von Engeln umgeben sind, die ihnen jederzeit beistehen? Sind wir mutig genug, sie zu lehren, daß wir unbesorgt um die Erfüllung unserer Wünsche beten können und dann auch erhalten, was wir brauchen? Finden wir den Mut, uns selbst einzugestehen – nicht nur in der Kirche, sondern auch im Alltag –, daß wir in einer Welt leben, die größer und herrlicher ist, als wir es je zu fassen vermögen? Finden wir den Mut? Ich weiß nicht, ob wir jeweils die Wahl haben. Man kann aus der Haut fahren oder störrisch den Kopf abwenden, aber es wird kein Entkommen geben. Man muß dem vorgegebenen Weg folgen, der auf diese schwerelose und mit mehr Liebe erfüllte Ebene führt. Aber wir haben immer noch unseren freien Willen und können jederzeit stehenbleiben.

Ron Kennedy
Ein helles Licht

Im Oktober 1984 kehrte ich von einer Vortragsreise aus Bristol, England, in die Staaten zurück. Nach dem zehnstündigen Flug war ich wirklich müde, und meine Stimmung war miserabel. Mein Flugzeug landete um 12.30 Uhr, und meine Sekretärin Paige holte mich ab, so daß wir etwa um 13.30 Uhr bei mir zu Hause in San Francisco eintrafen. Wir parkten den Wagen in der Garage, und ich trug mein Gepäck durch eine Verbindungstüre in die Eingangshalle. Auf der Treppe saß mein Freund Abdul, der während meiner Abwesenheit das Haus gehütet hatte. Paige hatte mir erzählt, daß er unter Zahnschmerzen litt, so daß ich mich etwas um ihn sorgte. Ich bemerkte Schweißperlen über seinen Augenbrauen und wollte gerade seine Stirn berühren und ihn nach seinem Befinden fragen, als er aus voller Kehle schrie: »Jetzt reicht's!«

Erst jetzt bemerkte ich den metallenen Tennisschläger in seiner rechten Hand. Er schwang den Schläger und traf mich damit auf die linke Gesichtshälfte. Durch den Aufprall taumelte ich zurück Richtung Tür. Er besaß eine unglaubliche Kraft; ich hätte nie gedacht, daß er so stark sein könnte und konnte mich nur verwundert fragen, was hier geschah und weshalb. Dann drehte ich mich um und fragte ebenso laut: »Was machst du denn?« Da schlug er wieder zu, an dieselbe Stelle, und wieder taumelte ich rückwärts. Noch einmal wandte ich mich ihm zu und sagte: »Was machst du, Abdul? Ich bin dein Freund!« Er schlug erneut zu.

Danach fragte ich nicht mehr, denn ich wußte, was geschehen würde und wollte nur noch hinaus. Ich fummelte am Türgriff herum, wußte aber nicht mehr, wie sich die Türe öffnen ließ – wahrscheinlich erste Zeichen einer

Gehirnerschütterung. An die folgenden Augenblicke kann ich mich nicht mehr erinnern, aber etwas später kam ich auf dem Boden liegend wieder zu Bewußtsein. Ich nehme an, er hatte mir von hinten über den Kopf geschlagen. Jedenfalls kam ich zu mir und wußte wirklich nicht mehr, wo ich war und was geschehen war. Ich kämpfte mit irgendeiner Person und war unterlegen. Ich glaube, er schlug mich mehrfach nieder. Als ich mich das dritte Mal aufrichtete, konnte ich wieder klar sehen und erkannte ihn, mich und die gesamte Situation. Ich bemerkte auch die blutverschmierten Wände – jedenfalls klebte überall dieses rote Zeug. Dann sah ich, daß er etwas in der Hand hielt, was sich später als Dolch herausstellen sollte. Es war eine lange Stahlklinge, und ich erkannte, daß mein Freund vorhatte, aus welchem Grund auch immer, mich zu töten. Meine Lage kam mir wirklich aussichtslos vor; er hatte die Oberhand gewonnen, und ich würde sterben – es gab keinen Weg zurück. Ich fühlte seine Absicht, mir die Klinge ins Herz zu stoßen.

Tatsächlich erfuhr ich später, daß er bereits meinen Hals damit durchbohrt hatte. Er wollte mich wirklich umbringen. Ich hielt seine Schulter in einer Art Todesgriff umklammert. Alles erschien mir plötzlich wie in Zeitlupe. Während er – wie mir schien – sehr langsam mit dem Messer ausholte (es war der dreizehnte Stich), fand ich mich damit ab, sterben zu müssen. Es gab kein Entrinnen, und es war so in Ordnung. Ich entschied für mich: »Na ja, das ist nicht gerade ein schöner Tod, eigentlich habe ich es mir anders vorgestellt, aber wenn es so sein soll, werde ich mich damit abfinden.« Und während ich so über seine Schulter blickte, sah ich einen Gang, obwohl es in dem Teil meines Hauses keinen gibt. Trotzdem war da dieser Gang, an dessen Ende sich weder nach links, rechts, oben oder unten eine Öffnung auftat – eine Sackgasse. Ich sah diese Sackgasse und dachte: »Das ist wirklich mein Ende.« Ich fühlte mich sehr friedlich und vollkommen entspannt.

Als Abdul zum nächsten Stich ausholte und das Messer

schon die halbe Strecke zurückgelegt hatte, stand plötzlich für mich die Zeit still – oder die Handlung stoppte. Rein äußerlich geschah nichts mehr. Aber über seiner linken Schulter, da, wo ich zuvor den Gang erblickt hatte, erschien ein Licht. Ich kann es nur als Licht beschreiben, obwohl es eigentlich noch heller als Licht war.

Obwohl es nur Licht war, hatte es eine dreieckige, etwa mannshohe Gestalt mit abgerundeten Ecken. Es war strahlend schön, und ich fühlte mich ganz ruhig. Ich bewunderte seine Schönheit, was auch immer es sein mochte, und währenddessen veränderte es sich und nahm so etwas wie menschliche Züge an. Als erstes fiel mir diese unendliche Liebe auf: eine Woge der Liebe, größer als das Universum. Eine gewaltige Liebe. Niemals vorher war mir etwas annähernd Vergleichbares widerfahren. Ich erkannte auch, daß dieses unbekannte Licht alles wußte. Es besaß unendliches Wissen und wußte mit Sicherheit alles über mich.

Als nächstes fühlte ich mich so voll und rundherum angenommen, obwohl das Licht alles über mich wußte: jeden auch noch so kleinen Fehler, alle Dummheiten, die ich gesagt oder begangen hatte und alle Verletzungen, die ich je anderen Menschen zugefügt hatte. Ich war gewissermaßen außer mir vor Freude und dachte nur noch: »Jetzt sterbe ich wirklich.«

In diesem Augenblick – und ich kann es nicht anders beschreiben – schleuderte mir diese Erscheinung eine Frage zu, die wie ein Pfeil direkt ins Herz traf. Es fielen keine Worte, es war vielmehr ein sehr reiner Gedanke. Die Frage lautete: »Kommst du jetzt oder später?« Sobald er, sie oder es mich gefragt hatte, wußte ich, daß die Entscheidung jetzt nur bei mir lag, ich konnte leben oder sterben. Einerseits war ich sehr neugierig und wollte wissen, was wohl als nächstes kommen sollte; andererseits erkannte ich Bereiche in meinem Leben, die eindeutig unvollendet waren. Mein Sohn Houston war damals erst drei Jahre alt, und deshalb hatte ich gerade erst mit dem begonnen, was ich als meine eigentliche Lebensaufgabe betrachtete. Das Bewußtsein, in meinem Leben einen Sohn und Arbeit zu haben, gab den Ausschlag. Ich antwortete so direkt, wie mir die Frage gestellt worden war: »Ich bleibe.« Sobald ich geantwortet hatte, verschwand das Licht und mein Zeitgefühl kehrte zurück. Das Messer fuhr um mich herum und traf mich im Rücken, so daß ich auf den Boden fiel.

Noch im Fallen hörte ich, daß neben mir etwas anderes auf dem Boden aufprallte – der Messergriff. Die Klinge hatte sich vom Griff gelöst! Nun, ich wußte nicht, wie ich überleben würde, aber die Frage wurde schnell beantwortet (obwohl ich seit dem Moment, in dem ich mich für das Leben hatte entscheiden dürfen, nicht mehr am Überleben selbst gezweifelt hatte). Langer Rede kurzer Sinn, ich war einfach außer mir. Ich hatte die Hälfte meines Bluts verloren, aber das spielte keine Rolle mehr. Ich sprang auf die Füße, griff Abdul an und drängte ihn rückwärts durch das Zimmer. Dabei lachte ich – nicht über ihn oder die Situation, sondern weil ich unglaublich glücklich war. Ich befand mich im Zustand höchster Verzückung.

Er schlug mir noch etliche Male den Tennisschläger, den ich bereits vergessen hatte, über den Kopf. Dann kam die Polizei, die Paige aus einem benachbarten Haus zu Hilfe gerufen hatte. Abdul wurde verhaftet und erhielt für seine Tat eine mehrjährige Gefängnisstrafe.

Meine freudige Erregtheit über den Vorfall hielt noch bis zur Ankunft im Krankenhaus an. Ich wußte nicht, ob ich die Operationen überleben würde, denn das Licht hatte mich nicht wissen lassen, wie lange ich noch leben würde – vielleicht sollten es nur noch die nächsten zwei Stunden sein. Deshalb wollte ich meine Erfahrung unbedingt jemandem mitteilen. Nur wenige Minuten vor der Operation verlangte ich nach Paige und erzählte ihr die Geschichte so schnell ich konnte.

Fünf Stunden später erwachte ich aus der Narkose. Meine Verzückung war vollkommen verschwunden; ehrlich gesagt, ich empfand nur noch Wut über das, was

Abdul mir angetan hatte. Ich glaube, von diesem Augenblick an ging es mir noch zweieinhalb Jahre sehr schlecht. Ich wollte nur noch Rache und konnte an nichts anderes denken. Gott sei Dank war Abdul im Gefängnis; wäre er auf freiem Fuß gewesen, ich wäre wahrscheinlich selbst im Gefängnis gelandet! Ich habe in meinem Leben nichts Schmerzlicheres erlebt als das Gefühl, mich an diesem Mann rächen zu wollen. Gleichzeitig erkannte ich aber, daß es einen guten Grund für dieses Gefühl geben mußte. Ich stand vor einer wirklichen Herausforderung: Mir schien, als könne sich mein Leben vollkommen verändern, wenn es mir gelänge, meine Rachegefühle zu überwinden und diesem Menschen zu vergeben. Ich wäre gewissermaßen ein neuer Mensch. Hier lag meine wirkliche Chance zu wachsen, und es tat mir gut zu verzeihen.

Da die Liebe, die von jenem Licht ausging, so überwältigend war, kam mir der Gedanke, daß dieses Leben uns lehren soll, auf dieselbe Weise zu lieben oder vielleicht auch Liebe zu empfangen, wirklich zu erfahren, wie sehr wir von anderen Menschen geliebt werden. Ich bin ganz sicher, daß alle Menschen sehr viel Liebe füreinander empfinden, obwohl jeder sie vermißt und irgendwie so lebt, als ob es sie nicht gäbe. Und wenn wir sie erkennen, werten wir sie ab und halten sie für unwichtig. Wir lehnen uns selbst ab, obwohl uns von anderen Bewunderung und Liebe im Übermaß zuteil werden. Wenn ich aber im Augenblick meiner Ermordung dieses Licht sehen konnte und spürte, daß ich nicht allein, sondern in einem Meer aus Liebe sterben würde, dann sind auch die Menschen, die wir geliebt haben, im Augenblick ihres Todes – und wäre er unter den widrigsten Umständen eingetreten – nicht so allein gewesen, wie wir es befürchten – sie starben mit dem Gefühl, von großer Liebe und Ruhe umgeben zu sein.

Eileen Elias Freeman

Eileen Elias Freeman ist Direktorin der Angel Watch™ Foundation, Inc., einer gemeinnützigen Gesellschaft mit der Aufgabe, alles Wissenswerte über Engel zu sammeln und zu verbreiten. Sie unterrichtete Theologie an der Universität von Notre Dame und erhielt dort auch ihren Magistertitel. Sie ist Autorin der Bestseller ›Himmlische Begleiter‹, ›Angelic Healing‹ und ›The Angels' Little Instruction Book‹ sowie Herausgeberin von ›Angel Watch™‹, einer Zeitschrift, die sich ausschließlich den unsichtbaren Helfern widmet.

Frage: Können Sie uns über Ihre erste Begegnung mit den himmlischen Wesen berichten?

Eileen Elias Freeman: Im Alter von etwa fünf Jahren war ich ein sehr ängstliches Mädchen. Ich fürchtete mich vor beinahe allem, was es in meiner kleinen Welt gab. Dann starb meine Großmutter. Mit ihrem Tod wuchsen meine Ängste ins Unermeßliche – es war, als wäre ein Licht in meinem Leben ausgelöscht worden. Ich konnte den Gedanken nicht ertragen, daß sie für immer unter der Erde begraben sein sollte. Ich glaubte, daß sie zu mir zurückkommen und mich zu sich holen würde, weil sie mich so sehr geliebt hatte. All das führte dazu, daß ich abends vor lauter Angst nicht mehr einschlafen konnte.

Ich erinnere mich, wie ich eines Nachts in meinem Bett saß und sehr fror; ich spüre noch heute die kalte Backsteinmauer in meinem Rücken. Plötzlich sah ich am Fußende meines Bettes ein Licht, das langsam größer wurde. Zuerst dachte ich, es sei die Lampe im Flur, aber dort brannte kein Licht. Und während ich fasziniert auf das Licht blickte, wurde es heller und verdichtete sich, bis ich die dahinterliegende Wand nicht mehr erkennen konnte. Die Farbe des Lichts konnte ich noch nie richtig beschreiben; es war wie ein silberner Diamant, durch den Sonnenstrahlen scheinen. Schließlich zeichnete sich in diesem Licht eine Gestalt mit menschlichen Zügen ab. Ich erinnere mich besonders an ihre Augen, weil sie stechend und zugleich mitfühlend waren. Und als dieses Wesen so auf mich herabblickte, verließen mich meine Ängste. Es sprach: »Hab keine Angst, Eileen, deine Großmutter liegt nicht in einem kühlen Grab. Sie ist glücklich im Himmel bei Gott und den Menschen, die sie liebt.«

Während das Wesen so sprach, wurde ich immer ruhiger. Ich fragte: »Wer bist du?« Und es antwortete: »Liebes Kind, ich bin dein Schutzengel. Denke immer daran, daß es nichts gibt, wovor du dich fürchten müßtest.«

Noch ehe ich weitere Fragen stellen konnte, verschwand die Gestalt wieder in diesem Licht, und auch das Licht zog sich in die himmlischen Sphären seines Ursprungs zurück. Im Zimmer war alles wie zuvor, bis auf eine wichtige Veränderung: Ich merkte, daß ich keine Angst mehr hatte. Weder der Tod meiner Großmutter, noch die Dunkelheit, noch sonst irgend etwas ängstigte mich mehr. Ich hatte nie wieder Angst vor dem Klingeln des Telefons, vor dem Geräusch des Staubsaugers oder vor Lastwagen. Ich sorgte mich nicht länger um meinen Vater, wenn er zur Arbeit ging, oder fürchtete mich vor meinem eigenen Schulweg – die Worte des Engels hatten die Ängste vertrieben. In jener Nacht schlief ich ruhig ein und fühlte mich gut, als ich am folgenden Morgen erwachte. Und im Lauf des Tages merkte ich, daß der Engel mich tatsächlich verändert hatte, daß ich wirklich vor nichts mehr Angst hatte. Ich konnte wie ein ganz normales Kind heranwachsen, ohne von den verschiedensten Ängsten besessen zu sein. Ich begriff, daß alle diese Ängste weniger wirklich waren als ein Engelsflügel.

Die Tatsache, daß ich bereits als Kind meinem Engel begegnet war, weckte in mir das starke Verlangen, mehr über diesen liebenden Gott zu erfahren, der mir seinen Engel geschickt hatte. Es erfüllte mich auch ein Gefühl der Ruhe und der Sicherheit – ich wußte, daß nicht nur die Menschen, die mich liebten, für mich sorgten, sondern auch Gott im Himmel; denn er hatte mir zu meinem Schutz und um mich zu führen diesen herrlichen Engel gesandt.

F: Wie hat sich die himmlische Begegnung in Ihrer Kindheit auf Ihr Erwachsenenleben ausgewirkt?

EEF: Ich bin Begründerin und Direktorin der Angel Watch Foundation, einer gemeinnützigen Gesellschaft mit dem erklärten Ziel, Beweise für das Wirken von Engeln hier auf Erden zu sammeln und diese Informationen einem möglichst großen Publikum zu vermitteln. Wir geben jeden zweiten Monat eine Zeitschrift über Engel heraus, in der verschiedene Menschen ihre Begegnungen mit Engeln schildern, aber wir veröffentlichen auch Bücher und halten im In- und Ausland Vorträge über Engel.

Ich rede gern mit anderen Menschen über Engel, weil Gott gerade auch mit Hilfe der himmlischen Boten in unser Leben eingreift. Sie sollen uns helfen, weiser und verständnisvoller zu werden, sie sollen uns lieben lehren, und sie sollen uns beistehen, unseren herrlichen Planeten zu pflegen und zu bewahren. Ich erfülle alle diese Aufgaben, um Gott für den Engel zu danken, den er mir sandte, als ich noch ein Kind war. Ich will, daß jeder von der Herrlichkeit dieser übernatürlichen Wesen erfährt.

F: Nachdem Sie uns Ihr Kindheitserlebnis mit einem Engel geschildert haben, können Sie uns vielleicht auch über Ihre Begegnung mit einem Engel während Ihres Studiums berichten?

EEF: An jenem Tag wollte ich mich mit meinem Freund Viktor treffen, um eine Heilige Messe für die kommende Woche vorzubereiten. Als ich mich dem Gebäude näherte, in dem Viktor wohnte, geschah etwas Merkwürdiges. Während ich meinen rechten Fuß auf die unterste Treppenstufe vor dem Eingang setzte, spürte ich plötzlich, wie mich eine Hand von hinten zurückzog. Da ich alleine gekommen war, drehte ich mich erstaunt um, aber ich konnte niemand erblicken. Ich dachte, ich hätte mir das alles nur eingebildet. Ich wollte weitergehen, aber wieder wurde ich zurückgezogen, als ich meinen Fuß auf die Treppenstufe setzte. Gleichzeitig sprach eine Stimme zu mir: »Du solltest jetzt besser nicht in dieses Gebäude gehen.« Da beschloß ich, die mir vom Gottesdienst her vertraute kleine Kirche auf der anderen Straßenseite aufzusuchen. Dort konnte ich mich hinsetzen und über das eben Geschehene nachdenken. Plötzlich hörte ich Sirenen. Erst eine, dann noch eine, und dann so viele, daß ich aufstand und durch den Spalt in der Tür neugierig auf die Straße blickte. Das Gebäude, in dem mein Freund wohnte, war von Rettungswagen umgeben – Polizei, Feuerwehr, Notarzt und Krankenwagen.

An diesem Abend konnte ich meine Verabredung nicht einhalten. Wieder zurück in meinem Wohnheim rief ich bei ihm an, um mich für meine Abwesenheit zu entschuldigen. Da sagte er: »Weißt du, warum diese Fahrzeuge da waren? In unserem Fahrstuhl wurde eine Frau von einem Drogen-Dealer erstochen.«

F: Was sind Engel?

EEF: Engel sind geistige Wesen, die sich vollkommen vom Menschen unterscheiden. Ich glaube, daß Gott die Gemeinschaft der Engel lange vor der Erde schuf. Die Ordnung dieser himmlischen Heerscharen dient zur Ehre Gottes und um Seinen Willen auf Erden auszuführen.

F: Und was ist ein Schutzengel?

EEF: Ich glaube, die Zahl der Schutzengel entspricht der Zahl der Engel im Himmel; statt Gott in himmlischen Sphären zu lobpreisen, haben Schutzengel die Aufgabe, sich um das Wohl der Menschen und des gesamten irdischen Lebens zu kümmern. Jeder von uns erhält bei seiner Zeugung einen Schutzengel, der uns behütet, während wir im Mutterleib heranwachsen, der über unsere Geburt und unser Leben auf Erden wacht und der uns schließlich aus dem begrenzten Diesseits in die himmlische Herrlichkeit führt.

F: Seit wann gibt es Engel?

EEF: Die meisten religiösen Überlieferungen stimmen darin überein, daß Engel lange vor der Erde geschaffen wurden und daß sie von Anfang an zur Geschichte der Menschheit gehörten. Die frühesten Zeugnisse von Engeln finden sich in fünftausend Jahre alten sumerischen Schriften. Engel finden sich in den Überlieferungen der meisten großen Weltreligionen – im Osten wie im Westen. Die besten Zeugnisse aber geben jüdisch-christliche und islamische Überlieferungen; ihnen zufolge schuf Gott alle Engel, damit sie Ihm dienten und Seinen Willen im Himmel und auf Erden ausführten.

F: Hat sich das Bild der Engel in der langen Geschichte des Menschen verändert? Wie sehen Engel wirklich aus?

EEF: Niemand weiß wirklich, wie Engel aussehen. Wir kennen nur die Gestalt, in der sie uns erscheinen, sei es körperlos oder leibhaftig. Da Engel jede Gestalt annehmen können, geht man davon aus, daß sie keinen eigentlichen Körper besitzen. Aber selbst das ist ungewiß; vielleicht besitzen Engel einen Körper, den wir einfach nicht sehen können. Vielleicht haben sie ihr Dasein in einem für uns unsichtbaren Teil des Spektrums?

Vielleicht bestehen sie aus infrarotem oder ultraviolettem Licht? Vielleicht sind sie so winzig, daß wir sie nie entdecken werden oder so riesig, daß wir alle auf einem Atom ihres Fingers Platz fänden? Vielleicht sind Engel sogar körperlose Verwandlungskünstler, weil sie jede Gestalt annehmen können? Wir wissen es nicht. Dennoch können wir sicher sein, daß sie für ihr Erscheinen eine der Situation angemessene Gestalt wählen. Ein Engel kann ein Mann, eine Frau, beides, oder keins von beiden sein.

Engel können Tiergestalt annehmen. Engel können wie alte Bekannte aussehen. Tatsächlich erscheinen viele Engel in der Gestalt eines anderen Menschen, um ihren Schützling nicht zu verängstigen.

Engel haben keine Flügel, obwohl sie in Kunstwerken so abgebildet sind. Die Art der Abbildung ist lediglich eine sehr alte Übereinkunft. Vor etwa viertausend Jahren wurden Engel im Nahen Osten zum ersten Mal als geflügelte Vertreter der Götter auf Siegelrollen und Elfenbeinschnitzereien dargestellt. Heute stellen wir Engel mit Flügeln dar, um die Geschwindigkeit ihrer Gedanken und die Anmut ihres Wesens zu verdeutlichen.

Wir neigen dazu, Engel mit einem Heiligenschein abzubilden, der nur den Kopf umrandet, obwohl der damit gemeinte Strahlenkranz eigentlich die ganze Erscheinung umgibt. Ein Engel ist ganz und gar von Licht umgeben. Der Engel meiner Kindheit war vollkommen in Licht gehüllt. Und so beschreiben auch die meisten Menschen einen Engel. Die Maler früherer Epochen umgaben die ganze Gestalt mit einem Heiligenschein, aber im Lauf der Zeit wurden diese Heiligenscheine immer kleiner und kleiner. Inzwischen zeigen die Abbildungen unserer Engel meist nur noch kleine Lichtkrönchen um den Kopf.

F: Was wissen Sie über die unterschiedlichen Gattungen und Hierarchien der Engel? Lassen sie auf verschiedene »Engelstypen« schließen?

EEF: Jüdische, christliche und islamische Schriften erwähnen Engel, Erzengel, Fürstentümer, Herrschaften, Kräfte, Seraphim, Cherubim und viele mehr. Werden dadurch grundlegend verschiedene »Engelstypen« beschrieben? Wir wissen es nicht, aber es wird viel darüber spekuliert. Dionysius Areopagita, ein berühmter Theologe, schrieb im fünften Jahrhundert eine lange Abhandlung über die verschiedenen Chöre der Engel, wie sie erschaffen wurden und wie sie wirkten. Aber das ist reine Spekulation – mehr können wir wirklich nicht sagen. Was mich betrifft, handelt es sich dabei nur um eine Art Arbeitshypothese, aber nicht um unterschiedliche »Engelstypen«. Demzufolge könnte man Engel vielleicht als Fußvolk und Erzengel als mittleres Management bezeichnen. Ich neige allerdings dazu, die Cherubim und Seraphim einer vom übrigen »Engel-Allerlei« grundsätzlich verschiedenen Kategorie zuzuordnen. Alle religiösen Überlieferungen und viele andere frühe Texte deuten darauf hin, daß sich die Pflichten dieser Engel ausschließlich auf himmlische Sphären beschränken – auf das Jenseits, auf die andere Dimension oder wie man es auch nennen mag. Tatsächlich sind nach islamischer Überlieferung und besonders im Sufismus die Cherubim von Gottes Antlitz so stark gefesselt, daß sie nichts von Seiner Schöpfung der Erde und der Menschen wissen.

F: Welchen Sinn erfüllen Engel in unserem Leben?

EEF: Eines der wichtigsten Dinge, die wir über Engel wissen sollten, ist, daß sie uns nicht erscheinen, um nett mit uns zu plaudern oder eine Tasse Tee mit uns zu trinken. Sie kommen, um uns eine wichtige Botschaft zu übermitteln, um uns die Möglichkeit zu bieten, uns zu ändern. Diese wichtige Botschaft wollte ich auch in meinem Buch ›Himmlische Begleiter‹ vermitteln. Ich wollte zeigen, wie vielfältig die Begegnungen mit Engeln sein können. Sie begegnen uns in unserer Kindheit, als junge Erwachsene und im Alter. Sie erscheinen Männern, Frauen, Kindern, Menschen aller Rassen und Kulturen, Gläubigen und Ungläubigen, Menschen in Notlagen und solchen, die gerade zur Arbeit gehen. Sie kommen, um uns zu sagen, daß wir wachsen können, daß wir uns ändern können und daß es Hoffnung gibt. Sie lassen uns wissen, daß wir besser lieben können und noch lange nicht am Ende unseres Weges zu Weisheit und Erleuchtung angelangt sind; daß wir heilen und geheilt werden können. Aus diesem Grund schrieb ich dann mein zweites Buch, ›Angelic Healing‹. Ich wollte zeigen, daß Engel uns auch begegnen, damit wir Heilung erfahren. Sie berühren uns nicht wie Feen mit dem Zauberstab, sondern lehren uns Weisheit, indem sie uns die Gnade Gottes vermitteln, die himmlische Erleuchtung.

Sie zeigen uns, wie wir uns, die Menschen in unserer Umgebung und darüber hinaus die ganze Welt heilen können.

Engel wollen, daß wir wie Gott vollkommen sind. Engel sind rein. Sie haben keine inneren Verletzungen oder Wunden erlitten und wünschen sich dasselbe für uns. Aus diesem Grund versuchen sie, uns mit allen ihnen zur Verfügung stehenden Mitteln zu heilen. Das bedeutet gewöhnlich nicht, daß sie unsere Aufgaben verrichten, sondern daß sie uns zeigen, was zu tun ist und uns dann mit einer extra Portion Liebe, Klugheit, Mut und Frieden unterstützen.

Malcolm Godwin

Malcolm Godwin ist Künstler, Designer und Autor des Buches ›Angels: An Endangered Species‹. Er schrieb über Esoterik, die Philosophie des Ostens und andere überlieferte Weisheiten. Der in Dorset, England, lebende Godwin schloß kürzlich die Arbeiten an seinem neuen Buch über Wachträumen ab.

Frage: Wie weit zurück reicht die Geschichte der Engel? Wann wurde erstmals über sie berichtet?

Malcolm Godwin: Die ersten Schriften, in denen Engel erwähnt werden, stammen aus der Zeit Zarathustras, etwa dem fünften Jahrhundert vor Christus. Ein Engel, den er den »guten Mann« nannte, erschien dem Propheten als Bote Gottes. Engel werden immer als Boten tätig. Sie haben im Grunde außer ihrem Wirken keinen anderen Daseinsgrund, und dieses Wirken ist immer untrennbar von Gott selbst. Das bezieht sich vor allem auf die Engel des Parsismus, Judentums, Christentums und des Islam. Diese Religionen teilen das ziemlich einheitliche Bild des westlichen Engels, also eines Wesens, das wir »Engel« nennen. Vor dem fünften Jahrhundert vor Christus gab es schon bei den Ägyptern, Syrern und Babyloniern mythische Gestalten mit Flügeln, menschlichen Köpfen und Löwenkörpern – die eigentlichen »Vorfahren« der Engel.

F: Hatten Engel also schon auf den ältesten Abbildungen Flügel?

MG: Diese Frage läßt sich nur schwer beantworten, da Engel eigentlich erst im achten Jahrhundert nach Christus, also nach dem Konzil von Nicäa, abgebildet werden durften. Bis zu diesem Zeitpunkt mußten Engel gestaltlos bleiben, weil Abbildungen die himmlischen Wesen einerseits zu sehr verklärten, andererseits dem Verdacht der Ketzerei ausgesetzt waren. Nach dem Konzil von Nicäa jedoch durften Engel gemalt und auf andere Weise dargestellt werden, so daß man die Zeit vom achten bis zum vierzehnten Jahrhundert als »Goldenes Zeitalter der Engel« bezeichnen könnte. Aus dieser Zeit stammen auch die uns bekannten Engel: Engel mit Flügeln und menschlichem Antlitz. Unsere heutige Vorstellung von einem Engel gleicht beinahe einem in Bernstein eingeschlossenen Insekt. Er ist ein in der Zeit gefangenes Wesen. Seit dem vierzehnten Jahrhundert, also ungefähr seit dem Ende der Pest, änderte sich nichts mehr an der Gestalt des Engels. Sie blieb in ihrer Entwicklung stehen.

Der klassische Engel, wie wir ihn von Gemälden und Postkarten her kennen, ist ein gemeinsam von Künstlern und Theologen entworfenes Phantasiegebilde. Im Mittelalter und in der Renaissance hatte man ein wirkliches Verlangen nach dieser Art von Mystik, da die Kirche irgendwie den Schleier des Geheimnisvollen verloren hatte. Die Kirche jener Zeit war sehr nüchtern, unglaublich korrupt und eine von Männern dominierte Organisation, in der die ausgleichende weibliche Gegenwart fehlte. Sogar die Priesterschaft war zerstritten. In dieser Atmosphäre vermittelten Engel das Gefühl für echte weibliche Fürsorge und Heilung sowie für eine lichtvolle Präsenz, an der es überall sträflich mangelte in dieser scheinbar grausamen und herzlosen Religion, die sich nur auf gedankenlosen Gehorsam stützte.

F: Können Sie das System der neun Chöre erklären?

MG: Die neun Chöre der Engel bestehen aus drei Hierarchien. Dieses System beruht auf der kosmischen Vorstellung, daß Gott unerklärlich und unbekannt im Zentrum von allem und jedem existiert. Aus dieser Mitte erstrahlt Sein göttlicher Gedanke, von manchen Theologen auch mit dem *Wort* gleichgesetzt. Diese Schwingungen ziehen immer weitere Kreise und werden zu einem Licht, das mit zunehmender Entfernung von der göttlichen Quelle zu Hitze und schließlich zu Materie erstarrt. Und auf diesen konzentrischen Kreisen abnehmender Energie befinden sich die Chöre der Engel. Deshalb sind die ersten drei und Gott am nächsten stehenden Chöre die reinsten und mächtigsten. Zu ihnen zählen die unbestechlichen und ganz aus Liebe bestehenden Seraphim, die allwissenden Cherubim und die alles aufnehmenden Throne. Die zweite Hierarchie der Engel umfaßt die Herrschaften, die Kräfte und die Gewalten; die dritte die Fürstentümer, die Erzengel und schließlich das große Heer der Engel, das am äußersten Rand dieser Sphären existiert.

Erzengel und Engel kommen dem Bereich des Menschlichen, also dem Bereich der Materie, schon sehr nah. Sie sind die Stoßtruppen, die dem Bösen und dem Menschen, der bekanntlich sündig ist, am nächsten stehen. Und häufig lassen sich diese Engel am leichtesten bestechen, denn Engel können anscheinend durch menschliche Eingriffe korrumpiert werden.

F: Aus welchem Jahrhundert stammt diese Hierarchie?

MG: Historisch gesehen hat diese Hierarchie zwei Wurzeln – Dionysius, eine legendäre Gestalt, die sich später als Fälschung übereifriger Theologen herausstellte, und Thomas von Aquin, Inbegriff der mittelalterlichen christlichen Lehrmeinung.

Aus diesen beiden Quellen entstand die Hauptschule der Angelologie [Engelskunde, Anm. des Übers.] – das genaue Studium der Gesetze und Verhaltensweisen der Engel.

F: Gibt es große Unterschiede zwischen den christlichen, jüdischen und islamischen Engeln?

MG: In der jüdischen, christlichen und islamischen Religion gibt es bei den himmlischen Wesenheiten kaum Unterschiede. Die jüdischen Engel sind natürlich die ältesten. Der Islam übernahm die bekanntesten christlichen Engel, Gabriel und Michael. Trotzdem erwähnen islamische Überlieferungen nur vier Erzengel, während es im

Christentum sieben Erzengel gibt – aber das ist kein wesentlicher Unterschied.

F: Kommen Engel auch in anderen Religionen vor, etwa in Asien oder bei den Indianern?

MG: Natürlich kennen die asiatischen Religionen Engel, aber sie gehören nicht zum Typ »Angelus Occidentalis«. In Indien beispielsweise heißen Engel Devas oder Devadasis und sind wesentlich deftigere Wesen als die himmlischen Boten des Westens. Im Gegensatz zu den unglaublich sinnlichen Devadasis haben unsere Engel sehr wenig zwischen den Beinen.

F: Betrachten wir jetzt einmal die Engel der Bibel. Wie wurden sie geschaffen, und was genau ist ihre Aufgabe?

MG: Erstaunlicherweise gibt es in der protestantischen Bibel nur zwei Engel. In der katholischen Bibel, im Buch Tobit, wird außerdem Raphael erwähnt. Im übrigen erscheinen Engel in der Bibel nur an zwei Stellen: Michael, der in der Offenbarung des Johannes den teuflischen Drachen besiegt, und natürlich Gabriel bei der Verkündung. Will man mehr über Engel wissen, muß man auf Quellen zurückgreifen, die entweder zu bestimmten Zeiten aus der Bibel entfernt wurden oder deren Glaubwürdigkeit von den Kirchenvätern angezweifelt wurde. Diese Zusammenstellung aus »ketzerischen« Werken, bekannt als Apokryphen, dient der Angelologie als Hauptquelle. Das apokryphe Enoch-Buch, das einst von Priestern und Theologen gleichermaßen wegen seines hohen geistigen Wertes geschätzt wurde, wurde im dritten Jahrhundert aus der Bibel entfernt, da seine bildhafte Sprache als zu ketzerisch gilt.

F: Wurden die biblischen Engel nur erschaffen, um Botschaften zu überbringen?

MG: Nein. Die Apokryphen enthalten in Wirklichkeit sehr viel Wissen über die himmlischen Wesen. Aber die Kirche begegnete Engeln schon immer mit einem gewissen Mißtrauen, weil sie eine direkte Konkurrenz für die Priesterschaft bedeuten. Ich will damit sagen, daß Priester als

Mittler zwischen Gott und dem Menschen auftreten. Und wenn man mit einem Engel konkurrieren muß, der angeblich auch ein Bote Gottes ist, der eine persönliche Botschaft vom göttlichen Ursprung überbringt, ohne daß ein Priester beteiligt ist, verliert die Kirche ihre Notwendigkeit. Aus diesem Grund nahm die Kirche gegenüber Engeln schon immer eine leicht ambivalente Haltung ein und belegte zu einem gewissen Zeitpunkt auch viele Werke und Schriften über Engel mit dem Bann.

F: Im alten Testament werden die Seraphim und Cherubim erwähnt. Können Sie uns den Unterschied zwischen diesen beiden Gattungen erklären?

MG: Die Seraphim werden auch als feurige Schlangen beschrieben, die sich in Liebe verzehren. Aber auch dem heiligen Franz von Assisi erschien ein Seraphim. Dieser Engel soll sechs Flügel gehabt haben und seine ganze Erscheinung erinnert auf seltsame Weise an mythische Drachen. Derart große und feurige Drachen ähneln auch sehr stark den riesigen geflügelten Wesen der Urzeit. Auf der anderen Seite die Cherubim – ein Cherub war ursprünglich der Wächter der syrischen Tempel, ein gewaltiges, geflügeltes Wesen mit Löwenkörper und menschlichem Haupt. Als die Juden in babylonische Gefangenschaft gerieten, sahen sie sicherlich auch diese Wesen. Die jüdische Religion ist sehr einfallsreich und schöpft aus unzähligen verschiedenen Quellen; vielleicht erklären sich so die Unterschiede zwischen den riesigen, zehn Meter hohen Wächtern der syrischen Tempel und den kleinen italienischen Cherubim mit den niedlichen Schmetterlingsflügeln.

Die Cherubim verkörpern Erkenntnis. In Syrien hüteten sie nicht nur die Tempel, sondern auch den »Baum des Ewigen Lebens«. Dank ihrer Beziehungen nach Persien, Syrien und Babylon konnten die Juden zahlreiche mythische und geistige Sinnbilder sammeln, um sie dann in ihr eigenes Glaubenssystem einzubringen. So erhält beispielsweise der Cherub-Wächter vom syrischen »Baum des

Ewigen Lebens« eine neue Gestalt in den Cherubim, die mit brennenden Schwertern die himmlischen Tore jenseits von Eden bewachen.

F: Können Sie uns den Unterschied zwischen den Erzengeln Michael und Gabriel erklären?

MG: Die Erzengel Michael und Gabriel sind perfekte Gegenstücke. Michael verkörpert sehr stark männliche Eigenschaften, Gabriel dagegen ist sehr weiblich. Genau genommen ist Gabriel wahrscheinlich der einzige weibliche Engel. In Michael setzt Gott das größte Vertrauen, ihn beauftragt Gott, wenn eine Aufgabe Vollkommenheit erfordert. Der Erzengel Michael vernichtet Luzifer, den gefallenen Engel, den Satan oder den großen Drachen. An vielen Stellen wird Michael ebenfalls als Schlange beschrieben. Michael ist der »Seelenführer« – er führt die Seele aus dem sterbenden Körper und legt sie in die Waagschale. Sein Ursprung ist wahrscheinlich im alten Ägypten zu suchen. Ein Hinweis dafür sind die Augen gleichenden Pfauenfedern in seinen Flügeln, die denen der ägyptischen Gottheit Maat ähneln. Maat hält außerdem eine Waagschale, in der das Herz Ägyptens liegt. Michael benutzt ebenfalls eine Waage, in die er das Herz des Sünders legt. In Ägypten ist Anubis der »Seelenführer«, in Persien Fürst oder Führer der Sterne. So vereinen sich in Michael unzählige Eigenschaften aus ganz verschiedenen Kulturen. Er erscheint als »Seelenführer«, »Seelenrichter«, Verfechter Gottes, Anführer oder Fürst der Sterne, oder, wie wir sagen würden, Fürst der Engel.

Gabriel hingegen ist nicht so vertrauenswürdig. Nur Gabriel konnte Maria die Frohe Botschaft übermitteln, weil Maria auf diese Weise in einem Engel kein männliches Wesen erkannte. Sonst wäre die Empfängnis durch den Heiligen Geist in diesem Moment zu eindeutig und unrein gewesen. Gabriel wird auch mit der gnostischen Gottheit Sophia verbunden, die aus dem Himmel verbannt wurde, um als Hure zu leben. Auch Gabriel war für eine gewisse Zeit aus dem Himmel ausgeschlossen und erlitt, geschmäht von den übrigen Engeln, ein ähnliches Schicksal. Für das einzige weibliche Wesen in einer »Herrenrunde« ist das nicht weiter verwunderlich. Michael und Gabriel sind daher sich perfekt ergänzende Gegensätze und verkörpern die beiden Enden des Spektrums.

F: Glauben Sie, daß der derzeitige Trend, Engeln zu begegnen – guten wie bösen –, mit der von verschiedenen Religionen prophezeiten Apokalypse in Verbindung steht?

MG: Im Augenblick befinden wir uns in einer Krise, in einer Zeit, in der alle Werte ins Wanken geraten sind und nichts mehr wirklichen Halt bietet. Jeder wartet sehnsüchtig auf eine Botschaft. Nun ja, Engel sind Boten, sie übermitteln eine Botschaft. Sie überbringen Botschaften vom Himmel, vom Höchsten. Auch aus dem Weltraum erhalten wir die Botschaft, daß wir friedlicher sein sollten, da sonst die Erde untergehen, sich eine ökologische Katastrophe anbahnen oder anderes passieren wird. Es geht immer um eine Botschaft. Wenn deshalb häufiger über Begegnungen mit Engeln oder übernatürlichen Wesen berichtet wird, dann vielleicht, weil wir den Verlust des Unbegreiflichen und Geheimnisvollen aufwiegen wollen. Es scheint, als ob wir den eigentlichen Sinn für das Mystische verloren haben – für eine tiefere Erfahrung, nach der die menschliche Seele verlangt. Vielleicht wurde dieses Bedürfnis einst durch Geschichten und Stammeszauber gestillt, durch den Medizinmann, Hexenmeister oder Schamanen, der diese magische Komponente unmittelbar ins Stammesleben einbrachte. Heute leben wir in einer technisierten, aufgeklärten und wissenschaftlichen Welt, die uns für direkte religiöse Erfahrungen wenig Raum läßt. Und auch die heutigen Religionen können das nicht mehr leisten. Sie haben ihre einstige Zündkraft verloren. Aus diesem Grund werden uns wohl Begegnungen mit Engeln oder anderen übernatürlichen Erscheinungen weiter begleiten, da sie irgendwie nötig sind, um unser Bedürfnis nach dem Geheimnisvollen zu befriedigen.

F: Erzählen Sie uns, wie Glaube Tatsachen schaffen

kann. Entdecken Wissenschaftler das, woran Sie glauben? Und wenn ja, steht dann eine Wissenschaft, die nicht an Engel glaubt, dem Nachweis der Existenz dieser Wesen für immer im Wege?

MG: Wahrscheinlich kann man alles von zwei Seiten betrachten. Entweder man glaubt, was man sieht, oder man sieht, woran man glaubt. Sieht man morgens die Sonne aufgehen, weiß man, daß man einen Sonnenaufgang sieht. Diese Erfahrung ist Wissen. Man kann auf die Erfahrungen und den Glauben anderer verzichten – niemand muß über den Sonnenaufgang berichten. Wenn man aber blind ist und noch nie einen Sonnenaufgang gesehen hat, muß man das glauben, was man erzählt bekommt. Erwartet man jetzt aber, einem Engel zu begegnen, ist auch die Wahrscheinlichkeit für eine solche Begegnung recht hoch. Sucht ein Wissenschaftler nach einem Quark, einem Atom oder einem anderen winzigen Teilchen, wird er es wahrscheinlich finden, weil er die für seine Forschungen notwendigen Geräte herstellen wird. Andererseits fände die Wissenschaft kaum jemanden, der »Engelsforschung« finanziell unterstützte. Und selbst wenn das Geld dafür vorhanden wäre, wie forscht man nach Engeln? Wo sucht man sie? Egal, wo man nach ihnen suchte, es wäre bestimmt der falsche Ort.

F: Glauben Sie, daß man trotzdem nach Engeln forschen sollte?

MG: Ich glaube nicht, daß so ein Vorhaben unmittelbare Erfolge brächte. Interessant wird es aber, wenn wir dabei auf das Bild der zentralen, uns verborgenen Göttlichkeit zurückkommen, die ihre Schwingungen aussendet. Ihre Gedanken werden zu Licht, das Licht zu Hitze, die Hitze zu Materie, je größer die Entfernung zur göttlichen Quelle ist; es scheint, daß sich der Gedanke, indem er verlangsamt wird, materialisiert. Betrachtet man nun die moderne Wissenschaft, findet man viele Wissenschaftler, die der Ansicht sind, daß Gedanken tatsächlich Gegenstände hervorbringen, daß wir uns effektiv gemeinsam eine Welt der Objekte geschaffen haben. Im fernen Osten gibt es zahlreiche Mystiker, die scheinbar alles – von Schweizer Uhren bis zu Asche und Parfums – aus dem Nichts in ihren Händen entstehen lassen können, und das ohne zu mogeln. Viele Mystiker bestehen auch darauf, daß das Leben ein Wachtraum ist und daß wir es genau wie einen Traum manipulieren können. In dieselbe Richtung geht auch der Anspruch von Wachträumern, nämlich aktiv in den Verlauf ihrer Träume eingreifen zu können; wir sind also möglicherweise in der Lage, die Natur dessen, was wir unsere Realität nennen, zu verändern. Wenn wir wirklich wollen, können wir Millionär werden; wenn wir wirklich etwas sehen wollen, wird es stofflich Gestalt annehmen. Auf dieselbe Weise wird ein Wissenschaftler einen Engel finden, wenn er ihn wirklich sehen möchte. Ob der Engel dann eine eigene Wirklichkeit besitzt oder nicht, ist eine vollkommen andere Frage.

F: Erfüllt »Superman« Ihrer Meinung nach nicht die Kriterien für einen Engel? Er kann in die »andere Dimension« fliegen, besitzt übernatürliche Kräfte und kämpft auf der Seite des Guten.

MG: Die amerikanischen »Superhelden« – Superman, Spider-Man und die vielen Captains America – zählen zu den spannendsten Aspekten des neuerwachten Interesses an Engeln. Gewissermaßen gleichen sie alle Engeln. Sie sind Sinnbilder für das Gute, für den guten Bürger. Sie entsprechen sittlich und spirituell ganz den Engeln des dreizehnten Jahrhunderts, die, auf Kirchenwänden dargestellt, in vielerlei Hinsicht an die Comics unserer Superhelden von heute erinnern. Superhelden haben außerdem eine ähnliche Aufgabe: sie schützen die Schwachen und verteidigen das Gesetz – tun also, was Engel tun oder getan haben sollen.

F: Was würden Sie antworten, wenn jemand Sie fragte, wie man einem Engel begegnet?

MG: Der beste Rat wäre vielleicht, sich auf der Suche nach dem Engel ins eigene Ich zu begeben. Engel erscheinen uns oft in Träumen und traumähnlichen Visionen. Ungefähr seit 1979 interessiert man sich sehr für Wachträume, was nichts anderes bedeutet als bewußtes Träumen. Mitten in einem Traum erwacht man plötzlich, wird sich des Traums bewußt, kann in seine Handlung eingreifen und sogar einen Engel herbeirufen, wenn einem danach zumute ist. Viele Wachträume sind so überwältigend und wirklich wie alles in diesem Raum, das gefühlt, berührt, gerochen oder geschmeckt werden kann; anscheinend werden sie von bestimmten Gehirnfunktionen ausgelöst. Trotzdem scheinen wir die meiste Zeit ohnehin nichts anderes zu tun. Wir bilden fortlaufend alles in unserer Umgebung in unseren Gehirnen nach. Und so nehmen wir statt der wirklichen Umwelt auch hauptsächlich unsere inneren Bilder wahr. Deshalb kann ein Engel in einem Wachtraum auch sehr wirklich erscheinen; so wirklich wie die Engel, die die Heilige Teresa in vielen Visionen zu sehen geglaubt hatte. Vielleicht war es nur ein besonders überwältigender Wachtraum. Falls also jemand einem Engel begegnen möchte, ist Wachträumen bestimmt eine sehr gute Methode.

F: Hatten Sie schon einmal einen solchen Traum?

MG: Ich habe schon oft Wachträume gehabt, aber mich nie für die Begegnung mit einem Engel entschieden. Interessanterweise möchte jeder in so einem Traum beinahe als erstes fliegen. Dieser starke Wunsch zu fliegen, scheint ein menschliches Urbedürfnis nach Überwindung der Schwerkraft, nach der Befreiung aus ihrem Klammergriff zu sein. Jeder, der sich an seine Träume erinnert, würde mir zustimmen, wie herrlich es ist, fliegen zu können. Hat diese Erfahrung, diese ekstatische Freude irgend etwas mit dem Prototyp des Engels gemeinsam?

F: Sind Kinder für himmlische Begegnungen empfänglicher?

MG: Ich glaube schon, aber das wirklich Schöne an der Kindheit ist, daß man noch nicht zwischen dem, was wir Realität nennen, und einem lebendigen Traum unterscheiden kann. Kleine Kinder erfahren das Leben scheinbar von einer höheren Warte aus, was sich auf eine in jungen Jahren äußerst aktive Zirbeldrüse, das sogenannte dritte Auge zurückführen ließe. Genau an diesem Punkt vereinen sich in der östlichen Spiritualität Vorstellungskraft, Wirklichkeit und Traum. Geht man noch einen Schritt weiter, zeigt sich, daß ein Kind sehr leicht zu beeindrucken ist, wenn seine mächtigen und vielschichtigen Phantasien mit Informationen gefüttert werden. Fühlt sich das Kind zu Engeln hingezogen, kann es dann durchaus einen wirklichen Engel erschaffen; man denke dabei nur an die vielen Kinder mit ihren für uns »unsichtbaren Freunden«.

Mit etwa fünf Jahren beginnt jenes »dritte Auge« zu verkümmern. Ich könnte mir aber vorstellen, daß frühere Generationen, im Gegensatz zu den mit Technik übersättigten Menschen von heute, viel länger eine Art kindliche Unschuld bewahrten und deshalb auch Engel in ihrer ganzen Größe und Herrlichkeit sehen und als wirklich erfahren konnten, obwohl die Begegnung nur in ihrer Phantasie stattfand. Im Zusammenhang mit Engeln stoßen wir immer wieder an Geheimnisse, über die wir sehr wenig wissen, weil wir einfach viel zu wenig über die ungeheure Kraft der Seele selbst wissen. Wir gebrauchen nur einen verschwindend geringen Teil unseres Gehirns, ohne seine wirklichen Möglichkeiten zu kennen. Anscheinend gehören Engel zu diesen geheimnisvollen Erscheinungen, die wir viel besser verstehen könnten, wenn wir sie wissenschaftlicher angingen, ohne gleichzeitig an ihrem mystischen Hauch zu rütteln. Dadurch könnte sich auch der Charakter der Wissenschaften ändern.

Becky Hobbs
Eine himmlische Stimme

Zwei Wochen vor Weihnachten hatte ich plötzlich Vorahnungen, daß mir ein schlimmer Autounfall bevorstehen würde. Sobald ich mich schlafen legte und mich in diesem Zustand zwischen Wachen und Schlafen befand, gab es in meiner Vorstellung einen plötzlichen Knall, der wie ein Aufprall klang. Ich schreckte jedesmal schweißgebadet auf, mein Herz klopfte wie wild, und ich dachte mit einem Gefühl der Verzweiflung: »Ich kann noch nicht sterben, ich habe doch noch so viel zu tun.« Aber die Vorahnungen wiederholten sich bis Weihnachten jeden Abend. Als ich dann über die Feiertage mit einem Freund zu meiner Mutter nach Oklahoma fuhr, klopfte mein Herz während der Fahrt so stark, daß wir sehr oft kurze Fahrpausen einlegen mußten. Natürlich erreichten wir deshalb unser Ziel erst spät am Heiligen Abend. Ich entschuldigte mich bei meiner Mutter für die Verspätung und erzählte ihr von diesem schrecklichen und mich nicht loslassenden Gefühl. Sie verstand.

Nach den Feiertagen fuhren wir ohne Zwischenfälle zurück nach Nashville, und ich dachte erleichtert, daß die Sache wohl damit erledigt sei. Aber die Vorahnungen hörten nicht auf und kehrten fast jede Nacht wieder.

In den frühen Morgenstunden des 24. Januar, meinem Geburtstag, stand ich in der Küche und richtete Leckereien für die bevorstehende Party mit meinen Freunden. Plötzlich hatte ich das Gefühl, daß ich am Ärmel gezupft und dann in den Vorgarten gezogen wurde. Ich hatte keine Möglichkeit mich zu wehren, ich mußte einfach folgen. Ich konnte nicht begreifen, was hier um drei Uhr morgens mit mir geschah. Ich hatte eine Gänsehaut, und während ich zum Sternenhimmel aufblickte, fragte ich mich: »Was soll ich erfahren? Welche Botschaft willst du mir mitteilen?« Da antwortete eine laute, dröhnende Stimme, die mindestens genauso laut wie eine menschliche Stimme war: »Paß auf, dies könnte dein letzter Geburtstag sein.« Die Stimme war so gebieterisch, daß ich am ganzen Körper zitterte. Aber ich kannte die Stimme und hatte keine Angst; die Stimme liebte mich, sie war besorgt um mich und war hier, um mir zu helfen. Obwohl die Stimme danach nichts mehr sagte, verknüpfte ich diese Warnung sofort mit meinen Vorahnungen über einen bevorstehenden Autounfall. Das Schlüsselwort war »könnte« – dies »könnte« dein letzter Geburtstag sein. Ich dachte: »Es hängt also nur von mir ab. Ich muß vorsichtig sein und aufpassen. Im Augenblick lebe ich gefährlich.« Ich hätte gern noch mehr erfahren, aber ich hatte die Botschaft empfangen, ich hatte gehört, was ich wissen durfte.

Ich ging zurück ins Haus und feierte am Abend meinen Geburtstag.

Einen Tag später, am 25. Januar, fuhr ich mit meiner Band in einem Kleinbus nach Albertville, Alabama, wo wir bei einem Benefizkonzert der Polizei spielten. Nachdem wir unsere Instrumente verstaut hatten, wollten wir vor der Rückfahrt nach Nashville noch unser Gepäck aus dem Hotel abholen. Unterwegs mußten wir an einer mehrspurigen Straßenkreuzung anhalten. Es regnete und war bereits dunkel.

Ich saß im Bus in der dritten Reihe auf der linken Seite. Während wir so an der Ampel standen, schaute ich nach links zum Fenster hinaus und sah, wie sich ein Sattelzug mit hoher Geschwindigkeit der Kreuzung näherte. Ich dachte: »O Gott, er wird nicht bremsen können!« Im selben Moment wurde unsere Ampel grün. Randy saß am Steuer, und ich fühlte, wie er den Fuß von der Bremse nahm und unser Kleinbus anfuhr. Da wußte ich: jetzt knallt's! Ich hatte dasselbe Gefühl wie in all diesen Nächten, das Gefühl, nicht bereit zu sein, noch nicht sterben zu können. Ich schrie Randy an. Ich schrie, er solle anhalten und er bremste. Der Sattelzug streifte uns. Ich weiß nicht, wie oft wir uns mitsamt Anhänger im Kreis drehten, jedenfalls hatte der Kleinbus – ein Dodge Maxivan – einen Totalschaden. Dann herrschte Stille. Ich wußte nicht, ob ich tot war oder lebte; ich fühlte nichts. Wir waren alle ziemlich durcheinandergerüttelt. Ich dachte, falls ich noch in meinem Körper sein sollte, ist wohl alles in Ordnung, genau wußte ich es aber erst nach ein paar Minuten. Wir hatten Prellungen und Schnittwunden, aber wir lebten. Bis heute glaube ich, daß die Warnung des Engels unser aller Leben rettete, denn nur eine Sekunde später hätte der Sattelzug die Breitseite unseres Busses eingedrückt. So aber streifte er den Wagen vorne links, dort, wo der Aufprall am wenigsten ausrichten konnte. Auch nach Ansicht der Polizei hätten wir keine Sekunde später bremsen dürfen. Der Sattelzug, der viel zu schnell fuhr, wäre in unsere Seite gerast und hätte uns umgebracht.

Es dauerte eine Weile, bis ich mich an die Stimme in meinem Garten erinnerte und begriff, daß dies die Stimme eines Engels gewesen war. Ich dachte immer, man könne Engel nur sehen; jetzt erkannte ich, daß man Engel auch hören konnte, so wie ich die Stimme meines Schutzengels gehört hatte. Seit damals weiß ich, daß es einen Grund für unser Dasein auf Erden gibt, ohne den wir nicht hier wären. Wir sind nur hier, weil wir unseren Lebenszweck noch nicht erfüllt haben. Ich glaube, daß auch jetzt Engel in unserer Nähe sind, weil es ihre höchste Pflicht ist, uns auf diesem Planeten zur Seite zu stehen. Deshalb sollten auch diejenigen unter uns, die mit Engeln in Verbindung stehen, ihre Botschaft verbreiten und anderen helfen. Das jedenfalls ist meine Absicht.

Mehrere Jahre hatte ich den Titel ›Angels Among Us‹ (Engel sind unter uns) in meinem Notizbuch, bis ich eines Tages Jessica Tandy in dem Film ›Grüne Tomaten‹ sagen hörte: »Du weißt doch, daß es Engel gibt, verkleidet als Menschen wandeln sie auf diesem Planeten.« Verblüfft stellte ich fest, daß sie scheinbar mein Notizbuch kannte.

Das war's: Ich mußte dieses Lied einfach zu Ende schreiben. Bisher standen nur wenige Zeilen, ich hatte mich irgendwie nie eingehender damit beschäftigt. Und so arbeitete ich die ganze nächste Woche an dem Text, konnte ihn aber nicht fertigstellen. Dann fuhr ich über Weihnachten zu meiner Mutter, die ihr ganzes Haus mit Engeln dekoriert hatte. Meine Mutter bastelt sehr gern, und so standen überall die schönsten, selbstgefertigten Engel. Wieder hatte ich das überwältigende Gefühl, dieses Lied unbedingt fertigstellen zu müssen. Zurück in Nashville setzte ich mich sofort ans Klavier, aber da ich alleine nicht weiterkam, bat ich meinen Freund Don Goodman, mir zu helfen. Schließlich gab ich das Lied meinem Freund Randy Owen von der Gruppe Alabama, sie machten eine Aufnahme und nahmen es in ihr neues Album ›Cheap Seats‹ auf.

Der Text lautet:

Engel sind unter uns

An einem kalten Wintertag ging ich von der Schule heim
wollte schneller sein als sonst, schlug den Weg zum Walde ein
angst und bange war mir dort, denn ich irrte hin und her
als ein guter alter Mann meine Hand in seine nahm
Mama konnte ihn nicht sehn, doch er stand fest neben mir
und im Innern wußte ich, er war die Antwort auf mein Flehn

> Oh, ich glaube, Engel sind unter uns
> gesandt von irgendwo da oben
> kommen sie zu dir und zu mir
> in unseren dunkelsten Stunden
> um uns zu zeigen, was Leben heißt
> um uns zu lehren, was Geben meint
> um uns zu führen in das Licht der Liebe

Wenn das Leben schwierig war und mich in die Knie zwang
war immer jemand neben mir, der tröstend liebe Worte fand
Manchmal es ein Fremder war, der freundlich seine Hilfe bot
Ein andermal ein Anruf kam, ein Freund nur um zu sagen, daß er mich wohl versteht
Am dunklen Wegesende, sag, stimmt es dich nicht froh
steht jemand der dir leuchtet mit einem Hoffnungsstrahl

Oh, ich glaube,... (Refrain)

Sie kommen in vielen Gestalten
können an allen Orten walten
um uns zu helfen in tiefsten Nöten
um uns zu ehren mit höchsten Gnaden

Oh, ich glaube,... (Refrain)

Ich will damit sagen, ja, ich glaube wirklich, daß wir hier und jetzt von Engeln umgeben sind. Engel können eine menschliche Gestalt annehmen oder nicht, sie sind hier, um uns zu zeigen, wie wir leben sollen, um uns Opferbereitschaft zu lehren und uns in Liebe zu führen. Wir alle können den himmlischen Wesen begegnen; was uns zurückhält sind nur wir selbst – unsere Angst, Unwissenheit und vielleicht unser Unvermögen zu glauben.

Lieder zu schreiben bedeutet auch genau hinzuhören – der leisen, feinen Stimme aus dem Unterbewußtsein, aus dem Jenseits, dem Engels- und Geistergeflüster zu lauschen. Wer gut zuhört, kann gut schreiben. Ich schreibe meine besten Texte, wenn ich alleine bin und meine Ruhe nicht gestört wird; dann höre ich die zarte Stimme aus meinem tiefsten Inneren. Ich glaube, daß jeder so eine Stimme hat, aber viele Menschen sich zu selten die Ruhe gönnen, um dieser Stimme zu lauschen.

Ich habe viele Fehler gemacht. Ich schrieb viele Lieder, die etwas bei den Hörern auslösen sollten, aber dann sagte ich mir, sie würden sowieso nicht im Radio gespielt werden und kümmerte mich nicht weiter darum. Rückblikkend merkte ich aber, daß das, was ich für den Wunsch der anderen hielt, unwichtig war: Die leise, zarte Stimme aus dem Herzen zeigt immer den richtigen Weg. Folge ich ihr, kann nichts Schlimmes geschehen, weil ein Lied menschliche Gefühle vermittelt. Deshalb sollte das Lied ehrlich sein und seine Entstehung nicht von äußeren Dingen beeinflußt werden.

Und so fragte ich meine Engel: »Was soll ich tun? Welche Botschaft soll ich überbringen? Was brauchen wir Menschen im Moment am dringendsten?« Ich frage, weil ich weiß, daß meine Musik nur von mir überbracht, aber nicht geschaffen wird. Alles kommt von oben, von einer höheren Macht, von Gott – wie immer wir Ihn nennen wollen. Engel werden uns Menschen von Gott gesandt und nehmen dabei Gestalt an, wir aber sind nur Kanäle. Aus diesen Kanälen empfangen wir Musik und andere Formen der Kunst, über diese Kanäle stehen wir mit anderen in Verbindung. Viele Menschen suchen Gott, Kraft, Glaube und Liebe außerhalb ihrer selbst. Aber all das steckt in uns. Die leise, zarte Stimme in unserem Inneren ist die Verbindung zu anderen Wirklichkeiten, zu Engeln, zu Gott, zu allem. Es fällt mir schwer, von »meinem« Lied, »meiner« Musik zu sprechen, denn sie stammt nicht von mir. Ich habe nur das Glück, sie anderen überbringen zu dürfen. Das ist mein Auftrag hier in dieser Welt.

K. Martin-Kuri

K. Martin-Kuri ist von Beruf Künstlerin, Engelskundlerin und Begründerin der Gesellschaft Twenty-Eight Angels Inc. Diese Organisation widmet sich ganz der Aufgabe, mehr über Engel und das Himmlische zu erfahren und dieses Wissen einer breiten Öffentlichkeit nahezubringen. Die als Lehrerin, Lektorin und Autorin tätige K. Martin-Kuri organisierte und leitete die Erste Internationale Konferenz über Engel und arbeitet derzeit an einem Buch, das sich mit dem wiedererwachten Interesse an Engeln beschäftigt.

Frage: Warum haben Sie Ihr Leben den Engeln gewidmet?

K. Martin-Kuri: Als ich noch sehr klein war – und das ist schon einige Zeit her –, bemerkte ich Engel an meiner Wiege. Ich konnte diese Engel wirklich sehen und spürte ihre Gegenwart auch in der Nähe meiner Familienmitglieder; aber ich sah auch, daß viele Menschen den himmlischen Wesen an ihrer Seite keine Beachtung schenkten. Ich sah großes Leid und erkannte, wie es gelindert werden könnte, wenn die Menschen nur das herrliche, strahlende Wesen an ihrer Seite hören würden, das ihnen leise himmlischen Trost und himmlische Fürsorge zuflüsterte.

In meinem allerersten Schuljahr widerfuhr mir einmal etwas ganz Besonderes, als ich gerade über eine Wiese ging. Der Himmel über mir öffnete sich, und ich erblickte Millionen und mehr Engel – wie auf einem Gemälde von Dürer. Und da wußte ich, daß ich nur dann meine Aufgaben würde erfüllen können, wenn ich mich an den Sinn meines menschlichen Daseins erinnerte: bewußt zu leben und anderen zu helfen.

So beschloß ich sehr früh, daß ich der Menschheit helfen

wollte. Es wurde mir zur Lebensaufgabe, mich mit diesen Engeln zu beschäftigen und zu verstehen, wie sie an der Schöpfung des Universums beteiligt gewesen waren. Ich wurde eine Spezialistin für Farben und ihre heilende Wirkung – sie verändern das Bewußtsein. Engel arbeiten sehr oft mit Farbe. Schöne Blumen sind Zeichen für das Werk der höchsten Engel – insbesondere für das Werk der Engel des Naturreichs, die in höheren Sphären herrschen als die uns bekannten Schutzengel. Ich möchte aber hinzufügen, daß die Beschäftigung mit Engeln gleichzeitig eine Beschäftigung mit der Höheren Macht ist, die sie erschuf. Von Anfang an wollte ich mein Leben Gott weihen und ich bemühe mich sehr darum. Ich bemühe mich wirklich.

F: Was ist ein Engel? Können Sie die verschiedenen Engel und deren Hierarchie beschreiben?

KMK: Im Englischen hat das Wort »Angel« die Bedeutung von »Bote«. Ich glaube aber, daß Engel mehr als Boten sind. Für mich sind Engel jene Teile des göttlichen Schöpfers, die zwischen dieser Urquelle und der Menschheit eine Brücke schlagen. Diese Brücke ist auf verschiedenen Licht- oder Bewußtseinsgraden erbaut, die die verschiedenen Hierarchien bilden. Die Schutzengel stehen den Menschen am nächsten. Über diesen Engeln, die sich um das Wohl jedes einzelnen kümmern, stehen die für Völker und Nationen zuständigen Engel, die Erzengel.

Über den Erzengeln stehen die Archai. Sie sind für den Aufstieg und Untergang von Zivilisationen auf planetarischer Ebene zuständig. Über den Archai folgen die Dynamis, die Geister der Bewegung, die für die kreisende Bewegung der Planeten und für alles, was sich bewegt, verantwortlich sind. Darüber stehen die Kyriotetes, die Geister der Weisheit, die uns helfen, etwa die Vollkommenheit einer Rosenblüte zu erkennen. An der Spitze dieser Engels-Hierarchien stehen schließlich die drei höchsten himmlischen Wesen. Zuerst die Throne, die für das gesamte Universum verantwortlich sind, dann die Cherubim und zuletzt, an höchster Stelle, die Seraphim. Über ihnen steht nur das Göttliche allein. Die Aufgabe aller Engel besteht darin, dieses unglaublich starke Licht allen Seins auf eine Wellenlänge zu übertragen, die wir empfangen können. Ohne dieses Licht und diese Reinheit können wir uns nicht in Seine Gegenwart begeben, es sei denn durch Seine Gnade.

Deshalb müssen wir die himmlischen Wesen in unserem Leben walten lassen, wenn wir am harmonischen Geschehen des heiligen Universums teilhaben wollen.

F: Warum wurden Engel mit Flügeln abgebildet?

KMK: Für mich sind Engel strahlende Lichtwesen. Vielleicht ist ihre Erscheinung von flügelähnlichen Energiefeldern umgeben, die wir als Flügel wahrnehmen. Flügel sind auch ein Bild für die vielen verschiedenen Ebenen, auf denen Engel wirken. Sie sind ein Symbol für die Fähigkeit der Engel, von einer Dimension in die andere zu wechseln. In ihrer reinsten Form erscheinen Engel als Licht. Man sieht nur Licht, sonst nichts. Engel erscheinen uns so, wie wir sie wahrnehmen können: als Geschäftsmann mit Aktentasche, als LKW-Fahrer, als Kellnerin oder als Pilot. Unabhängig davon, wie er aussieht, erzeugt die Gegenwart eines Engels immer das Gefühl absoluten Friedens. Man fühlt sich stets innerlich ruhig und hat das Empfinden, daß sie Gnade schenken.

Das ist das eine Ende der Skala. Am anderen steht das reine »Licht-Erlebnis«. Unser Universum ist nichts als Energie, unser Schöpfer nichts als das herrlichste Licht. Und dann erlebt man, wie man ganz von innerem Licht erfüllt ist, und sich dadurch mit dem Licht dieses größten aller Engel verbinden kann.

F: Was sind Schutzengel? Hat jeder Mensch einen Schutzengel?

KMK: Ich glaube und habe die Erfahrung gemacht, daß wir wirklich alle einen Schutzengel haben. Ihre Gegenwart ist ein großartiges Wunder. Wir haben diese herrlichen Vertreter des Himmels – und jeder einzelne von ihnen ist herrlich –, die uns durch alle Höhen und Tiefen des Lebens begleiten. Diese himmlischen Wesen haben eine ganz besondere Aufgabe, weil sie nur aus Liebe handeln. Sie müssen die Seele ihres Schützlings auf Gott ausrichten. Egal, wie lange ein Mensch in Finsternis wandelt, egal, wie aussichtslos seine Lage erscheinen mag oder wie verbittert er sein mag, sein Schutzengel ist immer bei ihm und wartet geduldig auf den Moment, in dem sein Schützling eine engere Verbindung mit Gott sucht. Aber seine schwierigste Aufgabe ist es immer, der ihm anvertrauten Seele im Dienst des Göttlichen treu zu bleiben.

Außerdem sollte man daran denken, daß niemand ohne Mitwirken des Schutzengels geboren wird oder stirbt. Der Schutzengel beginnt seine Aufgabe schon vor der Geburt eines Menschen. Bis zum Alter von etwa sieben Jahren erleben Kinder noch sehr bewußt seine Gegenwart. Danach legt sich ein Schleier über dieses Wissen, und die Erinnerung verliert sich. Aber der Engel bleibt immer tätig. Wenn wir älter werden, stellen wir fest, daß sich unser Verhältnis zu ihm geändert hat, eine Art »Wahlbekanntschaft« ist. Wir müssen unseren Schutzengel zu uns bitten und seine Nähe suchen.

Der Schutzengel hält unser Schicksal in Händen und wacht darüber. Es ist eine Art äußerer Rahmen, innerhalb dessen wir uns entsprechend unserem freien Willen bewegen können. Während er diesen Rahmen bestehen läßt und beschützt, führt uns unser Schutzengel in kleinen Schritten durch unser Schicksal, das einzig unserer spirituellen Entwicklung dient. Je mehr wir uns deshalb dem Einfluß unseres Schutzengels öffnen, desto mehr erfüllen wir unsere Bestimmung und desto stärker sind wir im Einklang mit allen Dingen – nicht nur mit unserer unmittelbaren Umgebung, unserer Familie und unserer Kultur, sondern im Sinne einer allumfassenden Harmonie. In einem noch höheren Sinne stehen wir in Beziehung mit allen Bereichen des Göttlichen.

Ich habe eine bestimmte Vorstellung von einem Schutzengel und seiner Verantwortung für unser persönliches

Schicksal. Ich stelle mir einen Engel vor, der einen Korb im Arm hält. In diesem Korb befinden sich unsere mannigfaltigen Möglichkeiten und unsere ebenso vielen Verpflichtungen und Erfahrungen, die zu durchleben wir schon vor unserer Geburt einwilligten, entsprechend dem Willen Gottes. Wer will, kann das auch Schicksal nennen. Diese Ereignisse bilden den Rahmen und lassen noch genügend Raum für Veränderungen, die unserem freien Willen unterliegen. Zum Beispiel können wir bei der Begegnung mit einer anderen Person frei entscheiden, ob uns an einer näheren Bekanntschaft zu dieser Person liegt oder ob wir sie nicht beachten und weitergehen wollen. Mit solchen Erfahrungen bietet uns unser Engel erstaunliche Möglichkeiten für eine Annäherung an Gott.

Ich möchte aber mit Nachdruck auf die Notwendigkeit einer Zusammenarbeit mit unserem Schutzengel hinweisen. Auf welche Schwierigkeiten wir auch stoßen mögen, sobald wir die Gegenwart und liebevolle Fürsorge unseres Schutzengels akzeptieren, nehmen wir auch gleichzeitig die Liebe Gottes an, die sich sehr direkt und persönlich in unserem Leben offenbart.

F: Würden Sie den Schutzengel als eine Art himmlischen Freund bezeichnen?

KMK: Ja. Selbst wenn man im Leben vor sehr schwierige Aufgaben gestellt wird, kann man sie leichter bewältigen, wenn man einen Engel als Freund betrachtet. Sobald man sich mit jemandem anfreundet, möchte man an den Dingen teilhaben, die diese Person glücklich machen; welche Musik hört sie gern, welche Bilder gefallen ihr? Das gleiche gilt für die himmlischen Wesen. Will man seinen Schutzengel kennen, sollte man seine Interessen den Dingen zuwenden, die den Neigungen des Schutzengels entsprechen. Und was interessiert einen Schutzengel? Moralische Entwicklung, spirituelles Wachstum und die Umwandlung der inneren Natur der Menschheit.

F: Welche Bedeutung haben Engel in den verschiedenen Weltreligionen?

KMK: In gewisser Weise schließen sich die Engel immer stärker zusammen und bringen dadurch die verschiedenen Religionen einander näher. Damit meine ich aber keine Gleichmacherei, sondern ein tieferes Verständnis für Frieden und Einheit zwischen den verschiedenen religiösen Vorstellungen. Immerhin gibt der Glaube an Engel uns einen gemeinsamen Nenner. Im Gegensatz zu der Annahme, daß der Mensch die Religionen schuf, bin ich der Meinung, daß die Engel sehr wesentlich an der Schöpfung der Religion beteiligt waren; dies gilt besonders für die Archai und die Erzengel.

F: Spielen die Engel eine neue Rolle in der modernen Welt? Haben sie neue Aufgaben?

KMK: Engel gibt es nicht erst seit heute, sondern schon länger als unseren Planeten. Sie waren an der Schöpfung dieser Erde beteiligt, sie wirkten bei der Entstehung des Windes, der Gebirge, der Blumen, der Bäume und der Tiere mit. Wir verdanken ihnen unsere Hunde, unsere Katzen und die Musik. Im Augenblick aber erweitert sich unser Bewußtsein, wir fangen an, mit neuen Augen zu sehen.

Manche behaupten, daß Engel heute vermehrt zu uns auf die Erde hinabsteigen, aber ich kann diese Ansicht nicht teilen. Engel gab es schon immer; doch jetzt haben wir die Gnade empfangen, sie sehen oder erkennen zu können. Wesentlich daran beteiligt sind der Erzengel Michael sowie das Wirken vieler großer geistiger Führer und anderer Menschen, die in diesem Jahrhundert ihr Leben in den Dienst einer besseren Welt gestellt haben. Ihre Gebete wurden erhört, ihre Bitten wurden erfüllt. Engel müssen nicht vom Himmel herabsteigen, wir müssen sie nur bewußter wahrnehmen.

Weltweit fangen wir an, uns an den Himmel zu erinnern. Lange hatten wir ihn vergessen und uns statt dessen in materielle Belange verstrickt. Wir waren tief ins materielle Zeitalter eingetaucht. Die Sorgen um Ausgaben, Rechnungen, Verkehrsprobleme oder den Schneeräumdienst ergriffen vollends von uns Besitz. Wie immer unser kleines Problem auch aussah, wir sahen es eher von einer materiellen statt von einer spirituellen Warte aus. Sobald wir aber unsere Alltagssorgen mit einer neuen Spiritualität betrachten, beginnen wir zu erkennen, daß uns geholfen wird. Wir haben himmlische Beschützer, wenn wir nur wollen. Das heißt, sobald wir bereit sind, unseren himmlischen Begleitern offenen Herzens entgegenzutreten, um ihre Gaben zu empfangen, werden sie sie uns geben. Jetzt bleibt nur noch die Frage, wie wir unsere Seelen öffnen, um diesen Punkt zu erreichen. Ich glaube, daß wir unseren Engeln nur dann begegnen, wenn wir ihnen dienen. Man hat eine intensivere Begegnung mit seinem Schutzengel, wenn man ihm mit einem Gefühl der Dankbarkeit, der Anerkennung, einem Hauch ehrfürchtigen Staunens angesichts von Wahrheit und Schönheit gegenübertritt. Aber wirklich mit unserem Schutzengel zusammenarbeiten können wir nur dann, wenn wir den Wunsch haben, für unsere Mitmenschen da zu sein und ihnen zu helfen.

F: Können Sie uns erklären, was »Channeling« bedeutet?

KMK: Es gibt verschiedene Möglichkeiten, die eigene Spiritualität zu erforschen. Eine davon ist das »Channeling«; man richtet sich auf sein höheres Ich aus oder vielleicht auf seinen Schutzengel. Ich glaube aber, daß es eine bessere Möglichkeit gibt, jedenfalls haben viele andere Menschen und auch ich Erfolg damit. Man muß dabei sein Bewußtsein erweitern, indem man seiner Vorstellungskraft eine heilige Dimension verleiht, eine Art Inspiration, die es erlaubt, mit dem Himmel in Verbindung zu treten. Das Wort »Inspiration« hat denselben Ursprung wie »inspirare«, das lateinische Wort für »einhauchen«.

Es gibt aber noch eine dritte Möglichkeit, Gott zu begegnen. Sie ist die bedeutendste, und ich glaube, wir bewegen uns gerade auf sie zu. Ich meine damit die Entwicklung der reinen Intuition. Wenn wir diese reine Intuition haben, werden wir zu dem, was wir intuitiv erfassen.

Das heißt, wenn wir auf diese Weise Gott erfassen, muß irgendwann auch eine Verbindung zum Göttlichen entstehen. Es macht einen Unterschied, ob ich nach oben schaue und sehe, daß etwas hinabsteigt und durch mich hindurchgeht oder ob ich beschließe, mich selbst auf dieses Bewußtseinsniveau hinaufzubegeben. Ich ziehe letzteres vor und hoffe, daß es mir gelingt.

F: Welche Verantwortung haben wir den Engeln gegenüber?

KMK: Ich glaube, heute lautet die eigentliche Botschaft, daß wir Verantwortung für unsere Seelen übernehmen, daß wir spirituell reifen müssen. Unsere Seele und unser Geist sollen sich erheben und der Kelch mit inneren Werten gefüllt und hochgehalten werden.

Seit Generationen suchen wir Erfahrungen mit der spirituellen Welt, versuchen wir, in sie einzudringen. Inzwischen gibt es darüber unzählige Bücher. Aber wie gelangt man in diese Sphären? Wir kennen den Weg der Heiligen und Philosophen. Wir erkennen diese Erfahrungen in den Kunstwerken der Maler und im Genie der großen Musiker. Wer könnte sagen, ob Mozart nicht auch mit Engeln arbeitete? Und vielleicht Beethoven mit seiner ›Ode an die Freude‹? Sein gesamtes Werk ist von göttlicher Herrlichkeit inspiriert. Wir hatten schon immer die Fähigkeiten und Möglichkeiten, mit Hilfe der Engel über uns selbst hinauszuwachsen.

Aber jetzt sind wir auf andere Weise gefordert, jetzt müssen wir Verantwortung übernehmen. Wir sind nicht länger Empfänger der himmlischen Gaben, sondern sollen uns dahin entwickeln, selbst Verantwortung zu übernehmen, indem wir sagen: »Ja, ich will ein besserer Mensch werden. Ich will mehr als nur meinen Alltagsgeschäften nachgehen, ich will etwas für die Gesellschaft tun, in der ich lebe.«

Es wäre das einfachste auf der Welt, sich entgegen früherer Gewohnheiten nur eine Stunde pro Tag für seine Mitmenschen Zeit zu nehmen, aber diese Stunde könnte sich auf das Zusammenleben der gesamten Menschheit auswirken – warum auch nicht? Wir verkennen die Kraft des reinen Gedankens, dabei setzte er das Universum in Gang. Gott hatte eine Vorstellung und erschuf danach alle Dinge. Dann hatte er die Inspiration; er hauchte den Dingen seinen Atem ein, sie wurden lebendig und wurden ein Teil von Ihm selbst. Ich rede hier von Ihm, weil es unserem Sprachgebrauch entspricht, obwohl Gott natürlich kein Geschlecht hat. Man könnte genausogut Göttin oder Schöpfer sagen.

F: Nun zu den Engeln selbst. Wofür sind sie verantwortlich?

KMK: Engel müssen nur dienen. Sie tun nichts anderes, als Gott zu helfen, weil sie Ihn lieben. Und je größer ihre Liebe ist, desto mehr Verantwortung wird ihnen übertragen, je nach ihrem Rang. Ein Schutzengel hat weniger Verantwortung als ein Erzengel und so weiter bis zu den Thronen, den Cherubim und den Seraphim. Die Seraphim haben die größte Verantwortung, denn sie halten treu die Gedanken Gottes in Händen. Diese Vorstellung ist doch wirklich überwältigend.

Leider stellt man sich Engel oft als unschuldige Wesen mit Flügelchen vor. Doch zwischen dieser Vorstellung und der wirklichen Größe der himmlischen Wesen klafft ein riesiger Abgrund; denn sie halten die Sonne an ihrem Platz, den Mond und die Planeten auf ihren Bahnen und die Sterne am Himmel. Die Vorstellung von der Größe des Gedankens, der das alles zustande brachte, verlangt Demut. Es wird Zeit, daß wir umkehren, uns nicht länger nur mit uns selbst beschäftigen und aus unserer Selbstgefälligkeit im materiellen Bereich herauskommen. Wir müssen uns wieder den höheren Sphären zuwenden, wir müssen den Blick zum Himmel richten.

F: Ist die derzeitige Weltlage einmalig – also besonders unheilvoll oder besonders vielversprechend?

KMK: Im Augenblick erleben wir auf der Erde viel Leid. Es gibt Kriege und tödliche Seuchen. Es spielt dabei keine Rolle, ob es sich um AIDS oder Tuberkulose handelt; die Wirkung bleibt dieselbe. Das ist nichts Neues, denn schon im Mittelalter, noch vor der Zeit des heiligen Franz von Assisi, wütete die Pest auf der Erde. Und schon damals kamen Initiativen vom Himmel, und einzelne Menschen beschlossen, bewußt dem himmlischen Geheiß zu folgen. Sie konzentrierten sich ganz auf das Göttliche, um eine Wirklichkeit zu schaffen, die es ermöglichte, das moralische Gefüge der Erde zu verändern. Im Augenblick befindet sich die Erde in einem erschreckenden moralischen Zustand. Es herrscht große Angst, und diese Angst bringt neue Angst hervor. Es gibt Krankheiten und Obdachlosigkeit. Aus einer höheren Perspektive betrachtet, repräsentieren diese Obdachlosen aber diejenigen unter uns, die ihre spirituelle Heimat verloren haben. Und wenn man spirituell heimatlos ist, kehrt sich irgendwann das Innere nach außen und wird sichtbar.

Dem Problem der Obdachlosigkeit kann nicht nur mit Unterkünften begegnet werden. Wir müssen wirtschaftlich helfen. Aber die beste Lösung für alle wäre, wenn jeder für sich selbst Verantwortung übernehmen und sich in seiner eigenen Spiritualität heimisch fühlen würde. Es geht nicht um einen schnellen Ausflug in den Himmel, die Bekanntschaft mit einem Engel in zehn einfachen Lektionen oder anderen Unsinn. Es geht darum, seinen Blick auf den zu richten, der noch über den Engeln steht. Im Gegensatz zu den Engeln, die sich nur nach Gott richten, stehen wir als Gestalter einer zukünftigen Zivilisation vor der Wahl: Wollen wir selbst Gott sein oder wollen wir uns auf die Suche nach dem Höchsten begeben?

F: Erkennen Sie hinter unseren Nöten wie Krankheiten, Kriegen und Wirbelstürmen eine höhere Absicht?

KMK: Ich denke, daß die Engel uns auf eine neue Art wachrütteln wollen. Leid soll uns häufig die Hindernisse überwinden lassen, die unsere moralische Entwicklung blockieren. Wir müssen unser Suchtverhalten ablegen, das uns von Gott ablenkt. Auch der Glaube, daß diese Welt nur mit Geld funktioniert, kann eine Sucht sein. Sie verleugnet unseren Schöpfer am stärksten.

F: Wie finden wir am besten zu unserem Schöpfer zurück?

KMK: Wenn wir zu innerer Ruhe fänden, könnten wir Seligkeit erleben oder einen Blick auf den Himmel erhaschen. Wir könnten unabhängig von unseren Vorlieben und Abneigungen erfahren, wer wir sind. Denn Engel reagieren nicht auf unsere Vorlieben und Abneigungen, sie reagieren auf Licht. Je mehr Licht unsere Seele ausstrahlt, desto mehr Engeln werden wir begegnen. Es stellt sich dann nur die Frage, wie man diese Vorlieben und Abneigungen überwindet, die sich der eigenen moralischen Entwicklung und der des Planeten störend in den Weg stellen. Die Antwort heißt Gleichmut. Wir üben uns in Gleichmut, indem wir *alles* annehmen und in *allen Dingen* die göttliche Gegenwart erkennen. Zuerst sollten wir uns daran erinnern, daß unser Schutzengel uns immer begleitet, alle unsere Taten sieht und uns liebt. Wenn wir diese liebende Gegenwart spüren – und sei es nur in Gedanken –, wird sie sich irgendwann auf andere Bereiche unseres Lebens ausdehnen, und wir werden unsere Schwierigkeiten überwinden.

Ich habe eine bestimmte Vorstellung davon, wie unser himmlischer Begleiter uns über wirklich schwierige Lebensabschnitte hinweghilft. Der Weg liegt noch vor uns. Vielleicht ist er steinig, aber wir erhalten ein Paar gefütterte Pantoffeln, mit deren Hilfe wir die Steine unter unseren Füßen nicht mehr fühlen. Wir machen dieselben Erfahrungen, aber wir bewerten sie anders. Je wichtiger uns deshalb die göttliche Gegenwart in unserem Leben wird, desto mehr ruhen wir auch in uns selbst, desto besser wahren wir das Gleichgewicht und desto eher haben wir eine ganz persönliche Begegnung mit dem Himmel.

F: Welche Veränderungen erlebten Engel im Lauf der Jahrhunderte in der Kunst?

KMK: In der Renaissance malte man sehr viele Engel

und fast alle wurden im Profil dargestellt. Ein Beispiel dafür wäre die übliche Seitenansicht von Gabriel, der Maria die Frohe Botschaft verkündet. Nur einige alte Gemälde zeigen einen Engel von vorne. Das heißt, man konnte damals einen Engel nur von der Seite wahrnehmen, es gab kein vollständiges Erlebnis. Inzwischen beginnen wir aber, einen Engel in seiner ganzen unmittelbaren Erscheinung zu erleben, weil sich das menschliche Bewußtsein verändert hat.

In der Vergangenheit überwältigte der Anblick eines Engels, eines Archai oder eines Erzengels. Die Menschen empfanden die Begegnung mit ihnen so, als ob sie Gott selbst begegnet wären und stellten es auch so dar, weil von diesem Licht eine gewaltige Kraft ausging. Doch besteht zwischen Gott, dem wirklich Höchsten, und den Engeln ein Unterschied, der uns erst jetzt, nach tausenden von Jahren bewußt wird. Es gab immer die gleichen Engel, aber wir nehmen sie inzwischen anders wahr. Jetzt wissen wir, daß ein Engel nicht Gott ist, sondern nur Gottes Bote. Wir wissen auch, daß wir über Engel eine Verbindung zu Gott herstellen können. Ich empfehle niemandem, seine Gebete an einen Engel zu richten, aber wer es dennoch möchte, sollte wissen, daß er tatsächlich auch zu Gott betet. Das Gebet richtet sich an Gott, den Schöpfer, aber ein Engel kann es überbringen.

F: Was für ein Gefühl ist es, wenn man sich bei der Arbeit – im Büro und vor der Leinwand – so viel mit Engeln beschäftigt wie Sie?

KMK: Um das zu tun und dabei auch etwas Gutes hervorzubringen, muß ich mich auf eine Bewußtseinsebene begeben, auf der ich in dauerndem Kontakt zu den himmlischen Wesen stehe. Ich glaube, das wichtigste an den himmlischen Begegnungen, die mir seit frühester Kindheit vertraut sind, ist, daß sie mich gelehrt haben, Gott immer stärker zu lieben. Mit jedem Abschnitt meines Lebens empfinde ich das himmlische Mitgefühl stärker. Gleichzeitig wird mir aber auch immer bewußter, wie begrenzt die Möglichkeiten der himmlischen Mächte sind, mit einer bewußten Menschheit zu arbeiten.

Je älter ich werde, desto weniger schlafe ich. Ich arbeite fast Tag und Nacht. Da Engel nicht schlafen, wecken sie mich häufig mitten in der Nacht. Oder ich arbeite an einem Bild für jemanden, dessen Schutzengel manchmal wochenlang bei mir weilt. Ich trage die Seele dieser Menschen dann sehr lange tief in mir.

Die Engel wirken sich bestimmt auf mein Leben aus. Mit ihrer Hilfe bin ich entschlossener denn je, Ihm immer besser zu dienen. Ich muß lernen, die mir gestellten Aufgaben besser zu erkennen, da ich sehr viele Möglichkeiten versäume. Ich weiß inzwischen auch, daß wir die unzähligen Möglichkeiten, die uns von den Engeln geboten werden, leicht übersehen. Wir können das nur ausgleichen, indem wir unser Leben ganz in Seinen Dienst stellen. Das heißt aber nicht, daß wir besser sein müssen als andere, wir müssen nur *wir selbst* sein. Wenn wir ganz bei uns sind, preisen wir den Himmel, und die Engel singen. Dazu sind wir da. Ich persönlich aber erfülle meine Aufgabe, indem ich versuche, die himmlische Gegenwart für alle sichtbar zu machen.

F: Wie verändert das Leben mit Engeln und dem Himmlischen die Menschen?

KMK: Das Göttliche existiert. Sobald man die Schleier gelüftet und sich bewußt einen Schritt auf die lebendige himmlische Gegenwart zubewegt hat, ist man ein gewandelter Mensch. Es wird wichtiger, der Welt zu geben, als von der Welt zu nehmen. Man vergibt seinen Peinigern und entwickelt eine bisher ungeahnte Kreativität. Diese Kreativität dient aber nicht der eigenen Karriere oder dem Ausbau einer Vorrangstellung in der materiellen Welt. Sie dient nur als mögliches Mittel, der himmlischen Gegenwart zu dienen. Die Entfaltung der eigenen Kreativität kann manchmal zu einer schwierigen Gratwanderung werden, da die materielle Welt entweder immer gegenwärtig ist oder das, was man ihr zu bieten hat, vollkommen ablehnt. Aber der wirkliche Künstler muß hinnehmen, daß das Urteil der Welt keine Rolle spielt.

Ich habe gelernt, mich sehr stark dem Dienst am Göttlichen zu widmen, von Ihm erhalte ich alles. Und immer, wenn ich diese Bindung aufs Neue bestätige, spüre ich eine größere Freiheit. Gleichzeitig habe ich das Gefühl, daß mir vom Himmel eine größere Verantwortung übertragen wird. Es ist, als ob ich mit den Höchsten fliegen dürfte. Wenn ich zum Beispiel für irgend jemanden Schutzengel oder Porträts male, verwandelt sich mein Atelier beinahe in einen Flughafen. Man trifft sich, man begibt sich in andere Dimensionen. Ich bin verantwortlich dafür, deutlich und genau zu arbeiten, im richtigen Augenblick da zu sein und das beste aus meinen künstlerischen Fähigkeiten als Malerin herauszuholen. Sobald ich glaube, daß ich ohne himmlische Hilfe verloren bin, geschieht auf der Leinwand vielleicht ein Wunder. Vor jedem Stück Papier und jeder Leinwand spreche ich zuerst ein Gebet. Ich muß mir klar darüber sein, daß ich mein letztes Bild vielleicht schon gemalt habe.

Ich war schon immer davon überzeugt, daß Leiden besondere Fähigkeiten hervorbringt. Ich bin auf einem Auge nahezu blind, und mit dem anderen sehe ich sehr schlecht. Trotzdem male ich, weil diese scheinbare Behinderung tatsächlich keine Behinderung ist. Ich sehe auf anderen Ebenen.

F: Können Sie uns über Ihre Arbeit berichten? Welche Rolle spielen Engel für Ihre künstlerische Kreativität?

KMK: Wenn ich zum Malen in mein Atelier gehe, verrichte ich zuerst die allerniedrigste Arbeit. Ich kratze als erstes die alte Farbe von meiner Staffelei und bedanke mich für das Werk, das zuletzt hier stand. Dann prüfe ich meine Pinsel und bereite die neue Leinwand vor. Sie selbst aufzuziehen und sie mit Gips zu grundieren, bis sie weiß und fertig vor mir liegt, ist sehr mühsam und verlangt viel Sorgfalt.

Mit Segenssprüchen nagle ich die Leinwand auf den

Rahmen und bitte um die Gnade, wieder etwas Wertvolles erschaffen zu dürfen. Dann wende ich mich den Farben zu. Ich lasse sie sprechen, denn sie sind eine direkte Verbindung zu den Engeln. Etwa zu diesem Zeitpunkt fällt der Schleier und je nach Motiv erscheinen die himmlischen Wesen. Wir beginnen unser gemeinsames Werk, und während der Arbeit werde ich, die Malerin, in ihre Sphären erhoben. Die Gemälde entstehen also, während ich das Abgebildete unmittelbar erlebe.

Eigentlich ist diese Arbeit für mich sehr anstrengend, da ich einerseits ziemlich abwesend bin, andererseits aber mit beiden Beinen fest auf dem Boden bleiben muß. An einem bisher unvollendeten Christus-Porträt kann ich immer nur fünf bis zehn Pinselstriche malen, dann muß ich mich hinlegen. Ich male an diesem Bild deshalb nur hin und wieder etwas. Wenn ich ein Bild von Buddha, von einem herrlichen Engel oder etwas für die Zukunft Amerikas male, geschieht genau das gleiche. Ich verausgabe mich buchstäblich mit jeder Zelle meines Körpers. Wie in Agonie bewege ich mich durch diese verschiedenen Dimensionen, während ich gleichzeitig auch ganz hier bin. Ich muß mich danach immer ausruhen, und doch erlebe ich gleichzeitig einen Augenblick höchster Seligkeit. Denn es war mir vergönnt, die himmlischen Sphären zu sehen, zu hören und mit ihnen zu arbeiten.

F: Erleben wir bahnbrechende Neuerungen im Bereich der Kunst – Neuerungen, die einen göttlichen Einfluß spüren lassen?

KMK: Zu den Ereignissen dieses Jahrhunderts zählt auch die Entwicklung einer neuen Kunstform. Ich glaube, nach göttlichem Willen sollen wir aus einer neuen Quelle schöpfen. Ich nenne sie einmal »heilige Kreativität«. Wir haben die Gelegenheit, aus einer unpersönlichen Quelle zu schöpfen, einer Quelle, die höher ist als das Größte in uns selbst. Wir können mit dem Jenseits verschmelzen und den Glanz Gottes in unsere Arbeit einfließen lassen. Wir können bisher unbekannte Klänge und nie gesehene Farben erschaffen.

Noch gibt es zu wenig »heilige Kreativität«, denn meistens hat Kreativität etwas mit Selbstdarstellung oder der finanziellen Entwicklung unserer Kultur zu tun. Wir aber brauchen die schöpferische Kraft, die aus der heiligen Quelle in unserem Inneren stammt. Es stellt sich nun die folgende Frage: »Wie erhebe ich meine Seele, um schöpferisch tätig zu werden?« Die einzig mögliche Antwort liegt im Gebet, in der Erfahrung und in der inneren Verpflichtung. Wir müssen uns unseren schöpferischen Handlungen und unseren Werken mit einer inneren Ruhe nähern, die uns erkennen läßt, daß das Wort »Kreativität« selbst sehr stark mit dem Grund unseres Daseins verbunden ist.

Wir sind selbst die schönsten Bilder des Göttlichen. Die Engels-Hierarchien sind Skulpturen des Himmels. Der heutige Mensch gehört zu den schönsten künstlerischen Vorhaben, die je entworfen wurden. Und vielleicht können wir uns in Demut daran erinnern, daß es einen besseren Architekten, Maler und Musiker gab, als wir es sind. Alles, was wir aus dieser Perspektive unternehmen können, wird zur Verbesserung dieses Planeten beitragen, nicht zu seinem Untergang.

F: Wie verhält sich das verstärkte Interesse an Engeln zu dieser »heiligen Kreativität«?

KMK: Das Interesse an Engeln wird nicht durch Herausgeber von Büchern, Massenkampagnen, Zeitungen oder durch Zeitschriftenartikel geweckt. Es geschieht etwas Größeres; es geschieht etwas in uns, in unseren Träumen oder unserem Innenleben. Man erkennt die Verwandtschaft zwischen allen himmlischen Wesen. Alle Engel des Lichts kennen sich und stehen über die Erzengel miteinander in Verbindung. Auf diese Weise werden der Wille, das heißt die Gedanken des göttlichen Ursprungs allen Seins über die verschiedenen Hierarchien der Engel bis zu den Erzengeln weitergeleitet und erreichen schließlich unsere Schutzengel. So erfahren wir, daß es für uns

Menschen an der Zeit wäre, uns an den Himmel zu erinnern. Es geht nicht darum, daß irgend jemand plötzlich die Gabe erhalten hat, mit Engeln zu arbeiten. Nein, das hat damit nichts zu tun.

Tatsächlich wurde das, was derzeit auf einer globalen Ebene vor sich geht, durch den Erzengel Michael und viele spirituelle Führer aus allen Religionen inszeniert und aufeinander abgestimmt. Der Impuls kam 1879 von Michael. Er ist derjenige unter den Engeln, der das Licht von der Finsternis trennt und spricht: »Wählt, entscheidet euch für das Licht, und wenn ihr das tut, werdet ihr größere Freiheit finden; doch entschließt euch aus freiem Willen und nicht unter dem Zwang eines anderen.« Im Zeitalter von Michael, das 1879 begonnen hat und noch viele Jahrhunderte andauern wird, werden wir spirituell erstarken. Wir werden in der Lage sein, eine neue Ebene der Vollkommenheit zu erlangen. Wir werden anfangen, die Folgen unserer Bedürfnisse zu erkennen und wir werden automatisch aus Mitgefühl handeln – nicht nur aus Mitleid für einen einzelnen Obdachlosen auf der Straße. Wir werden mitfühlen, wie sich unsere Taten auf andere auswirken. Wir werden uns automatisch zu Wahrheit, Schönheit und Güte hingezogen und von ihrem Gegenteil abgestoßen fühlen. Egal, wie verführerisch Gemeinheit und Gewalt vermarktet würden, sie wären nicht von Dauer. Wir werden vor die Wahl gestellt werden; wenn wir uns dem Werk unseres Schöpfers anschließen wollen, dann dürfen wir nur und ausschließlich mit den Lichtwesen zusammenarbeiten. Dann gibt es keine Kompromisse und keine weitere Zusammenarbeit mit der »anderen Seite«.

Nach himmlischer Regel kann jeder, so lange er will, mit der »anderen Seite« zusammenarbeiten, aber sein Leid wird immer mehr anwachsen, je länger er in Dunkelheit verharrt. Jetzt, da wir uns der Jahrtausendwende nähern, wird uns Gnade zuteil. Wir erhalten Mahnungen, die bisher unserem Bewußtsein entgingen. Viele Menschen erleben deutlich ihre Rettung, oder es geschehen andere

Dinge, die beweisen, daß dieses Leben nicht Anfang oder Ende ist. Und diese Ereignisse häufen sich weltweit.

Selbst die Gestalt der Jungfrau Maria offenbart sich. In zahlreichen Visionen werden wir daran erinnert, daß es etwas Höheres gibt, daß wir unsere kindischen Spiele beenden und zu geistig verantwortungsvollen Bürgern unseres Universums werden sollen. Unser Universum beginnt bei uns zu Hause, bei unserer Familie und unseren Freunden und zieht danach immer größere Kreise. Wir können uns nicht als erstes der Umweltverschmutzung zuwenden, wenn wir uns nicht darüber bewußt sind, wie wir mit unseren eigenen Gedanken unsere Umwelt verseuchen.

Giftige Autoabgase stellen keine eigentliche Bedrohung dar, obwohl sie sich natürlich auf die Umwelt auswirken. Die größte Bedrohung kommt vielmehr aus einer anderen Richtung, aus der Kraft unserer negativen Gedanken. Sie verseuchen alles. Dank Michaels Einfluß, aber auch indem wir anderen dienen, können wir uns ihrem Einfluß entziehen. Ich meine damit aber nicht, daß wir den Armen am Erntedankfest zu essen geben, sondern will damit sagen, daß wir uns den Auswirkungen unserer Lebensweise auf die Menschheit bewußt werden müssen. Unsere Taten wirken sich nicht nur direkt auf die Menschen in unserer Umgebung aus, sondern auf alle Menschen dieser Welt, auf unsere Umwelt und auf das spirituelle Gefüge der Erde als Ganzes. Tragen wir dazu bei, dem spirituellen Gefüge dieser Erde einen edleren Glanz zu verleihen, oder tragen wir dazu bei, daß die Finsternis sich ausbreitet? Es liegt an uns, wir haben keinen Spielraum mehr. Deshalb interessieren wir uns seit etwa dreißig Jahren vermehrt für Engel.

F: Kann man mit seinem Schutzengel in Verbindung treten?

KMK: Tatsächlich haben wir in den USA eine gebührenfreie Telefonnummer, 1-800-28-Angel, über die man jederzeit alles Wissenswerte über Engel erfragen kann. Daher weiß ich auch, daß sich unglaublich viele Menschen in Amerika mit Engeln beschäftigen. Die Frage, wie man seinem Engel begegnet, läßt sich sehr einfach beantworten. Man muß nicht eine Verbindung zu seinem Engel suchen, die Verbindung besteht bereits, und zwar in jedem Augenblick unseres Lebens. Wir werden immer von unserem Engel begleitet, aber vielleicht sind wir uns dessen nicht immer bewußt. Deshalb empfehle ich bestimmte Übungen, die uns helfen, an unseren Schutzengel zu denken.

Wir sollten dankbar sein für alle Schwierigkeiten, aber auch für die Dinge, die gelingen, für das Gute und die Gnade im Leben, wie ein Kind, das sich für ein Geschenk bedankt. Unter Dankbarkeit verstehe ich auch, den Verlust eines Körperteils anzunehmen, da wir dadurch vielleicht lernen, uns auf andere Art zu bewegen. Wir sollten für den Kampf im Berufsleben danken, da er uns vielleicht lehrt, auf andere Art zu arbeiten, sowie für Schwierigkeiten und Krankheiten, dank derer innere Qualitäten zu Tage treten, die sonst im Verborgenen schlummern. Dankbarkeit für die schwierigen Dinge im Leben. Sobald wir diese Einstellung gewonnen haben, geschieht etwas Erstaunliches. Unser Schutzengel, mit so viel Liebe überschüttet, wird von Mitgefühl ergriffen und kann sich nicht länger zurückhalten. Wenn wir uns für alle Mühen dankbar erweisen, die wir mit unserem Schutzengel durchlebten, dann rührt das den Himmel.

Eine weitere wichtige Qualität ist Mitgefühl. Ich definiere Mitgefühl nicht auf die übliche Weise. Für mich ist es buchstäblich die Bereitschaft, mit- oder füreinander zu fühlen. Mitgefühl bedeutet, am Leben eines Freundes oder einer anderen Person teilzunehmen und sich in deren Gefühlswelt zu versetzen. Welchen Zauber umgibt die andere Seele? Sobald wir uns diese Frage stellen, begegnet unser Schutzengel dem der anderen Person, und schon bald spüren wir ihr gemeinsames Wirken.

Außerdem können wir an unserem Glauben arbeiten. Vor uns liegt eine Zeit, in der wir den Glauben in einer neuen Bedeutung erleben werden. Der Glaube, den ich meine, vertraut auf eine göttliche Gegenwart, auf einen führenden Einfluß, selbst wenn uns die Umstände unbekannt sind. Sogar aus den schlimmsten Situationen gibt es einen Ausweg.

Als letzte wichtige Eigenschaft möchte ich besonders in der heutigen Zeit die Bereitschaft zum Dienst am Nächsten nennen. Viele Menschen wissen nicht, was dienen bedeutet. Denn wirklich dienen kann nur, wer keine Scheu vor dem ungeheuer heiklen Wort »Opfer« hat. Niemand möchte freiwillig auf etwas verzichten, deshalb rennen alle vor diesem Wort davon. Aber ich habe eine andere Bedeutung für dieses englische Wort »sacrifice« [opfern, Anm. des Übers.] –, nämlich sein »sacred face«, sein »heiliges Gesicht« zu zeigen, das Abbild unserer inneren Heiligkeit. Wie kann man dienen, ohne das zu tun? Opfer bringen und das Heilige in uns sind eng miteinander verbunden. Im Dienst an anderen kommen die besten inneren Eigenschaften zum Vorschein. Erfüllt man diesen Dienst, arbeitet man automatisch hin auf die drei Schwestertugenden Wahrheit, Schönheit und Güte. Lebt man in der Wahrheit, zeigt sich Güte; lebt man in der Schönheit, folgen Wahrheit und Güte; lebt man in Güte, zeigen sich Wahrheit und Schönheit. Diese Eigenschaften sind unzertrennlich.

F: Haben wir den höheren Sinn des Lebens aus dem Blick verloren?

KMK: Rudolf Steiner sagte einmal einen großartigen Satz, der mich sehr beeindruckte: »Wir alle sind Gedanken Gottes.« Gott dachte jeden einzelnen von uns in die Schöpfung hinein. Der Sinn unseres Lebens besteht darin, diesen ursprünglichen Gedanken wieder aufzugreifen, sich an ihn zu erinnern. Wir spüren einen Hauch dieses Gedankens, wenn wir Gnade empfangen und wenn wir im Traum oder in einer Vision eine himmlische Begegnung haben. Aber die Menschheit als Ganzes hat den Sinn ihres Daseins vergessen, und deshalb greift der Himmel gegenwärtig ins irdische Leben ein. Die Engel haben der Menschheit die Botschaft überbracht, daß sie sich an die größeren Zusammenhänge erinnern sollte.

F: Was wird geschehen, wenn wir uns wieder an den Sinn unseres Daseins erinnern?

KMK: Sobald wir uns erinnern, wer wir sind und wer uns erschaffen hat, müssen wir nach bestem Gewissen handeln. Wir alle werden zu Licht werden und die himmlische Kraft ausstrahlen. Und das Licht, das wir ausstrahlen, wird reine Liebe sein. Nicht Liebe von der Art »ich liebe dich, ich will dich haben«, sondern Liebe, deren einziges Ziel es ist zu heilen.

Es ist eine rein erfüllende Liebe, wie wir sie im Augenblick nicht erleben. Diese Liebe erweitert unser Sein und ist auch heute gegenwärtig, aber da uns der freie Wille gegeben wurde, können wir sie nur erhalten, wenn wir uns bewußt für sie entscheiden.

Sie ist da, wenn wir nach ihr verlangen. Vor uns liegt eine neue Zeit. Es wird Menschen geben, die verstehen, daß weder die überschwengliche Liebe erstrebenswert ist, noch die Liebe, die auf ein bestimmtes Ergebnis abzielt. Die Liebe, von der ich rede, ist respektvoll und selbstlos.

Vielleicht erwidert jetzt der eine oder andere: »Das ist ja schön und gut, aber wie kann man lieben, wenn sich Menschen irgendwo in unserem Land oder auf der Welt gegenseitig umbringen? Wie kann Liebe so etwas überwinden?« Man muß einfach verstehen, daß Engel auf Licht reagieren. Je mehr Licht und Liebe wir also ausstrahlen, desto mehr werden sie uns helfen oder helfend eingreifen. Wenn wir bereit sind, jeden Tag unseres Lebens tatsächlich mehr von uns zu geben, werden auch unsere Probleme eher gelöst werden.

F: Wie helfen uns Engel, die von Ihnen beschriebene spirituelle Liebe zu finden?

KMK: Man kann nicht mit Engeln arbeiten, ohne tief im Inneren die Liebe zu spüren, aus der diese himmlischen Wesen bestehen. Ich erzähle gern, daß einer der schönsten Augenblicke bei der Arbeit mit Engeln die morgendliche

Begegnung mit dem eigenen Schutzengel ist. Er kommt und – das versichere ich Ihnen – streift einem beim Aufstehen fühlbar mit seinem Flügel über die Wange. Natürlich nicht im wörtlichen Sinn, aber so, daß jeder, der davon berührt wird, die himmlische Liebe ganz persönlich zu spüren bekommt.

Die meisten Menschen haben schreckliche Angst vor den vielen Auseinandersetzungen in ihrem Leben. Doch es gibt einen Gott, der uns liebt. Wir wollen es immer leicht haben, aber Liebe bedeutet nicht, daß es einfach wird... Liebe zeigt uns nur den Weg in höhere Dimensionen, dort, wo wir stärker mit Gott in Einklang sein können.

F: Glauben Sie, daß wir uns angesichts der derzeitigen Weltlage der Apokalypse nähern, wie sie in der Offenbarung beschrieben wird?

KMK: Ich bin eher der Ansicht, daß wir uns, jede und jeder für sich, dem Ende einer überholten irdischen Lebensweise nähern und daß wir uns mit den nötigen Werkzeugen für die Welt, die noch vor uns liegt, rüsten sollten.

Das Leid ist so alt wie das Leben, aber wir sind ihm im Moment stärker ausgesetzt. Dennoch können wir uns bewußt für oder gegen ein Leben mit dem Himmel entscheiden. Die Welt kann kalt und gefühllos sein oder ein von Liebe, Sanftheit und Wärme erfüllter Ort – es liegt allein an uns. Wir müssen in allen Bereichen unseres Lebens diese Wahl treffen.

F: Welche Wünsche haben die Engel an uns?

KMK: Engel wünschen sich nur, Gottes Willen zu erfüllen und stellen deshalb keine Ansprüche an uns. Dennoch hoffen die himmlischen Wesen, daß wir alle auf jede nur erdenkliche Weise eines tun: Gott über alles lieben. Und soweit es uns in unserem kleinen, begrenzten Umfang möglich ist, haben wir dann aus dieser Welt einen etwas wärmeren, etwas freundlicheren Ort gemacht, als er es sonst wäre. Sollten die himmlischen Chöre da kein neues Freudenlied anstimmen?

James J. LeBar

James J. LeBar ist katholischer Kaplan am Hudson River Psychiatric Center in Poughkeepsie im US-Bundesstaat New York. Er ist Beauftragter der Erzdiözese New York in Kultfragen und Mitbegründer der Interfaith Coalition of Concern About Cults (Interkonfessionelle Vereinigung für Kultfragen). Pfarrer LeBar ist außerdem Mitverfasser des Buches ›Cults, Sects, and the New Age‹.

Frage: Können Sie uns den Ursprung des Wortes »Exorzist« erläutern?

James J. LeBar: »Exorzist« und »Exorzismus« leiten sich beide aus demselben griechischen Wort ab, das soviel bedeutet wie »beschwören«. Sie beschreiben den Vorgang, mit dem der Teufel im Namen Jesu Christi beschworen und aufgefordert wird, den Körper eines Menschen zu verlassen und in die Hölle zurückzukehren.

F: Soweit mir bekannt ist, wurde Jesus Christus einmal als der erste Exorzist bezeichnet. Was halten Sie von dieser Behauptung?

JJL: In gewisser Weise ist sie zutreffend. Im Neuen Testament gibt es nachweislich verschiedene Textstellen, die bezeugen, daß Jesus vom Teufel besessene Menschen von ihrer Besessenheit befreite. Die Behauptung ist aber insofern ungenau, als Rabbiner bereits vor Christi Geburt Teufelsaustreibungen vorgenommen hatten.

F: Exorzismus gibt es also auch im Judentum?

JJL: Exorzismus gab es schon immer. Im Alten Testament finden wir zahlreiche Hinweise auf Menschen, denen der Teufel begegnet war, sowie Berichte von Rabbinern, die Teufelsaustreibungen vornahmen. Besessenheit und Exorzismus gehören also zur jüdischen Tradition, doch an

Bedeutung gewannen sie erst zu Lebzeiten Jesu Christi, als er selbst erfolgreich und vor aller Augen Teufelsaustreibungen durchführte.

F: Wie wurde dann aus diesem Austreibungsritus ein formeller Akt innerhalb der Kirche?

JJL: Nach Jesu Tod übten zunächst die Apostel Teufelsaustreibungen aus, danach deren Nachfolger, die Bischöfe und Priester der darauffolgenden Jahrhunderte. In dieser Zeit zeigte sich die allgemeine Tendenz zum Formalismus und zur Erweiterung bestehender Rituale, die ihren Niederschlag auch in der Kirche fanden. Eine Vielzahl liturgischer Handlungen und Zeremonien wurde formalisiert und erweitert. Im dreizehnten und vierzehnten Jahrhundert entwickelten sich spezielle Gebetszeremonien für den Exorzismus, die aber erst 1583 und 1584 eine feste Form annahmen; 1614 wurden sie von der Kirche zusammengefaßt und auf die Formel gebracht, die noch heute gültig ist.

F: Können Sie uns erklären, wie diese Formel aufgebaut ist und wie sie angewendet wird?

JJL: Der Exorzismus darf nur von Priestern ausgeübt werden und ist nur rechtmäßig, wenn er mit ausdrücklicher Genehmigung des Bischofs der Diözese, der die besessene Person angehört, erfolgt. Im wesentlichen beginnt das Ritual des Exorzismus mit der Verherrlichung Gottes in Form des Gebets, danach befiehlt der Priester dem Teufel, den Körper des Menschen zu verlassen. Das ist eigentlich schon alles. Oft ist das Ganze eine Angelegenheit von nur wenigen Stunden, doch es kann sich auch über Jahre hinziehen, da der Teufel bisweilen sehr hartnäckig ist. Im Grunde ist der Exorzismus ein im Namen Jesu an den Teufel gerichteter Befehl, Menschen oder bestimmte Gegenstände in Ruhe zu lassen.

F: Können Sie den Ablauf eines solchen Rituals im einzelnen beschreiben?

JJL: Am besten eignet sich dafür eine Kirche oder Kapelle. Zulässig ist aber auch jeder andere Ort, der für die besessene Person mit besonderen Schwierigkeiten verbunden war oder ist. Meistens ziehen wir jedoch die Kirche vor, denn sie ist eine heilige Stätte. Außerdem befindet sich dort das Allerheiligste, Christi Leib und Blut. Da sich ein vom Teufel besessener Mensch kaum in die Nähe des Allerheiligsten begeben wird, findet das Ritual normalerweise in einem benachbarten Raum statt.

Der feierliche Exorzismus darf nur mit bischöflicher Erlaubnis und von einem Priester vollzogen werden, der gegebenenfalls von einem Gehilfen und sieben bis acht weiteren Personen unterstützt wird. Diese beten, halten die besessene Person fest oder achten einfach nur darauf, daß die Konzentration des Exorzisten nicht nachläßt. Der Exorzismus wird in der Regel mit der Feier der Heiligen Messe eingeleitet. Nach dem Gottesdienst beginnt der eigentliche Ritus des Exorzismus, zunächst mit Lobpreisungen Gottes. Dann versucht man die Art und den Namen des Teufels festzustellen. Anschließend befiehlt der Priester ihm im Namen Jesu Christi, den Körper unverzüglich zu verlassen. Da der Teufel jedoch sehr hartnäckig und stolz ist, widersetzt er sich der Austreibung zunächst. Doch letztendlich muß er weichen. Diese Sturheit und dieser Stolz behalten oft lange Zeit die Oberhand und bewirken, daß sich die besessene Person dem Exorzismus widersetzt. In diesem Fall brauchen wir Helfer, die durch Festhalten verhindern, daß die besessene Person zur Decke schwebt. Das Ritual an sich ist sehr kurz, kann sich aber durch zusätzliche Gebete und Befehle oder durch Besprengen mit Weihwasser über längere Zeit hinziehen. Die meisten Menschen reagieren unauffällig, wenn sie mit Weihwasser besprengt werden. Bei einem Exorzismus, den ich einmal vollzog, schrie die Person jedesmal, wenn das Weihwasser sie berührte: »Sie verbrennen mich mit Öl, hören Sie auf!« Am Wasser kann es nicht gelegen haben, denn das war ja kalt; aber es war von der Kirche für diese spezielle Zeremonie geweiht worden und besaß damit geistige Kräfte.

F: Können Sie mir die biblische Version des Falls Luzifers aus dem Himmel erläutern? Warum wurde gerade er vertrieben und wie kam es dazu?

JJL: Es entzieht sich unserer genauen Kenntnis, was sich im Himmel zutrug, bevor der Mensch erschaffen wurde, und wir können auch nicht sagen, was heute dort geschieht. Doch im zwölften Kapitel der Offenbarung beschreibt Johannes einen Aufstand, der im Himmel stattfand; ein Drittel der Engel wurde schließlich aus dem Himmel vertrieben, weil sie Gott ihre Gefolgschaft verweigert hatten. Diese abtrünnigen Engel wurden unter der Anführerschaft Satans oder Luzifers das, was wir heute als Teufel bezeichnen.

F: Ist bekannt, wie es zu dieser Rebellion kam?

JJL: Gehen wir zurück zum ersten Buch der Bibel, zur Geschichte des Sündenfalls, als Adam und Eva vom Teufel in der Gestalt der Schlange verführt wurden. Hier finden wir Stolz und Ungehorsam als die zwei wichtigsten Ursachen für ihre Vertreibung. Wie die meisten Theologen betrachte auch ich Stolz und Ungehorsam als mögliche Ursachen für den Fall der abtrünnigen Engel. So hält der heilige Thomas von Aquin es in seinem großen Werk ›Summa Theologica‹ für wahrscheinlich, daß die Engel auf die Probe gestellt werden sollten. Gott zeigte ihnen eine Vision Gottes in Menschengestalt, eine Vision Seiner Fleischwerdung in Form des Christuskindes und verlangte von ihnen, vor dem Kind auf die Knie zu fallen und es anzubeten. Die meisten Engel, die Gott liebten, waren gehorsam und folgten seinem Willen. Einige der Engel aber sagten: »Wir werden das nicht tun. Du bist zu mächtig. Wir beten dieses Kind nicht an.« Gott sagte: »Tut es trotzdem«, doch sie verweigerten ihm den Gehorsam. Sie waren zu stolz und glaubten, mehr zu wissen als Gott selbst, und genau wegen dieses Ungehorsams gegen Gott wurden sie von ihm verstoßen. So lautet die Version des Thomas von Aquin, des großen Theologen des Mittelalters.

F: Die meisten von uns stellen sich den Teufel in einer

einzigen Gestalt vor. Gott ist eine Macht, der Teufel eine andere. Gibt es denn nur einen Teufel oder müssen wir von mehreren ausgehen?

JJL: Im schon erwähnten zwölften Kapitel der Offenbarung des Johannes erfahren wir nicht nur, wie ein Drittel der Engel in Ungnade fiel, sondern auch, daß diese Engel Luzifer oder Satan auf ihrem Weg gefolgt sind. Es gibt also mit Sicherheit viele, viele Teufel, deren Anführer Luzifer beziehungsweise Satan ist.

F: In der heutigen Zeit betrachten viele Menschen das Böse als eine Abstraktion ihrer negativen Erlebnisse. Was halten Sie von dieser Auffassung?

JJL: Nun, die Frage nach der Natur des Bösen stellt sich immer wieder. Philosophen definieren das Böse als die Verneinung des Guten, und in diesem Sinn gibt es das Böse eigentlich nicht; böse ist das, was nicht gut ist. Nun neigen wir Menschen aber dazu, abstrakte Dinge zu personifizieren, weil wir dann in unserer Vorstellung besser damit umgehen können. So hat das Böse in unserer heutigen Zeit eine eigene Wirklichkeit bekommen. Doch real sind eigentlich nur die Auswirkungen des Bösen, während das Böse an sich nicht existiert.

F: Hier drängt sich ein interessanter Gedanke auf: Früher betrachteten die Menschen das Böse als eine Kraft, die in unserer Welt schlechte Taten hervorbringt. Heute betrachten die Menschen das Böse als eine Voraussetzung für das Erkennen dessen, was gut ist. Es stärkt unser geistiges Auge, indem es uns auf die Probe stellt. Teilt die Kirche diese Auffassung?

JJL: Nach der christlichen Theologie gibt es in Gottes Plan einen stetigen Kampf zwischen den Mächten des Guten und den Mächten des Bösen. Wenn gläubige Menschen also mit Schwierigkeiten, Mühsal oder dem Bösen konfrontiert werden, haben sie die Möglichkeit, sie zu überwinden. Sie werden bessere Menschen, wenn sie sich gegen die bösen Mächte verwahren.

F: Eine andere Theorie besagt, daß das Böse außerhalb

des Menschen existiert, außerhalb seiner Einflußnahme ist. Hat das Böse einen eigenen Plan? Steht die Kirche hinter einer solchen Theorie?

JJL: Hier muß ich eines klarstellen: Das Böse ist das Wirken des Teufels als realer Person. Der Teufel existiert wirklich, und zwar außerhalb des einzelnen Menschen. Er ist für das böse Geschehen verantwortlich.

F: Die Mehrheit von uns glaubt nicht an die Personifizierung des Teufels. Vielmehr halten wir ihn für einen abstrakten Begriff, ein Wesen, das nur in der Vorstellung existiert.

JJL: Das stimmt, und das macht unsere heutige Welt unter anderem auch so schwierig. Manche Menschen betrachten das Böse – sagen wir in Form einer Naturkatastrophe – als gleichwertige Kraft. Nach der christlichen Lehre gibt es aber von Gott geschaffene Engel, von denen einige in Ungnade fielen. Diese gefallenen Engel sind böser Natur, und sie sind real. Die einstigen Diener Gottes machten eine Kehrtwendung um hundertachtzig Grad und wurden zu seinen schärfsten Feinden. Ich halte es für falsch, Gott und den Teufel auf die gleiche Ebene zu stellen. Gott steht über allem, und die treuen und die untreuen Engel stehen eine Stufe darunter.

F: Hält die Kirche gewisse Dinge, die auf unserer Welt geschehen, für das Werk jener gefallenen Engel?

JJL: Es wäre eine zu grobe Vereinfachung zu sagen, Gott oder der Teufel sei für ein Geschehen verantwortlich. Gott hat die Welt erschaffen und leitet sie nach seinem Plan. Naturkatastrophen wie Erdbeben, Sturmfluten oder Schneestürme sind natürliche Erscheinungen, doch das ist nicht der entscheidende Punkt. Problematisch ist für uns vielmehr die Tatsache, daß einzelne oder Gruppen von Menschen aus unerklärlichen Gründen von solchen Katastrophen heimgesucht werden; *dies* ist das Werk des Teufels, nicht die Naturkatastrophen selbst.

F: Mir fällt da ein Beispiel ein, wo eine Gemeinde beim Gebet in ihrer Kirche von einem Wirbelsturm überrascht und buchstäblich niedergewalzt wurde. Diese Menschen standen sozusagen in Zwiesprache mit Gott, und doch wurden sie durch eine Naturgewalt ausgelöscht. Wie läßt sich das mit dem, was Sie eben sagten, in Einklang bringen?

JJL: Dafür gibt es keine genaue Erklärung. Als mögliche Antwort könnte man anführen, daß Gott die Zeit für gekommen hielt, diese Menschen zu sich zu rufen; und könnte es einen geeigneteren Augenblick geben als den Gottesdienst? Ich halte diese Erklärung aber für etwas zu simpel. Wollte Gott mit dem Wirbelsturm die Menschen vielleicht bestrafen? Nein, denn das hieße, daß Gott Rache üben wollte, und das paßt nicht in unser Gottesbild. Es bleibt uns nichts anderes übrig als zu sagen: Wir wissen nicht, warum es geschah. Es bleibt eben eines der vielen ungelösten Rätsel. Warum es zu jener Zeit und an jenem Ort geschah, entzieht sich unserer Kenntnis.

F: Geht man davon aus, daß der Mensch einen freien Willen besitzt, was geschieht dann mit demjenigen, der sich bewußt für das Böse entscheidet?

JJL: Wenn jemand bewußt das Böse wählt, entscheidet er sich damit eindeutig gegen Gott. Hält ein Mensch an dieser Entscheidung bis zu seinem Tod fest, fällt er nach christlicher Lehre der Verdammnis anheim.

F: Glauben Sie an die Hölle?

JJL: Unbedingt! Ja! Denn sie ist Teil der Gerechtigkeit Gottes. Ist ein Mensch gut, kommt er in den Himmel; zieht er bewußt den Weg des Bösen vor, kann Gott ihn in seiner Gerechtigkeit nicht in den Himmel aufnehmen. Die Hölle ist der Ort der Verdammnis und der Qualen für all jene, die den Weg Gottes verlassen haben und dem Weg des Bösen gefolgt sind.

F: Gibt es in der Hölle Teufel und Dämonen?

JJL: Die Hölle ist der Ort, wohin die in Ungnade gefallenen Engel geschickt worden sind und wo nach ihrem Tod auch all jene Menschen sein werden, die sich in ihrem Leben bewußt gegen das Gute entschieden haben.

F: Warum entscheiden sich dann rational denkende

Menschen, denen diese letzte Konsequenz doch klar sein muß, trotzdem für den Satan?

JJL: So wie ich diese Menschen aufgrund meiner Erfahrung kenne, haben sie von Gott nicht alles bekommen, was sie verlangten. Dann tritt der Satan in irgendeiner Form in Erscheinung – sei es in gedanklicher, sprachlicher oder in realer Gestalt – und macht ihnen große Versprechungen. Diese Menschen glauben, daß der Teufel über mehr Macht verfügt als Gott und entscheiden sich dafür, ihm zu folgen.

F: Womit erklären Sie sich die zunehmende Verbreitung des satanischen Kults in unserer heutigen Zeit?

JJL: Ich bin mir nicht sicher, ob heute mehr Menschen als etwa vor zwanzig Jahren okkulte Praktiken ausüben. Vielmehr glaube ich, daß die Menschen heute allmählich begreifen, was sich seit den frühen fünfziger und besonders in den sechziger Jahren in diesem Bereich abgespielt hat. Damals gab es eine erschreckend hohe Anzahl von Menschen, die die Teufelsanbetung mit großem Ernst betrieben, jedoch im Verborgenen und ohne daß die breite Öffentlichkeit davon erfuhr. Immer mehr Opfer jener Praktiken aus den fünfziger Jahren und danach erinnern sich heute, vierzig Jahre später, an all die schrecklichen Dinge, die ihnen damals widerfuhren.

Doch heute manifestiert sich der Satanskult in anderer Form. Heute suchen Menschen die Begegnung mit dem Satan, sie beschwören ihn durch spiritistische Sitzungen, Tarock-Karten oder satanische Rituale. Sie sind auf neue Erfahrungen aus, und das ist etwas anderes als die Anbetung des Satans.

F: In alten Überlieferungen und Darstellungen wird Luzifer als gefallener Engel von unvergleichlicher Schönheit und Würde dargestellt. Neuere Darstellungen dagegen zeigen ihn als eine vollkommen bestialische Kreatur. Hat sich in unserer Kultur das Bild des Satans gewandelt?

JJL: Der Teufel, der ja ein gefallener Engel ist, hat keine wirkliche Gestalt und kann jede beliebige Form annehmen. Manchmal verstellt er sich, weil er jemanden verführen will. Zum Zwecke der Verführung nimmt er einmal die Gestalt eines schönen jungen Mannes an, ein andermal die einer hübschen jungen Frau. Später dann, wenn er den Menschen auf seiner Seite hat, offenbart er sein wahres, sein verderbliches Wesen.

Viele dieser Gedanken spiegeln sich auch in der Kunst wider. Im Urchristentum gab es keine Engelsdarstellungen, erst später wurden sie als Wesen von großer Schönheit wiedergegeben.

Meistens waren sie jung und hatten Flügel, die sie als etwas Besonderes auszeichneten. Auch der Teufel wurde mit typischen Merkmalen ausgestattet, mit Hörnern, Schwanz und Dreizack, oder er war – in Anlehnung an die Bibel – eine schreckliche Bestie. Ich habe schon mit Menschen gesprochen, die den Teufel in einer dieser Aufmachungen gesehen haben.

F: Glauben Sie, daß der Teufel seine Gestalt selbst wählt oder daß er die Form annimmt, die der Mensch erwartet?

JJL: Sie verlangen von mir Unmögliches, nämlich daß ich die Gedanken des Teufels lesen kann. Doch von Exorzisten und anderen Betroffenen weiß ich, daß der Teufel jede Gestalt annehmen kann, die er gerade für angebracht hält. Stellt sich jemand den Teufel beispielsweise als furchterregende Kreatur vor, wird er einer solchen begegnen. Möchte der Teufel jemanden verführen, der sich von dieser furchterregenden Gestalt nicht beeindrucken läßt, dann sieht dieser Mensch eine angenehme Erscheinung. Hier spielt auch noch etwas anderes eine Rolle, das bei einem Exorzismus-Ritual zutage tritt. Ich kann bezeugen, da ich es bei verschiedenen Teufelsaustreibungen selbst miterlebt habe, daß der Teufel jede beliebige Sprache spricht und sich so in jeder Situation dem Exorzisten oder der besessenen Person verständlich machen kann. So wurde der Teufel einmal von einem italienischen Priester beschworen. Als ein Franzose hinzutrat, wechselte die Sprache plötzlich vom Italienischen ins Französische, doch ich wurde in Englisch angesprochen. Der Teufel beherrscht also verschiedene Methoden, um sich zu zeigen oder die Menschen zu warnen. Dies ist nur ein Beispiel für das Wirken des Teufels, und es zeigt, daß wir es hier mit einem äußerst intelligenten Wesen, einem gefallenen Engel, zu tun haben.

F: Welche Voraussetzungen müssen erfüllt sein, welche Anzeichen vorliegen, damit ein Exorzismus vorgenommen werden kann?

JJL: Bei unserer seelsorgerischen Arbeit stützen wir uns heute auf die neuesten Erkenntnisse der Medizin und Psychologie. Bevor wir also einen Exorzismus durchführen, fordern wir ein medizinisches Gutachten an, um auszuschließen, daß es sich um Halluzinationen handelt, die von einem körperlichen Gebrechen herrühren. Ferner soll ein psychologisches Gutachten uns helfen einzuschätzen, ob ein Fall von Schizophrenie vorliegt – etwa wenn jemand fremde Stimmen hört.

Gibt keines der Gutachten einen Hinweis auf das Vorliegen einer krankhaften Störung, dann wenden wir uns dem geistigen Bereich zu. Besessene berichten normalerweise, daß der Teufel sie belästige oder daß ihnen Schreckliches widerfahren sei, Geisteskranke dagegen hören zwar auch Stimmen, doch diese sprechen zu ihnen auch über viele andere Dinge.

Ob das Ritual des Exorzismus bei einem Menschen in Frage kommt, hängt ab von der sogenannten Provokation oder Herausforderung. Hierbei prüft ein Priester, ob ein Teufel anwesend ist. Dies kann durch einen einfachen Wortwechsel geschehen. So sagte ich bei einer dieser Gelegenheiten zum anwesenden Priester: »Und was tun wir jetzt?«, worauf plötzlich eine tiefe Stimme barsch antwortete: »Ihr wißt genau, was zu tun ist. Nun fangt schon an!« Ich muß zugeben, wir waren ganz schön verblüfft. Als ich diese Stimme weiter befragte, stellte ich fest, daß sie über Dinge Bescheid wußte, die nur mir bekannt waren. Dieses sogenannte hellseherische Wissen ist ein weiteres Indiz.

Manchmal zeigen wir vermeintlich Besessenen das heilige Kreuz. Weichen sie davor erschreckt zurück, ist dies ein weiterer Hinweis – nicht der einzige, aber einer von mehreren. Es gibt auch Fälle, in denen der Priester der betreffenden Person ein Glas Weihwasser und eines mit Leitungswasser anbietet, ohne daß er selbst oder die Person weiß, welches Wasser in welchem Glas ist. Das Leitungswasser wird im allgemeinen ohne Probleme getrunken, doch wenn der Mensch vom Teufel besessen ist, verursacht das Weihwasser ein Würgegefühl, so daß der Besessene nach Luft ringt und Mund- und Mageninhalt sofort wieder entleert. Am deutlichsten ist die Wirkung wohl bei einer Reliquie des Heiligen Kreuzes oder bei der Heiligen Kommunion. Dabei berührt der Priester den Nacken eines Besessenen mit einem geschlossenen Behälter, in dem sich entweder die Reliquie des Kreuzes oder eine Hostie oder aber keines von beiden befindet, und dessen Inhalt nur der Gehilfe kennt. Befindet sich in dem Behälter ein heiliger Gegenstand und ist die Person vom Teufel besessen, tritt oft eine so heftige Abwehrreaktion ein, daß der Besessene von Gehilfen festgehalten werden muß. Oft empfindet der Besessene die Berührung wie eine Verbrennung oder einen anderen starken Schmerz. Erfolgt die Berührung dagegen mit einem leeren Behälter, geschieht nichts dergleichen.

F: Noch eine Frage zur Levitation: Gibt es Augenzeugen einer Levitation?

JJL: Die Levitation – das unerklärliche freie Schweben eines Körpers im Raum – ist eines der Indizien für die Teufelsbesessenheit. Ich selbst habe noch keine miterlebt, doch von einem Bischof weiß ich, daß er auf dem Weg zum Krankenzimmer eines befreundeten Priesters im Krankenhaus an einem Zimmer vorbeikam, aus dem eine laute Stimme zu ihm drang. Als er einen Blick in das Zimmer warf, sah er eine Frau an der Decke schweben. Er sagte zu seinem Sekretär: »Kommen Sie, wir gehen wieder«, worüber jener sehr erleichtert war. Doch später kam der Bischof noch einmal zurück und hörte die Stimme zum wiederholten Mal. Und wieder sah er die Frau an der Decke schweben. Diesmal betrat er das Zimmer, und da er ein Bischof war und einen Exorzismus jederzeit und an jedem Ort ausüben konnte, befahl er dem Teufel nach kurzer Beurteilung der Lage mit knappen Worten, den Körper der Frau zu verlassen. Kurz darauf stand die Frau wieder auf dem Boden.

F: Wurde sie geheilt?

JJL: Ja, sie wurde geheilt. Und sie wunderte sich, warum sie dort war und weshalb sich in ihrem Krankenzimmer ein Bischof, ein Priester und eine Reihe anderer Menschen befanden. Als sie von dem Geschehenen erfuhr, war sie äußerst bestürzt.

Auch ungewöhnliche Körperkraft ist ein Hinweis auf Besessenheit. Ich habe selbst erlebt, wie ein Besessener hinter sich griff, mit einer Hand ein großes Bild von der Wand abnahm und es gegen mich schleudern wollte. Das Bild wog gute zwanzig Kilo, konnte also eigentlich nicht einfach mit einer Hand abgenommen werden.

F: Wie viele Menschen ersuchen Sie jährlich um eine Beurteilung oder Untersuchung?

JJL: Zwischen 1960 und 1989 gab es keinen einzigen offiziell registrierten Fall. 1989 waren es dann zwei, und seit 1990 stehen etwa zweihundertfünfzig Menschen auf der Warteliste, von denen wahrscheinlich weniger als zehn Prozent tatsächlich für den Exorzismus in Frage kommen.

F: Also fünfundzwanzig. Das ist nicht gerade eine geringe Zahl, oder?

JJL: Meiner Meinung nach ist die Zahl fünfundzwanzig nur dann signifikant, wenn man sie den Zahlen der beiden genannten Zeiträume gegenüberstellt. Doch wie Ihnen bekannt sein dürfte, geht jede Kultur anders mit dieser Problematik um. Vom Obersten Exorzisten in Rom, Pfarrer Gabrielle Amorth, weiß ich zum Beispiel zuverlässig, daß er pro Jahr ungefähr zweitausend Exorzismen vornimmt. Er geht also offensichtlich ganz anders mit diesen Dingen um als wir hier in Amerika. Eine derart hohe Zahl von Teufelsaustreibungen heißt aber noch lange nicht, daß die dortige Gesellschaft schlecht ist. Pfarrer Amorth verzichtet auf die psychologischen und medizinischen Gutachten, die wir anfordern. Wenn jemand zu ihm kommt und einen Exorzismus haben will, bekommt er ihn eben.

Doch wer soll hier in den Vereinigten Staaten oder anderswo all diese Exorzismen ausüben? Lange Zeit forderte die Kirche von jeder Diözese die Ernennung eines zuständigen Exorzisten, an den sich hilfesuchende Menschen sowie der jeweilige Bischof wenden konnten. Da zwischen 1960 und 1990 die Nachfrage so gering war, haben sich die ehemaligen Exorzisten inzwischen anderen Aufgaben zugewandt, sind bereits in Pension oder sogar verstorben. Und da es keine Nachfolger gibt, herrscht heute ein Mangel an Exorzisten, doch nur vorübergehend. In vielen Ländern werden Priester wieder für diese wichtige Aufgabe ausgebildet. Ich bezweifle nicht, daß in den Vereinigten Staaten bald wieder viele Diözesen einen eigenen Exorzisten haben werden, größere Erzdiözesen wie New York und Boston vielleicht sogar mehrere.

Guy V. Martin

Guy V. Martin schloß sein Studium an der Colgate University und an der theologischen Fakultät der University of Chicago mit dem Magister der philosophischen und dem Diplom der theologischen Fakultät ab. Heute ist er Leiter von Financial Aid und Mitglied der theologischen Fakultät der Harvard University. Außerdem ist er ordinierter Priester der Vereinigten Methodistischen Kirche. Seine Forschungen und Veröffentlichungen beschäftigen sich mit Fragen der Religion und Literatur. Das Thema seiner letzten Arbeit ist die Religiosität in den Briefen des Dichters T.S. Eliot.

Frage: Sie halten an der Harvard University derzeit ein Seminar zum Thema Engel, Geister und Inkarnation. Was veranlaßte Sie dazu? Wodurch wurden Sie inspiriert?

Guy Martin: Im Sommer 1988 stellte ich fest, daß sich Menschen bei gesellschaftlichen Anlässen oder in Diskussionen, die nicht im Rahmen der theologischen Fakultät stattfanden, durchaus über Geister und übernatürliche Kräfte unterhalten konnten, auch wenn sie sich anfangs dabei vielleicht ein wenig unbehaglich fühlten. Kam aber das Thema Engel zur Sprache, stand man bald allein da. 1988 waren die Engel überhaupt kein Thema, und kaum jemand hatte dazu irgend etwas zu sagen.

Was mich außerdem zu jener Zeit beschäftigte, war die Aussage eines meiner Theologie-Professoren aus Chicago, die lautete: »Den Standpunkt eines Theologen erkennt man daran, was er oder sie über Engel zu sagen hat.« Irgendwie war mir dieser Satz im Gedächtnis haften geblieben. Was er sonst noch alles gesagt hat, weiß ich nicht mehr, mir blieb nur dieser eine Satz in Erinnerung.

Und je intensiver ich mich dann mit diesem Thema beschäftigte, desto mehr reizte es mich auch als Forschungsgegenstand. Und so bereitete ich ein Seminar vor.

F: Ihre Studenten lesen also literarische Werke und untersuchen die metaphorische Bedeutung von Engeln?

GM: Vorrangiges Ziel ist die Suche nach Engelerscheinungen in der Literatur, vor allem in Werken der modernen Literatur. Grundlage unserer Betrachtung ist Dantes ›Göttliche Komödie‹, deren dritter Teil, ›Paradiso‹, vermutlich das herausragendste Werk über Engel in der westlichen Literatur darstellt. Wir lesen Dantes Werk in Auszügen und diskutieren dabei seine Gedanken über den Himmel und verschiedene Formen des Seins.

Daneben untersuchen wir Kurzgeschichten – zum Beispiel von Bernard Malamud oder von Tolstoi – und lernen dabei etwas über die Funktion von Engeln in der Literatur: Wie werden sie eingesetzt? Wie und wann kommen sie ins Spiel? Was bezweckt der Autor damit? Warum werden gerade Engel verwendet?

Einen großen Raum nimmt dabei der amerikanische Lyriker Wallace Stevens ein, da er ein Vertreter des Modernismus ist und weil hinter seinen Werken keine religiöse Motivation steckt. Im Gegenteil: Er setzt sich über alle religiösen Traditionen hinweg und konzentriert sich darauf, inwieweit die Welt und unsere Vorstellungskraft sich gegenseitig bedingen, was das Wesen des Menschen ist und womit die Natur uns Menschen ausgestattet hat. Dieser ganze Komplex führt Stevens unweigerlich auch zu den Engeln. Immer wieder tauchen sie in seiner Lyrik auf, oft in genau der gleichen Rolle, die ihnen auch im theologisch-orthodoxen Sinn zugedacht wird. Engel überbringen Botschaften, sie verändern die Sicht der Dinge. In einem Gedicht mit dem Titel ›Angels Surrounded by Paysans‹, das wir besonders eingehend betrachteten, sagt Stevens sinngemäß: Ich bin kein Engel im herkömmlichen Sinn, ich habe keinen Heiligenschein oder dergleichen, denn ich bin ein Engel der Erde, nur durch mich erkennt und versteht ihr die Erde. Dieses Offenbaren, dieses Anschaulichmachen einer neuen Sichtweise ähnelt sehr der Aufgabe, die der Engel Gabriel bei Maria erfüllt.

F: Wie denken Sie über das plötzlich erwachte beziehungsweise das gestiegene Interesse an Engeln? Warum sind Engel heute in aller Munde?

GM: Als ich im Sommer 1988 mit den Vorbereitungen zu meinem Seminar über Engel begann, tat ich es gerade deshalb, weil niemand über Engel sprach. Und siehe da, als ich mein Seminar begann, kam gerade der Wim Wenders-Film ›Der Himmel über Berlin‹ in die Kinos. Er wurde zwar kein großer Kassenschlager, ist aber dennoch beachtenswert. Plötzlich sprach alle Welt über Engel. Ich glaube, wenn Menschen über Engel reden, geht es um die Zukunft, während sie sich bei Geistern eher auf die Vergangenheit beziehen. Bis 1988 richtete die amerikanische Gesellschaft ihren Blick sehr stark auf die Vergangenheit. Hier gab es viele Schreckgespenster, so zum Beispiel den Vietnam-Krieg oder den Rassismus, um nur zwei zu nennen. Eine der positiven Auswirkungen des neu entflammten Interesses an Engeln ist vielleicht die wachsende Bereitschaft der Gesellschaft, den Blick nach vorne in die Zukunft zu richten.

Sehr bedenklich dagegen erscheint es mir, wenn Menschen ihre eigenen Projektionen auf Engel übertragen, wenn Engel also auf gewisse Weise das verkörpern sollen, was wir uns wünschen oder glauben zu verdienen. Diese Befürchtung ist vielleicht etwas übertrieben, doch die allgemeine Beschäftigung mit Engeln bedeutet noch lange nicht, daß wir auch neue Wege beschreiten. Es besteht die Gefahr, daß wir weiterhin ausgetretenen Pfaden folgen, was wenig erstrebenswert wäre.

F: Glauben Sie, daß dieses neuerwachte Interesse an Engeln das Symptom eines kulturellen Wandels ist, innerhalb dessen sich der Schwerpunkt von materiellen Werten auf geistige Werte verlagert?

GM: Engel gaben den Völkern, die auf sie hörten, stets

einen gewissen Glauben und die Möglichkeiten, über diesen Glauben zu reden und damit umzugehen, ihn zu erkunden. In dem Film ›Der Himmel über Berlin‹ geschieht genau das Gegenteil: Die Engel unterliegen den Versuchungen unserer auf Lustgewinn ausgerichteten Welt. Nicht wir wollen wie die Engel sein, sondern die Engel wollen so sein wie wir.

F: Was könnte Ihrer Meinung nach die Botschaft sein, die Engel uns überbringen wollen? Könnte sie im weitesten Sinn etwas zu tun haben mit der Verantwortung des Menschen, mit seiner Entwicklung?

GM: Die Religion wurde stets zur Erklärung für ungelöste Fragen verwendet. Sie ließ uns Menschen glauben, irgendwie könnte in unserem Leben ein Wunder geschehen, das alle unsere Probleme lösen würde. Wenn wir uns zu stark von unserem eigenen Engelbild leiten lassen, besteht die Gefahr, daß wir falsche Götter anbeten. In Wirklichkeit sind Engel anders, als wir sie uns vorstellen. Sie stehen plötzlich neben uns, wenn wir es am wenigsten erwarten. Bleiben wir solchen Begegnungen gegenüber aufgeschlossen, wehren wir uns nicht gegen die Möglichkeit, neue Wege zu begehen, neue Dinge zu hören, neue Botschaften zu empfangen, kann dies unseren Lebenshorizont erweitern und uns herausfordern, uns mit neuer, ungeahnter Lebenskraft, Offenheit und Lebensfreude erfüllen.

In Bernard Malamuds Kurzgeschichte ›Ein Engel namens Levin‹ geht es um genau diese Problematik – der Mensch bittet Gott um Erlösung von seinem Leid und seiner Qual. Doch der Engel in dieser Geschichte versetzt dem Schneider Manischewitz einen Schock, denn er entspricht als schwarzer jüdischer Engel nicht dessen bisheriger Vorstellung und wird von ihm zunächst abgelehnt. Als Manischewitz ihm dann dennoch sein Vertrauen schenkt, hat er damit einen wichtigen Schritt getan.

Im theologischen Sinne haben Engel meines Erachtens die Aufgabe, den Menschen die Augen zu öffnen für die

Zukunft, ihnen Dinge aufzuzeigen, durch die sie wachsen und sich entwickeln können, die sie in ihrer Verantwortung stärken und darin bekräftigen, ihr Leben selbst in die Hand zu nehmen.

F: Glauben Sie, daß die Literatur beziehungsweise die Kunst im allgemeinen uns Menschen hilft, jene andere Welt zu begreifen?

GM: Faszinierend an der Kunst ist für mich unter anderem, daß sie uns neue Formen der Wahrnehmung, neue Töne, neue Stimmen, neue Sichtweisen nahebringt. Ebenso kann ein Theologe, wenn er neuen Möglichkeiten und Zusammenhängen gegenüber aufgeschlossen bleibt, in gleichem Maße wie ein Künstler zwischen seiner eigenen Vorstellung und denen seiner Mitmenschen vermitteln. Er steht also als Mittler zwischen den Menschen und einem transzendentalen Gott, den er als den Schöpfer der Welt sieht. Künstler und Theologen haben also in gewisser Hinsicht eine ähnliche Aufgabe. Sie zeigen uns neue Bilder, neue Metaphern, neue Gesetzmäßigkeiten auf und ermöglichen uns völlig neue Denk- und Sichtweisen.

F: Gibt es auch eine Parallele zwischen der Wissenschaft und der Theologie? Haben sie mehr Gemeinsamkeiten, als wir landläufig annehmen, oder sehen Sie grundlegende Unvereinbarkeiten zwischen diesen beiden Disziplinen?

GM: Die Dinge, die ich in der realen Welt erfahre, standen noch nie im Widerspruch zu meinem Glauben. Denn vor allem bin ich ein Mensch. Ich habe einen Körper, der in dieser Welt lebt und ihren Gesetzmäßigkeiten gehorchen muß. Die Welt schreibt mir aber nicht vor, welchen Weg ich gehen, worauf ich meine Energie verwenden soll und welchen Sinn mein Leben hat, ob es wichtiger ist zu lieben oder mich mit Ellbogen durchzuboxen. Alle Menschen müssen von irgendwoher Sinn schöpfen – und ich tue dies durch den Engel, der meinen Horizont erweitert –, und in dieser Hinsicht sehe ich keine Unvereinbarkeit zwischen Wissenschaft und Religion.

F: Welchen Platz weisen Sie den finsteren Engeln in der geistigen Welt zu?

GM: Die Finsternis an sich ist nichts Schlechtes. Neben Licht muß es auch Finsternis geben. Licht und Schatten wechseln sich ab, das ist der Gang der Dinge. Flannery O'Connor hat einmal anschaulich gesagt, daß viel zu viele Menschen die Welt aufteilen in Gut und Böse, in Licht und Schatten, in Positives und Negatives. Doch die Welt läßt sich nicht auf diese Weise klassifizieren. Natürlich würde es unser Leben vereinfachen, wenn wir immer genau wüßten, wer unser Feind ist. Nur sind wir oft unser eigener Feind, und statt an uns selbst zu arbeiten, vergeuden wir einen Großteil unserer Zeit und Energie darauf, anderen Schwierigkeiten zu bereiten.

F: Besitzt Ihrer Meinung nach das Engelbild bei Wallace Stevens oder Rilke eine größere Macht und Überzeugungskraft als neuere Beschreibungen?

GM: Ja. Engel waren furchteinflößend. Als die Engel Maria erschienen, reagierte sie nicht gerade erfreut und entzückt. Sie hatte große Angst. Jede Erscheinung eines göttlichen Wesens flößt uns große Furcht ein. Das Neue und Unbekannte, das der Engel ausstrahlt, macht uns angst. Ich glaube, genau dies möchte uns Stevens mit seinen Gedichten vor Augen führen. Sie sind sehr anspruchsvoll, man blättert nicht einfach um und liest die nächste Seite. Man stolpert über die Verse, man stolpert über den Stil. Doch Stevens will uns keinesfalls abschrecken, sondern will uns die Engel näherbringen. Nicht mit einfachen Worten, sondern indem er den Leser zwingt, Dinge in völlig neuer Weise zu betrachten. Und davor fürchten sich die meisten von uns. Wir verbringen entweder unsere ganze Zeit damit, neue Dinge auszuprobieren und können uns dabei nicht auf eine Sache konzentrieren. Oder wir beschäftigen uns so intensiv mit einer Sache, daß uns alles Neue als Bedrohung erscheint. Engel zu »domestizieren«

würde bedeuten, ihnen jegliche theologische und menschliche Bedeutung zu rauben. Engel *sind* andere Wesen, wie immer wir uns ihren Ursprung erklären, und wir brauchen sie, damit wir neue Dinge erfahren, neue Wege beschreiten und uns weiterentwickeln können.

F: Sind Engel für Sie nur eine Metapher, ein Sinnbild, oder betrachten Sie sie als wirkliche Wesen mit einer göttlichen Weisung?

GM: In jüngster Vergangenheit häuften sich Berichte von Menschen, die Engelsbegegnungen hatten. Ich möchte diese Erlebnisse niemandem abstreiten, denn für mich ist es wichtiger zu fragen: Was kommt danach? Was lerne ich aus dieser Begegnung? Hat sie furchtbare Auswirkungen auf mein Leben? Weist sie mich in eine Richtung, die für mein Leben nutzbringend ist? Öffnet sie mir neue Gedanken-Horizonte, bietet sie neue Ausdrucksformen? Darauf kommt es mir an, und nicht darauf, ob eine Begegnung wirklich stattgefunden hat oder nicht. Wenn jemand einen Engel trifft, so ist daran nur wichtig, was danach kommt, wohin er ihn führt, welche Botschaft er ihm überbringt.

F: Gibt es eine göttliche Welt, in der Engel leben?

GM: Das halte ich durchaus für möglich. Doch mir liegt nicht viel daran herauszufinden, wie diese Welt aussieht und welchen physikalischen Gesetzmäßigkeiten sie unterliegt. Vielmehr glaube ich, daß für alle Menschen die Tatsache der Offenbarung von großer Bedeutung ist und daß wir diese Offenbarung als eine Art Geschenk betrachten sollten. Steht dieses Geschenk in voller Farbe und leibhaftig vor uns, um so besser; sind es einfach nur Gedanken, die uns zum erstenmal Zusammenhänge früherer Ereignisse verdeutlichen, ist dies genauso ernstzunehmen. Genau das geschieht in der Kunst: Künstler rufen in uns Erinnerungen wach und helfen uns, neu zu sehen und neu zu hören.

F: Sind diese Engelsbegegnungen von einer neuen Qualität oder haben sie in irgendeiner Weise mit der Jahrtausendwende zu tun?

GM: Jede Jahrtausendwende bringt innere Unruhe, Prophezeiungen und Unbehagen mit sich. Daher halte ich es keinesfalls für ungewöhnlich, daß diese Dinge auch diesmal auftreten. Sie entspringen dem Bedürfnis, unsere aus den Fugen geratene Welt wieder in den Griff zu bekommen.

Weil unsere Welt immer komplexer, immer vielschichtiger wird – weil es immer mehr verschiedene Menschen, immer mehr Sprachen, immer neuere Technologien gibt und weil immer mehr neue Informationen auf uns einstürzen –, finden wir immer seltener Beständigkeit. Daher ist es nur normal, daß sich Menschen heute an jedem Strohhalm festhalten. Wir alle brauchen Halt, gerade angesichts der Frustration, die wir im Alltag erfahren. Wir brauchen einen festen Mittelpunkt, auf den wir uns gerade in unserer schnellebigen Zeit verlassen können.

F: Gibt es eine Verbindung, einen roten Faden, der sich durch die Engelbilder der westlichen Literatur, besonders der modernen Literatur, zieht?

GM: Künstler wie Toni Morrison, Flannery O'Connor, Bernard Malamud, Leo Tolstoi oder Wallace Stevens geben uns eine Vorstellung von anderen Welten und Wirklichkeiten. Und obwohl sie uns an unser Menschsein binden, zwingen sie uns zu einem verantwortlichen und ganzheitlichen Umgang mit uns selbst und der pluralistischen und technologisierten Welt, in der wir leben und Herausforderungen bestehen müssen. Die Engelbilder dieser Künstler (oder, wie bei Toni Morrison, die Geister) zeigen uns unsere Möglichkeiten auf eine andere als auf die herkömmliche Weise. »Volkstümliche« Engel mögen unser Leben versüßen, aber sie helfen uns nicht, die Probleme von morgen zu meistern.

F: Könnte man sagen, daß die Beschäftigung mit Literatur zu vergleichen ist mit einer Engelsbegegnung? Fesselt sie den Leser, verändert sie ihn?

GM: In jedem literarischen Werk gibt es einen Anfang und einen Schluß – dazwischen passiert etwas. Die Frage ist nun, wie führt uns der Autor vom Anfang zum Schluß, wie fesselt er unsere Aufmerksamkeit? Den Leser oder Betrachter in eine Welt eintauchen zu lassen und ihm darin etwas zu zeigen, mit dem er nicht gerechnet hat, genau darin liegt die Bedeutung eines Schriftstellers, eines Künstlers. Und wir müssen immer wieder versuchen, offen zu bleiben für diese Erkenntnisse und Erlebnisse. T.S. Eliot sagte häufig, Literatur solle uns immer wieder aufs neue buchstäblich umhauen; wir sollten uns von ihr überrollen lassen, uns ihr widerstandslos ergeben. Anschließend gelte es sich aber wieder aufzurappeln und etwas daraus zu lernen. Sich der Literatur hinzugeben, sich von ihr völlig einnehmen zu lassen, scheint auf den ersten Blick kaum schwierig. Doch weit gefehlt! Die meisten Menschen haben festgefahrene Vorstellungen, etwa über einen Film, ein Gemälde oder ein Buch. Nur mit Mühe können wir uns von diesen vorgefaßten Meinungen lösen und den Text oder das Kunstwerk unvoreingenommen aufnehmen.

Lese ich Literatur unter dieser Voraussetzung, kann ich Stimmen hören, die sonst ungehört verhallen würden. In unserer Welt gibt es viele Stimmen, die noch kein Mensch gehört hat. Und viele Stimmen, denen wir unsere Aufmerksamkeit schenken sollten, damit wir unsere Welt wieder angenehm und sinnvoll gestalten können. Gute Kunst und Literatur machen uns dazu fähig. Sie öffnen uns für diese Stimmen, die uns neue Möglichkeiten aufzeigen. Und das haben wir alle nötig.

F: Was ist ihre persönliche Einstellung zum Leben in unserer verworrenen Welt?

GM: Ich bin fest der Überzeugung, daß Gott der Schöpfer unserer Erde ist und daß er seine Schöpfung für gut befand. Ich halte es für wichtig, meinen Nächsten so zu lieben wie mich selbst und glaube, daß Gott, der Schöpfer dieser Welt, die Quelle unserer Liebe ist. Ich lege großen Wert darauf, daß ich jeden Tag neue Möglichkeiten erkenne. Ich erhebe aber nicht das Glück zum Selbstzweck, denn auch in einer Welt, in der wir unsere Möglichkeiten und menschlichen Fähigkeiten voll ausschöpfen, wird es immer Tragik, Schmerz, Leid und Ungerechtigkeit geben. So sehr wir uns auch bemühen, es ist unausweichlich. Aber wir brauchen Engel, die uns für unser Leben Möglichkeiten aufzeigen, Hoffnung machen und künftige Wege eröffnen. Nur wenn wir der festen Überzeugung sind, daß unsere Welt letztendlich gut und liebenswert ist, können uns die Engel erreichen.

F: Wie würden Sie Ihre Beziehung zu Gott im Alltag charakterisieren?

GM: Ich habe keine alltägliche Beziehung zu Gott. Ich feiere die Existenz Gottes in der Liturgie, und das ist für mich wichtig. Seine Verehrung und feierliche Anbetung im Gottesdienst bedeutet mehr für mich als die Gewißheit, daß Gott mich auf Schritt und Tritt begleitet. Was die Religion betrifft, so versuche ich, meinen Glauben im Umgang mit anderen Menschen zu praktizieren und Gott zu verehren. Ob Gott mir dabei seine Aufmerksamkeit schenkt, ist für mich zweitrangig.

F: Wie denken Sie über den Tod beziehungsweise das Leben nach dem Tod?

GM: Das Problem mit dem Tod liegt meines Erachtens in der Angst vor dem Tod. Diese Angst und Beklommenheit können uns aber so sehr im Weg stehen, daß sie uns auslaugen und wir nicht mehr genügend Kraft für das Leben im Hier und Heute haben. Was nach dem Tod kommt, nun, das halte ich für eine Glaubenssache. Darüber stelle ich weder Vermutungen an, noch mache ich großes Aufhebens darum. Entscheidend für mich ist, wie jemand sein Leben lebt. Jeder hat so seine Gefühle in bezug auf den Tod, doch man sollte sich stärker auf die Gegenwart und weniger auf das konzentrieren, was einmal nach dem Tode sein wird. Die Gegenwart des Todes verleiht unserem Leben manchmal mehr Lebendigkeit und fordert unsere volle Aufmerksamkeit wie kaum etwas anderes. Und das ist das Ausschlaggebende. Wir dürfen uns nicht einschüchtern lassen, wir dürfen unsere Kraft nicht darauf verschwenden, den Gedanken an den Tod ständig weit von uns zu weisen. Unserer Welt würde dann nämlich jede Freude fehlen.

Sandy Moore und Kirk Moore
Taras Engel

Sandy Moore: Wir wußten schon immer, daß unsere Tara einmal etwas ganz Besonderes werden würde. Schon als ganz kleines Kind war sie von einer Aura des Besonderen umgeben, und sie entwickelte sich zu einem sehr hübschen und sehr intelligenten Mädchen. Wir wußten, sie würde einmal das Leben vieler Menschen verändern, doch daß es auf diese Weise geschehen würde, ahnten wir nicht. Vom ersten Tag an schenkte sie uns ihre grenzenlose Liebe. Dabei war sie durchaus kein unkompliziertes Kind – sie war andauernd beschäftigt, auf Achse – aber sie liebte uns ohne Einschränkung. Wenn sie fortging oder ein Telefongespräch beendete, verabschiedete sie sich stets mit »Mom, ich liebe dich«.

Kirk Moore: Wir sagten uns immer, daß sie mit ihren Füßen nicht ganz auf der Erde steht und daß sie immer ein bißchen über dem Boden schwebt. Wenn wir zum Beispiel auf der Straße einem Obdachlosen oder armen Leuten begegneten, blieb sie stehen und sagte: »Ach, geben wir ihm doch etwas.« Sie wollte immer anderen Leuten helfen. So war sie eben.

Frage: Wie kam es dann zu dem Unfall?

SM: Das war im Sommer, als Tara fünfzehn war. An dem Abend, an dem Tara getötet wurde, waren einige ihrer Freundinnen bei uns zu Besuch, und Tara kochte für sie. Plötzlich fragte sie aus heiterem Himmel und mitten zwischen Burritos, Salat und Käse: »Mom, glaubst du, daß man, wenn man seine Aufgaben in diesem Leben erfüllt hat, jederzeit fortgehen und neue Aufgaben auf einer höheren Ebene wahrnehmen kann?« Wir redeten öfters über spirituelle Themen, und so kam mir ihre Frage gar nicht seltsam vor. Tara dachte viel über solche Dinge nach. So antwortete ich: »Du kennst meine Meinung, Tara. Ich bin fest davon überzeugt, daß es anderswo wichtige Aufgaben für uns gibt und daß man geht, wenn man gebraucht wird.« Und ich erinnere mich noch daran, wie sie mich dabei ein paar Sekunden länger als gewöhnlich anblickte, bevor wir wieder lachten und fröhlich waren. Heute weiß ich, daß sie mit den Engeln in Verbindung stand und mir sagen wollte: »Meine Zeit ist gekommen. Ich habe eine wichtigere Aufgabe zu erfüllen.«

Später saßen die Mädchen und ich zusammen, und wir sahen uns einen Film an. Wir waren sehr ausgelassen und fröhlich, und ich erinnere mich noch, wie ich dachte: »Könnte es einen vollkommeneren Augenblick im Leben geben?«

Zwei Stunden später kam Kirk nach Hause. Tara war weggegangen, um zusammen mit zwei Freundinnen eine andere Freundin nach Hause zu begleiten. Sie blieb lange aus, aber ich sagte mir: »Sie ist wahrscheinlich mit reingegangen und redet vielleicht noch mit den Eltern des Mädchens.« Doch als Kirk hereinkam und sagte: »Entschuldige, daß ich so spät komme, da war ein schwerer Unfall ein paar Häuser weiter«, da wußte ich sofort, was geschehen war. Ich war mir vollkommen sicher. Ich sagte: »Kirk, es ist etwas mit Tara. Wir müssen hingehen.« In meinen Gedanken fügte sich alles zu einem Bild zusammen, und so war es dann auch.

F: Was hatte es mit Taras Engeln auf sich?

SM: Zwei Tage vor dem Unfall schenkte Tara ihrer Schwester Deanna ein Buch, das sie ständig bei sich trug – es war für sie eine Art Bibel. Das Buch handelte von Engeln und hieß ›Messengers of Light‹. Es war schon ganz zerlesen und hatte Eselsohren. Tara hatte darin Mitteilungen an ihre Engel festgehalten. Sie sagte zu Deanna: »Ich werde immer dein Schutzengel sein.« Ich erinnere mich noch, wie Deannas Augen glänzten, als sie mir später erzählte: »Mom, Tara hat mir ihr Lieblingsbuch geschenkt und gesagt, sie wird immer mein Schutzengel sein.«

KM: Am Morgen nach dem Unfall fanden wir auf dem Fußboden in Taras Zimmer einen Zettel. Darauf standen die Noten eines Liedes mit dem Titel ›Du bist ein Engel‹. Er lag genau in der Mitte ihres Zimmers. Und hinterher fanden wir auf der Küchenablage einen Keks, der aussah wie ein Engel.

SM: Tara hatte diesen Engel-Keks gebacken. Ich habe keine Ahnung, woher sie den Teig hatte, ich weiß nicht, wie sie zu dem Backförmchen kam, nichts. Doch wir wußten, daß sie uns damit sagen wollte: »Ich liebe euch, und ich bin von euch gegangen, um andere Dinge zu tun. Ich bin bei den Engeln.« Das waren ihre Geschenke. So traurig und verlassen wir uns nach dem Unfall auch fühlten, Tara hat uns viel Freude hinterlassen.

KM: Einmal war Tara mit Sandy und ihrer Schwester Deanna auf einer Jugendfreizeit.

SM: Tara verbrachte dort viel Zeit damit, kleine nackte Engelchen aus Ton zu formen und sie zu bemalen. Sie waren so süß. Das war sehr untypisch für Tara; sie mochte zwar Kunst, aber noch lieber war sie mit Menschen zusammen. Es war irgendwie ungewöhnlich, daß sie so viel Zeit auf diese Engel verwandte.

KM: Sie machte drei Stück, einen für Deanna, einen für Sandy und einen für mich. Interessanterweise hatte einer der Engel eine Träne im Gesicht. Tara hatte einer ihrer Freundinnen, die im Auto mitfuhren, einen dieser Engel gegeben. Sie hielt ihn während des Unfalls in der Hand. Sie saß genau hinter Tara und hätte ebenso leicht getötet werden können, doch sie blieb unverletzt, und in der Hand hielt sie den Engel, den Tara gemacht hatte.

Wir fanden Taras Schulheft und sahen, daß sie Fragen für ihre Engel notiert hatte. Da standen zum Beispiel auf einer Seite Mathematik-Aufgaben, und auf der nächsten Seite: »Wie soll ich das lösen, Engel? Gebt mir einen Rat.« Das fanden wir alles erst nach dem Unfall.

F: Haben Ihnen die Engel geholfen, über den Schmerz und den Verlust hinwegzukommen?

SM: Die vielen Zeichen der Engel, die Tara uns zurückgelassen hatte, waren für uns in der ersten Zeit nach dem Unfall so ergreifend, daß wir unsere gesamte Energie darauf konzentrierten. Durch die Engel blieben wir mit ihr verbunden. Die Familie war uns schon immer das Wichtigste im Leben gewesen, und als ein Mitglied aus dieser Gemeinschaft herausgerissen wurde, war dieser Verlust für uns ungeheuer schmerzlich. Doch heute glauben wir, daß es eigentlich kein Verlust war. Tara ist nun in einer anderen Sphäre, sie ist mit anderen Dingen und anderen Menschen beschäftigt. Als wir uns nach dem Unfall so intensiv mit Engeln beschäftigten, bekamen wir immer wieder Engel-Bücher oder Gegenstände in Form von Engeln geschenkt. Die Engel nahmen einen immer größeren Platz in unserem Leben ein. Unsere Bekannten stellten sich ganz darauf ein. Wir fühlten uns allmählich getröstet von den Engeln und stärker als je zuvor mit der geistigen Welt verbunden.

KM: Irgendwie wollten wir wohl Taras Liebe, ihre Gegenwart und unsere Erinnerung an sie festhalten. Ein solcher Tod erscheint einem so sinnlos, wenn man nicht auch das Positive daran sehen kann. Also eröffneten wir ein Geschäft, um Engelartikel im weitesten Sinn zu verkaufen. Und damit erreichen wir tatsächlich viele Menschen. Es [das Geschäft] baut uns wieder auf. Es wäre bestimmt nicht in Taras Sinn, wenn wir uns bis zum Ende unserer Tage ganz in unseren Kummer vergraben würden. Also versuchen wir, dem Schmerz eine positive Richtung zu geben. Unsere Kunden fühlen sich offensichtlich wohl und in besonderer Weise inspiriert; und genau das ist auch unser Anliegen.

F: Glauben Sie, daß Tara noch in Ihrer Nähe ist? Zeigt sie sich Ihnen in irgendeiner Weise?

SM: Natürlich, aber ich weiß, daß sie sehr viel zu tun hat. Ich bin oft mit ihr verbunden, und sie spricht manchmal mit mir. »Mom«, sagt sie, wie damals, als sie noch bei uns lebte, »ich bin oft bei dir, aber ich habe viel zu tun. Ich habe wichtige Aufgaben zu erfüllen.« Ja, doch, ich fühle oft ihre Gegenwart, und ich fühle auch oft, daß Engel um mich herum sind, aber es ist nicht immer Tara. Ich weiß dann, daß sie gerade etwas anderes tut.

F: Glauben Sie, daß Tara wußte, was passieren würde?

SM: Bestimmt nicht bewußt. Ich glaube, so etwas kann man nicht voraussehen.

KM: Nein, das nicht. Aber irgend etwas sagt mir, daß es geschehen mußte.

SM: Wie schon gesagt, sie liebte uns eben sehr. Jugendliche können manchmal so schwierig sein, und der Verlust eines Teenagers ist für die Eltern immer sehr schwer zu verschmerzen, besonders wenn es vorher Probleme und Streitigkeiten in der Familie gegeben hat. Doch sie wollte nicht auf diese Weise von uns gehen, sie wollte Ordnung und Harmonie und vor allem Liebe bei uns zurücklassen. Und dafür bin ich ihr sehr, sehr dankbar.

Raymond Moody

Raymond Moody, Arzt und Doktor der Philosophie, hat sich mit seinen preisgekrönten wissenschaftlichen Forschungen über Sterbeerlebnisse einen Namen gemacht. Zu seinen Veröffentlichungen gehören unter anderem die Bestseller ›Leben nach dem Tod‹, ›Das Licht von Drüben‹ und ›Reunions: Visionary Encounters with Departed Loved Ones‹. Neben seinem Amt als Vorsitzender eines privaten parapsychologischen Instituts (Special Programs for the Parapsychological Services Institute, Inc.) arbeitet er als Psychiater sowie als Professor für Psychologie und Philosophie.

Frage: Welchen religiösen Hintergrund haben Sie, und wann kamen Sie zum erstenmal mit Sterbeerlebnissen in Berührung?

Raymond Moody: Eigentlich war ich früher nie besonders gläubig. Als Kind lehnte ich die Religion sogar ganz ab. Wenn ich dennoch gezwungen wurde, zur Kirche zu gehen, hatte ich immer den Eindruck, daß sich dort alle lächerlich machten. Ich nahm also immer an, wenn man stirbt, ist das so, als ob einfach das Bewußtsein ausgelöscht wird und man in eine undurchdringliche Finsternis hineingeht, aus der es kein Entrinnen gibt. Als Philosophiestudent an der University of Virginia – es muß so um 1956 gewesen sein – begegnete ich dem Psychiater Dr. George Ritchie, der mir erzählte, daß er einige Jahre zuvor zweimal nacheinander in einem Abstand von etwa neun Minuten für klinisch tot erklärt worden war. Als ich Dr. Ritchie zuhörte, wußte ich nicht, was ich davon halten sollte. Da berichtete ein völlig gesunder und glaubwürdiger Mensch von einem Erlebnis, das offensichtlich keine Ausgeburt seiner Phantasie war. Weil es aber das erste und einzige Mal war, daß ich von einem derartigen Erlebnis gehört hatte, dachte ich nicht weiter darüber nach. Als ich dann 1969 einen Lehrauftrag in Philosophie annahm, kam eines Tages nach einer Vorlesung ein Student zu mir und sagte: »Dr. Moody, könnten wir in unserem Philosophiekurs einmal über das Leben nach dem Tod diskutieren?« Ich erinnere mich noch, daß er das Wort »Philosophie« betonte, so als ob er mir einen Vorwurf machen wollte, weil ich dieses Thema bisher nicht behandelt hatte. Ich fragte ihn, ob er einen Grund habe, weshalb er mit mir darüber sprechen wolle. Ich hielt dieses Thema für ebenso überholt wie die Frage, wieviele Engel auf der Spitze einer Nadel sitzen können. Er antwortete: »Weil ich vor einem Jahr einen schweren Unfall hatte und die Ärzte sagten, ich sei tot gewesen. Ich selbst hatte aber ein Erlebnis, das mein Leben völlig verändert hat, und ich habe noch mit niemandem darüber gesprochen.« Wir gingen in mein Büro, und er erzählte mir alles. Es war genau dasselbe Erlebnis, das mir vier Jahre zuvor Dr. Ritchie geschildert hatte.

Wenn ich innerhalb von vier Jahren zufällig zwei verschiedenen Menschen begegnete, die mir von demselben Erlebnis berichteten, mußte mehr dahinter stecken. Als ich ein paar Jahre später an der medizinischen Fakultät lehrte, befragte ich Menschen, die schon einmal für klinisch tot erklärt worden waren, zu ihren Erlebnissen. Es zeigte sich bald, daß Menschen, die sich auf der Schwelle zum Tod befinden, tatsächlich ähnliche Dinge erleben.

F: Können Sie uns ein solches Sterbeerlebnis ausführlicher erläutern?

RM: Menschen, die nach einem Herzstillstand quasi tot waren, berichteten, sie hätten in dem Moment, als ihr Herzschlag aussetzte, ihre körperliche Hülle verlassen und die Wiederbelebungsversuche von oben herab beobachtet, etwa von der Decke der Intensivstation oder einer Ecke des Krankenzimmers aus. Nach einer Weile fiel ihnen dann auf, daß niemand sie zu sehen oder hören schien, obwohl sie sich des Geschehens vollkommen bewußt waren. Wenn ihnen dann klar wurde, daß dies der Tod sein mußte, tat sich vor ihnen eine Öffnung auf, eine Art Tunnel oder Trichter. Sie gingen hindurch und gelangten an seinem Ende in ein unvorstellbar gleißendes Licht. Beim Eintreten in dieses Licht fühlten sie eine unermeßliche Liebe und großen Frieden in sich aufsteigen. Unterwegs begegneten manche nahestehenden Verstorbenen, die sie auf ihrem Weg ins Licht begleiteten. Wir bezeichnen dieses Phänomen als »panoramahaftes Gedächtnis«. Dabei ziehen vor den Augen eines Sterbenden farbige, dreidimensionale Szenen aus seinem Leben vorbei. Er sieht dieses Panorama aber als Unbeteiligter, und er erlebt alle positiven und negativen Gefühle, die er zu Lebzeiten bei seinen Mitmenschen auslöste.

Dann kommt der Punkt, wo sie umkehren müssen. Einige berichteten, sie mußten zurückkehren, weil es für sie noch unerledigte Dinge gab. Was dies war, erfuhren sie nicht, sondern nur, daß ihre Zeit noch nicht gekommen war, daß sie ihre Mission noch nicht erfüllt hatten. Manche Befragten konnten selbst entscheiden, ob sie den Weg weitergehen oder in ihr bisheriges Leben zurückkehren wollten. Sie gaben alle an, sich wegen eines anderen Menschen zur Rückkehr entschlossen zu haben. Noch zu versorgende Kinder waren dabei der am häufigsten genannte Grund. Obwohl die Betroffenen gerne in dieser wunderbaren Atmosphäre des Lichts und der Liebe geblieben wären, wußten sie, daß sie ihren Kindern die Rückkehr schuldig waren.

F: Werden diese Menschen dabei von einem göttlichen Wesen oder von einem Engel geleitet?

RM: Sehr oft begegnen sie einem göttlichen oder engelhaften Wesen, das sie als Christus, als Engel oder sogar als Gott beschreiben. Allerdings besitzen diese Wesen keine Flügel, wie wir sie auf bildlichen Darstellungen finden. Vielmehr strahlen sie ein helles Licht, Liebe und Heiligkeit aus. Menschen, die Sterbeerlebnisse hatten, beschreiben diese Lichtwesen oft als »Engel«. Für sie sind es Gefährten, Wegbegleiter, jemand, der ihnen hilft zu erkennen und zu verstehen.

Psychologisch betrachtet sind solche Erlebnisse hochinteressant, denn sie haben einen großen Einfluß auf die betroffenen Menschen. Die häufigste positive Nachwirkung ist die Erkenntnis, daß es in unserem Leben vor allem anderen darauf ankommt zu lernen, unsere Mitmenschen zu lieben. Zweitens verlieren die Betroffenen die Angst vor dem Tod, denn ihr Erlebnis gibt ihnen die Gewißheit, daß der Tod nichts anderes ist als der Übergang in eine andere Wirklichkeit.

Schon immer gab es Menschen, die unerklärliche und geheimnisvolle Erlebnisse und Visionen hatten oder die auf der Schwelle zum Tod standen. Und immer haben sie Engel gesehen. Dies alles ist irgendwie fest mit unserer Vergangenheit verbunden, und deshalb bin ich davon überzeugt, daß wir die Probleme der Gegenwart um so besser in den Griff bekommen werden, je mehr wir über Erlebnisse wie diese – und damit über das Wesen des Menschen – wissen.

F: Wie verbreitet sind Sterbeerlebnisse? Wie hoch ist der Prozentsatz der Menschen, die ein solches Erlebnis hatten?

RM: Sterbeerlebnisse sind verhältnismäßig häufig. George Gallup wurde Ende der siebziger Jahre auf dieses Phänomen aufmerksam und versuchte mit Hilfe einer breit angelegten Umfrage, die Häufigkeit des Auftretens solcher Erlebnisse zu ermitteln. Es zeigte sich, daß über acht Millionen Erwachsene (die Untersuchung war auf diese Personengruppe beschränkt) schon einmal ein Sterbeerlebnis gehabt hatten. Wie man im Anschluß an Dr. Gallups Untersuchung herausfand, haben sehr häufig auch Kinder diese Erlebnisse.

Ärzte, Herzspezialisten und Psychologen kamen bei vergleichbaren Untersuchungen weltweit zu demselben Ergebnis wie wir in den USA, so daß wir heute wissen, daß dieses Phänomen in der ganzen Welt zigmillionen Menschen betrifft.

F: Sind solche Erlebnisse heute stärker verbreitet oder werden sie nur bewußter wahrgenommen?

RM: Der Grund für die bewußtere Wahrnehmung dieser Phänomene liegt ganz einfach darin, daß wir heute über bessere technische Möglichkeiten zur Wiederbelebung verfügen. Es ist historisch erwiesen, daß Menschen bereits vor vielen tausend Jahren Sterbeerlebnisse hatten. Plato schilderte einen klassischen Fall, und auch aus der Zeit des Mittelalters gibt es zahlreiche Aufzeichnungen, so etwa vom heiligen Beda Venerabilis [lat. »der Ehrwürdige«; Anm. des Übers.], einem der ersten Schriftsteller Großbritanniens, oder vom heiligen Gregor von Tours aus Frankreich. Hinweise auf Sterbeerlebnisse gibt es in den verschiedensten Kulturen auf der ganzen Welt. Auch in der Malerei finden sie ihren Niederschlag. Ein Gemälde von Hieronymus Bosch, der um 1500 lebte, zeigt eine ziemlich detailgetreue Wiedergabe eines typischen Sterbeerlebnisses.

F: Haben wir heute eine andere Auffassung vom Tod als frühere Kulturen?

RM: Ich glaube, in früheren Kulturen war der Tod viel stärker in das gesellschaftliche Leben integriert als heute. Natürlich gibt es auch Kulturen, die den Tod noch stärker fürchten als wir. Diese Angst muß nicht unbedingt historisch bedingt sein, möglicherweise hängt sie eher mit der jeweiligen Gesellschaftsstruktur, dem Zeitgeist oder den äußeren Belastungen zusammen, denen eine Gesellschaft ausgesetzt ist. Heute leben wir ständig mit der Gefahr der Zerstörung, zum Beispiel durch Umwelt- und Nuklearkatastrophen oder ähnliche Vorfälle. Ich bin nach reiflicher Überlegung zu der Auffassung gelangt, daß die Menschen heute all die schrecklichen Szenarien, die sich abzeichnen, schlicht und einfach verdrängen; sie weigern sich einfach, sich damit auseinanderzusetzen. Lieber sehen sie sich ein Fußballspiel oder einen Zeichentrickfilm an. Doch irgendwie muß auch der größte Verdrängungskünstler spüren, daß die Situation schon jetzt prekär ist. Vielleicht ist dies einer der Gründe für das auflebende Interesse unserer Gesellschaft an der Todesthematik: Wir erkennen, daß der Tod uns alle betrifft und daß er heute vielen, vielen Millionen Menschen schlagartig und in einer Art und Weise droht, die für Menschen früherer Jahrhunderte unvorstellbar war.

Einer der Gründe für das starke Interesse an Sterbeerlebnissen ist, daß wir die Zeit, in der wir heute leben – vielleicht auch nur unbewußt –, als beängstigend empfinden.

F: Verdrängen wir den Tod auch, weil wir nicht mehr zu Hause, sondern im Krankenhaus sterben?

RM: Die Angst der westlichen Industriegesellschaft vor dem Tod liegt unter anderem darin begründet, daß wir den Tod im Grunde ausgegrenzt haben. Wir haben ihn von uns geschoben und auf das Krankenhaus beschränkt. Wir versorgen den Sterbenden mit komplizierten medizinischen Geräten und Apparaturen und gestatten es nicht einmal Familienangehörigen, an seinen letzten Stunden teilzuhaben. In früheren Epochen kam der Tod zwar auch nicht direkt als Freund, doch die Menschen starben zu Hause. Im Mittelalter war es zum Beispiel Tradition, daß Sterbende einzelne Familienmitglieder nacheinander zu sich riefen und ihnen weise Ratschläge erteilten. Heute ist der Tod nurmehr eine Frage der Medizintechnik... die Sterbenden werden vor ihren Angehörigen regelrecht versteckt unter dem Vorwand, man könne ihnen das Ganze nicht zumuten. Das ist natürlich reine Augenwischerei. Möglicherweise hat das eher mit einer gewissen Unsicherheit der Pflegekräfte zu tun als mit tatsächlich problematischen Reaktionen von Familienangehörigen am Sterbebett.

F: Haben Sie das Gefühl, daß sich unsere Gesellschaft in spiritueller Hinsicht im Umbruch befindet?

RM: Ich stelle fest, daß die Welt sich derzeit in großen Schwierigkeiten befindet und daß es in den nächsten Jahrzehnten zu durchgreifenden Änderungen kommen wird.

Nicht im Sinne des biblischen Weltendes. Das wollen ja bekanntlich schon die Römer und die alten Griechen vorausgesehen haben, und auch im viktorianischen Zeitalter und anderen Epochen sah man die Welt bereits untergehen. Die Geschichte ist voll von Vorhersagen über das nahende Ende der Dinge. Doch ich bin mir ziemlich sicher, daß wir heute auf der Schwelle zu etwas Neuem stehen, etwas, das von den Veränderungen früherer Epochen grundverschieden ist.

Möglicherweise hängt es mit der Erweiterung unseres Bewußtseins in neue, aber auch in bekannte Richtungen zusammen. Es zeichnet sich ein neues Bewußtsein ab, dessen Entwicklung ich selbst erfahre und das mit den elektronischen Medien zusammenhängt.

In den vierziger Jahren, während meiner Kindheit in Porterdale, Georgia, hörten wir Radio. Dann kam das Fernsehen, zunächst nur schwarz-weiß und mit nicht mehr als zwei oder drei Kanälen, täglich von 7 Uhr morgens bis 11 Uhr abends und mit jeweils fünfzehn Minuten Nachrichten aus aller Welt. Hatte sich etwas Wichtiges in Japan ereignet, wurde eine Landkarte und eine Photographie des dortigen Korrespondenten gezeigt. Und über eine stark rauschende Telephonleitung aus Japan wurde über die Ereignisse dort berichtet. Erst drei Tage später konnte der entsprechende Film ausgestrahlt werden. Heute gibt es nahezu fünfhundert Kanäle, die uns rund um die Uhr in Stereo und Farbe berieseln. Zwei dieser Kanäle senden ausschließlich Nachrichten und aktuelle Berichte. Wenn ein Haus einstürzt, kann man das live am Bildschirm mitverfolgen. Die Auswirkungen dieser Entwicklungen auf den Menschen sind enorm. Ich beobachte es immer wieder bei meinen eigenen Kindern, die ja in unserer heutigen Welt aufwachsen; sie sehen die Welt anders als ich, viel globaler. Was für Konsequenzen sich daraus ergeben und wie unsere Zukunft aussehen wird, davon habe ich nicht die geringste Vorstellung. Ich weiß nur, daß ein einschneidender Wandel stattfinden muß. Man denke nur an AIDS, an das Ozonloch, an die Gefahr, die von Atomwaffen oder Kernkraftwerken ausgeht, an das Ausmaß der Umweltverschmutzung, an die Überbevölkerung, an die Umwälzungen in Osteuropa und Rußland – irgend etwas muß sich in den nächsten Jahrzehnten ändern. Wer von uns vermag schon abzusehen, welche Veränderungen auf uns zukommen? Ich weiß nur, daß sich diese Veränderungen sowohl in ihrem Ausmaß als auch in ihrem Wesen deutlich von allen bisherigen unterscheiden werden.

F: Halten Sie angesichts dieser Situation einen positiven Ausgang überhaupt für möglich?

RM: Václav Havel, der Präsident der Tschechischen Republik, hielt vor einigen Jahren eine Rede vor dem amerikanischen Kongreß, in der er sagte, es gebe für uns nur die Rettung durch »eine weltweite Revolution des Bewußtseins«. Dem stimme ich völlig zu. Der Weg aus unserem Dilemma führt meines Erachtens einzig und allein über wahrhaftige Nächstenliebe unter allen Menschen. Dieses Ziel erscheint mir keineswegs utopisch. Und ich glaube, daß wir es nur erreichen können, indem wir uns mit veränderten Bewußtseinszuständen und ähnlichen Phänomenen intensiv auseinandersetzen. Wenn wir transzendentale Erlebnisse, so wie sie große Heilige in der Geschichte hatten – geheimnisvolle Visionen, Sterbeerlebnisse und dergleichen –, zuverlässig herbeiführen könnten, ohne dabei unsere Gesundheit irgend einer Gefahr auszusetzen, und wenn wir dadurch die Menschen für die Liebe öffnen und ihnen die sorgsam versteckten Winkel in ihrem Innersten aufzeigen könnten, dann wären wir vielleicht in der Lage, eine solche Situation zu schaffen.

F: Welche Reaktionen hat Ihr Buch ›Leben nach dem Tod‹ hervorgerufen?

RM: Vor der Veröffentlichung von ›Leben nach dem Tod‹ hatten mich Freunde vor kritischen Bemerkungen von medizinischer und wissenschaftlicher Seite gewarnt, mehr allerdings noch vor Reaktionen aus der fundamentalistischen Ecke, die das Buch für ein Werk des Teufels oder dergleichen halten würden. Doch genau das Gegenteil geschah. Ich war beeindruckt, daß sich Ärzte auf der ganzen Welt positiv über mein Buch äußerten. Viele von ihnen hatten bereits durch ihre Patienten von solchen Erlebnissen gehört und waren erfreut, daß sie nun erforscht wurden. Viele Priester empfanden ähnlich. Auch in ihren Gemeinden gab es Menschen mit Sterbeerlebnissen, und sie begrüßten meine Studien ebenfalls.

Natürlich gab es gewisse Konflikte mit Fundamentalisten, die das Buch für Teufelswerk hielten. Ich sage dies zwar mit dem gehörigen Respekt, doch auch mit Belustigung. Wird denn nicht alles Neue zunächst zurückhaltend und ablehnend beurteilt? Meine Großmutter hielt damals Flugzeuge auch für eine Erfindung des Teufels. Gott habe den Menschen schließlich nicht zum Fliegen geschaffen. Und als Galileo Galilei durch sein Fernrohr zum Himmel schaute und erklärte, die Planeten seien nicht – wie die Kirche behauptete – Teile des Himmelszelts, sondern weit voneinander entfernte, eigene Welten mit rauher Oberfläche, da sagten die damaligen Theologen auch, Galileis Visionen seien vom Teufel beeinflußt. Sie weigerten sich, durch sein Fernrohr zu blicken, da sie fürchteten, die Teufel würden ihren Blick in gleicher Weise verzerren. Immer wird es Menschen geben, die alles Neue ablehnen.

Die Kritik der Fundamentalisten ruft in mir keinesfalls Bitterkeit hervor. Ich begreife ihre Beweggründe und habe Verständnis dafür, denn ihnen liegt Angst zugrunde. Die Angst vor dem Unbekannten ist besonders problematisch für Menschen fundamentalistischer Anschauung. Aus irgendeinem Grund hatte ich selbst nie Angst vor dem Unbekannten. Schon als Kind war ich sehr neugierig, und ich bin es bis heute geblieben. Es erfüllt mich mit großer Freude, Neues zu entdecken. Trotzdem habe auch ich Ängste, zum Beispiel vor dem Autofahren. Lieber würde ich barfuß über glühende Kohlen gehen, als mit dem Auto nur einmal um den Block zu fahren. Jeder hat so seine Ängste, bei den Fundamentalisten ist das eben vor allem die Angst vor dem Neuen.

F: Kann man Engel oder Sterbeerlebnisse mit wissenschaftlichen Maßstäben definieren oder untersuchen?

RM: Ich möchte ausdrücklich darauf hinweisen, daß diese Studien über Sterbeerlebnisse, Engel und so weiter nicht mit der Erforschung eines möglichen Lebens nach dem Tod gleichzusetzen sind. Es wäre völlig falsch anzunehmen, wir könnten die Existenz eines Lebens nach dem Tod wissenschaftlich beweisen. Und doch haben die Sterbeerlebnisse durchaus ihre Bedeutung. Ich halte es für wichtig, dieses uralte und natürliche Phänomen zu untersuchen, und zwar einfach aus dem Grund, weil es die betroffenen Menschen grundlegend verändert. Man denke nur an die Beschreibungen von Sterbeerlebnissen, Engelsbegegnungen oder Geistererscheinungen in Werken der Weltliteratur. Wir wissen nicht, was es mit diesen Phänomenen genau auf sich hat (und auch die Wissenschaft wird uns keine zuverlässige Antwort geben können), wir wissen nur, daß sie einen äußerst wichtigen Bestandteil unseres Menschseins darstellen.

Wenn uns Sterbeerlebnisse auch keine wissenschaftlichen Rückschlüsse über die Existenz eines Lebens nach dem Tod erlauben, heißt das jedoch nicht, daß wir Sterbeerlebnisse und Engelsbegegnungen nicht systematisch erforschen können. Große Teile unserer Gesellschaft halten die wissenschaftliche und die systematische Erforschung einer Sache für ein und dasselbe. Doch das sind zwei Paar Stiefel. Die Wissenschaft ist eine Form systematischer Erforschung, doch daneben gibt es erfreulicherweise viele andere – man denke nur an die Geschichte oder an die Literatur. Auch bei einer Gerichtsverhandlung werden keine wissenschaftlichen Maßstäbe angelegt, doch sie steht für eine Art der Erforschung, die auf jahrhundertelanger Erfahrung beruht und daher sehr wichtig ist.

F: Sie haben mit vielen verschiedenen Menschen gespro-

chen, und Sie sind Wissenschaftler; glauben Sie persönlich, daß es Engel gibt?

RM: Die Frage nach der Existenz von Engeln sollte man vielleicht in anderer Form stellen. Denn was ist eigentlich die Existenz, das Sein? Nun, darüber sind sich auch die Philosophen immer noch nicht einig. Ich halte mich dabei gern an die Theorie von Immanuel Kant, daß die Existenz kein Wesensmerkmal ist, wie so oft angenommen wird. Wenn wir, anstatt zu fragen, ob Engel existieren, darüber nachdenken würden, was für eine Wirklichkeit sie besitzen, könnten wir vielleicht mehr Aufschluß über das Wesen des Menschen erlangen.

Ich gelange immer mehr zu der Überzeugung, daß es verschiedene Realitäten gibt, verschiedene Ebenen und verschiedene Dimensionen, und daß wir uns noch nicht auf eine Vorstellung des Seins, auf eine Wirklichkeitsebene festlegen sollten. Elektronische Medien werden uns schon bald in die Lage versetzen, uns in anderen, sogenannten »virtuellen Realitäten« zu bewegen. Wenn die Entwicklung in dieser Richtung weiter fortschreitet und nicht durch wesentliche technische Neuerungen überholt wird, wird die »virtuelle Realität« bei unseren Enkelkindern als Unterrichtsmittel eingesetzt werden. Der Geschichtsunterricht wird dann nicht mehr trocken und langweilig sein, sondern richtig Spaß machen. Wir werden immer mehr lernen, wie wir uns zwischen diesen verschiedenen Wirklichkeitsebenen hin- und herbewegen können, und ich hoffe, daß wir diese neuen Erkenntnisse zu unserem Vorteil nutzen werden.

F: Wie würden Sie ihre persönliche Beziehung zu Gott charakterisieren?

RM: Als junger Mensch hielt ich Gott für eine Erfindung von Gläubigen, die einen Gott brauchen, um Macht über andere zu haben, oder einfach aus Unsicherheit. Doch ich muß zugeben, daß ich im Laufe meines Lebens zu einer anderen Auffassung gelangt bin. Heute sehe ich in Gott vor allem einen liebenden Vater, der seinen Kindern noch viel mehr Liebe schenkt, als ich zum Beispiel meinen Kindern gebe – und ich kann von mir sagen, daß ich meine Kinder sehr liebe und mir nicht vorstellen kann, sie einmal nicht mehr zu lieben, was auch immer sie tun mögen. Für mich ist Gott so etwas wie der Produzent oder Regisseur dieser großen Show, in der wir alle mitspielen. Das ist natürlich nicht wörtlich zu nehmen, aber ich meine es durchaus ernst.

F: Was geschieht Ihrer Meinung nach beim Sterben?

RM: Ich bin davon überzeugt, daß wir das, was beim Sterben geschieht, nicht in Worte fassen können. Wer mit dem Tod hautnah in Berührung gekommen ist, schildert ihn als eine Welt, die im Gegensatz zu unserer realen Welt weder zeitlich noch räumlich begrenzt ist. Eine Frau beschrieb es einmal folgendermaßen: »...man könnte sagen, ein Sterbeerlebnis dauere eine Sekunde, aber genauso könnte man sagen, es dauere zehntausend Jahre. Es würde keinen Unterschied machen.« Und da wir keine unserer zeitlichen und räumlichen Maßstäbe anlegen können, können wir es auch nicht in Worte fassen, denn unsere Sprache ist zeitlichen und räumlichen Beschränkungen unterworfen. Alles, was uns also bleibt, sind Metaphern.

Für mich ist der Tod so etwas wie ein Übergang, eine Bewußtseinserweiterung, das Sich-Öffnen für die Liebe und das Betreten einer Wirklichkeit, die wir hier und heute nicht begreifen können. Aufgrund meiner Untersuchungen bin ich zu der Überzeugung gelangt, daß wir den Tod nicht zu fürchten brauchen. Ich gebe ganz ehrlich zu, daß auch ich alle möglichen Ängste habe; aber vor dem Tod habe ich keine Angst. Für mich ist der Tod lediglich der Übergang in eine andere Realität, die interessanter ist als die gegenwärtige, da sie diese, glaube ich, einschließt. Ich wurde im Zeitalter des Rundfunks geboren, und heute haben wir fast fünfhundert Fernsehkanäle zur Verfügung, in Farbe, Stereo und rund um die Uhr, wir können sie auf Video aufzeichnen und wiedergeben, und wir können beliebig hin- und herschalten. Sterben stelle ich mir etwa so vor, als ob man vom Radiozeitalter direkt zu den fünfhundert Kanälen umschalten würde.

Thomas Moore

Thomas Moore ist ein namhafter amerikanischer Autor. Neben den Büchern ›Seel-Sorge‹ und ›Soul Mates‹ schrieb er auch über Archetypen, C. G. Jung, Mythologie und Kunst. Moore promovierte in Theologie an der Universität von Syrakus und lebte zwölf Jahre lang in einem katholischen Orden. Daneben arbeitete er auch als Musiker, Universitätsdozent und Psychotherapeut.

Frage: Wie kommt es Ihrer Meinung nach, daß die Menschen sich seit neuestem wieder stärker mit Engeln befassen?

Thomas Moore: Ich glaube, unser Interesse an Engeln spiegelt unsere Sehnsüchte wider und den Hunger nach etwas, das wir mit unserem mechanischen Weltbild nicht begreifen können, an dessen Richtigkeit wir aber so vehement glauben. Wir Menschen des zwanzigsten Jahrhunderts, und ganz besonders wir Amerikaner, haben uns dem Glauben verschrieben, daß die Natur wie eine Maschine funktioniert und daß auch der Mensch und das, was in ihm und um ihn herum vor sich geht, technisch-wissenschaftlich erklärbar und vorstellbar ist. Dieser Glaube ist erst zwei- oder dreihundert Jahre alt. Damals wurden der Mensch und das Universum von den Denkern jener Zeit zum erstenmal mit einem Uhrwerk verglichen. Zuvor waren Bilder aus der mechanischen Welt nie auf den Menschen angewendet worden. Hätte man vor tausend Jahren jemanden nach dem Wesen des Menschen gefragt, hätte er geantwortet, es sei »wie der Nachthimmel« oder »etwas Gewaltiges und Geheimnisvolles«. In meinen Büchern versuche ich, unseren Blick wieder auf das Geheimnisvolle zu lenken, auf Bilder wie den Nachthimmel zurückzugreifen und das Unendliche dem mechanischen, dem rein naturwissenschaftlichen Denken überzuordnen. Unser Interesse an den Engeln hängt vermutlich damit zusammen, daß wir aus der Begrenztheit unserer mechanischen Welt ausbrechen wollen.

Die Engel zeigen uns keine Visionen vom Höllenfeuer und versuchen uns nicht mit ewiger Verdammnis einzuschüchtern. Im Gegenteil. Die meisten von ihnen strahlen Schönheit aus und inspirieren uns durch ihr Auftreten. Unter ihrer Führung gelangen wir zu einer Spiritualität, die sehr stark von Freude und weniger von Moralbegriffen geprägt ist. Denn das spirituelle Leben bringt durchaus Schönheit und wahre Erfüllung, ja echte Freude. Und genau das braucht unsere Seele. Sie ist nicht auf Wissen oder Fakten angewiesen, sondern auf Freude; sie braucht die tiefe Freude.

F: Was meinen wir eigentlich genau, wenn wir von Engeln sprechen? Wie könnte man diese himmlischen Wesen beschreiben?

TM: Im fünfzehnten Jahrhundert hielt Marsilio Ficino eine Predigt über das Weihnachtswunder und die Heiligen Drei Könige, die dem Christuskind in der Krippe huldigten. Er beschrieb die Engel als Sterne. Das Sternenlicht verdichte sich zu einer unglaublich intensiven, kleinen Lichtsphäre, und dieses Licht, das sich auf kleinstem Raum konzentriere, mache einen Engel aus. Ich finde das ein sehr schönes, poetisches Bild. Es erinnert mich an die Engel von William Blake, die wie Feuer sprühen und von Geist, Leben und Energie erfüllt sind.

Anstatt zu definieren, suche ich nach Vergleichen, nach Bildern, die etwas über das Wesen der Engel aussagen. Interessant ist in diesem Zusammenhang auch ein Lehrsatz von Thomas von Aquin, der Engel als »getrennte Substanzen« beschreibt. Demnach sind sie stofflich, real, doch nicht in dem Sinne, wie wir das Materielle kennen, nicht meßbar, nicht quantifizierbar, nicht greifbar. Auch die Liebe ist real, aber nicht meßbar. Das hoffe ich jedenfalls.

Kein Meßgerät kann sie erfassen, und doch ist die Liebe eine Tatsache, ein Gefühl, das wir empfinden und das in unserem Leben eine große Bedeutung hat. So gesehen sind Engel sehr real. Sie sind Materie, doch sie existieren für sich und unterscheiden sich von dem, was wir unter Materie verstehen.

F: Wie kamen die großen Maler zu ihren Vorstellungen, die sie über Engel hatten? Warum sind die Flügel ein so auffälliges Merkmal der Engel in der Kunst?

TM: Zunächst müssen wir davon ausgehen, daß diese Maler die Wirklichkeit darstellten, wie sie in der damaligen Gesellschaft erfahren wurde. Wenn wir diese Engelsdarstellungen betrachten, müssen wir uns klarmachen, daß es sich nicht um exakte Abbilder handelt, daß wir nicht – wie vielleicht bei UFOs oder anderen übernatürlichen Erscheinungen – nach deren materieller Beschaffenheit fragen können. Doch wir können davon ausgehen, daß ein Maler mit seiner künstlerischen Intuition Wirklichkeiten erfaßt, die sich jeglicher Definition oder physikalischer Erklärung entziehen. Künstler zeigen uns also, was ein Engel seinem Wesen nach ist.

Die Flügel auf Gemälden sind ein Symbol für die Fähigkeit der Engel, sich im Gegensatz zu uns Menschen über alles erheben und über dem Boden schweben zu können. Engel überschreiten, transzendieren die Grenzen unseres normalen Lebens. Wie Sie vielleicht wissen, verglichen die alten Griechen die Liebe oft mit einem Engel. In ihrer Kunst spielt Eros eine große Rolle und hat auf Abbildungen stets die herrlichen großen Flügel eines Engels. Auch neuere Darstellungen zeigen Eros als Engel. Ist nicht auch die Liebe ein im wörtlichen Sinne erhebendes Gefühl, das uns manchmal »schweben« läßt, unsere Gefühle und Empfindungen, ja sogar unser Leben erhöht? Ich glaube, das trifft auch auf Träume zu, in denen wir fliegen können. Vielleicht könnte man sagen, daß wir in diesen Träumen selbst zu Engeln werden. Viele Menschen träumen, sie könnten fliegen. Diese Träume zeigen uns, daß wir uns mit unserem Bewußtsein, unserem Empfinden und unseren Gefühlen über das irdische Dasein hinwegsetzen können. Sie deuten an, was das Wesen der Engel ist und was ihre Flügel bedeuten.

Auf manchen Darstellungen ist aber auch zu sehen, daß Engel mit ihren Flügeln etwas bedecken. Manchmal sind ihre Flügel sehr groß und erstrecken sich fast über das ganze Bild. Damit soll vermutlich angedeutet werden, daß Engel ein Geheimnis verbergen, daß sie das göttliche Geheimnis bewahren und daß wir nicht für alles eine Erklärung suchen sollen. Ich fürchte, es wird nicht mehr lange dauern, und wir erklären die Liebe als bloße Folge chemischer Reaktionen. Wenn wir das tun, verletzen wir meines Erachtens die Sphäre des Geheimnisvollen, die für uns von so großer Bedeutung ist. Und damit schieben wir jene Engelsflügel zur Seite, die doch gerade Geheimnisse und Rätsel vor dem profanen Blick schützen sollen.

F: Inwiefern unterscheidet sich der Zeitbegriff der Engel von dem der Menschen?

TM: Der Zeitbegriff der Engel ist von Unendlichkeit geprägt, während wir einer linearen, chronologischen Abfolge unterworfen sind. Wir können uns aber davon lösen, wenn wir uns zum Beispiel an Ereignisse aus unserer Kindheit erinnern oder an Dinge, die ein bis zwei Jahre zurückliegen. Diese Erinnerung ist manchmal sehr lebhaft und übt einen großen Einfluß auf die Gegenwart aus. Erinnerungen könnten also das Werk von Engeln sein. Engel helfen uns dabei, daß wir uns über die horizontalen, chronologischen Ereignisfolgen hinaus vertikal in der Zeit bewegen können. Sie fragen nicht, was vorher war oder nachher kommt, sondern rufen uns die Höhen und Tiefen unseres Lebens in Erinnerung. Auch in diesem Sinne leben Engel in einem anderen Zeitgefüge als wir.

F: Die Engel scheinen so fernab von all den Problemen und Schrecken der heutigen Zeit, denen wir uns gegenübersehen. Haben Engel eine Bedeutung für gegenwärtige Ereignisse, und wenn ja, welche?

TM: Die schrecklichen Dinge, die auf unserer Erde vor sich gehen – Kriege, die Teilung in Erste und Dritte Welt, Naturkatastrophen, Krankheiten –, erscheinen uns manchmal äußerst bedrückend. Doch was tun wir? Wir zerbrechen uns den Kopf, wir beauftragen Fachleute, bilden Kommissionen und stecken Unsummen in die Lösung dieser Probleme. Und doch wird die Situation eher schlechter als besser. Ich glaube, das liegt daran, daß unsere Reaktionen rein menschlicher Natur sind. Sie finden auf einer weltlichen Ebene statt. Doch wir müssen erkennen, daß wir ohne die Welt der Engel nicht auskommen. Engel können unsere Probleme lösen.

Paracelsus, ein Arzt aus dem sechzehnten Jahrhundert, behauptete einmal, es gebe keine Krankheit ohne Heilungschancen. Diese Behauptung zeugt von einer unglaublichen, ja rätselhaften Zuversicht, denn wenn wir uns umsehen, müssen wir zu dem Schluß kommen, daß wir keine Lösung für unsere Probleme haben. Wir sehen jedenfalls keine. Doch möglicherweise suchen wir sie nur auf einer falschen Ebene und am falschen Ort. Wir müssen lernen, auch die andere Ebene, die Ordnung der Engel zuzulassen. Doch was heißt das genau? Es heißt, daß wir uns vorstellen müssen, in einer Welt mit einer tieferen Dimension zu leben, in einer Welt, die über das rein Menschliche hinausgeht. Wir dürfen jedoch diese andere Welt in unserer Vorstellung nicht zu einem Abbild der eigenen Welt machen. Und genau dieser Fehler unterläuft uns viel zu oft. Wir glauben, die Engel bestehen aus irgendwelchen Gasen. Wir behaupten, wir könnten sie sehen, wenn wir nur das richtige Fernrohr oder Mikroskop hätten. Wir denken eben immer an das physikalisch Mögliche. Doch das ist nicht genug. Engel sind körperlos, immateriell. Das erkannte schon Thomas von Aquin. Sie bewegen sich in einer völlig anderen Ordnung.

Wenn wir diese Ordnung verstehen und in ihr leben wollen, müssen wir uns von unseren bisherigen Vorstellungen völlig befreien. Ich bin der Meinung, daß wir unsere Probleme erst dann in den Griff bekommen, wenn wir unsere Phantasie wiederbeleben und anerkennen, daß unser Alltagsleben auch eine heilige Dimension hat. Die Engel bewegen sich nämlich genau in dieser heiligen Dimension. William Blake sagte einmal, die Welt Newtons, also die eindimensionale Welt, in der wir heute leben, bedeute unseren Tod. Wir bräuchten ein Vierfaches an Vorstellungskraft, so Blake, Visionen, die die Newtonsche Welt überschreiten. Und heute stehen wir an einem solchen Punkt: Wir brauchen dringend Visionen, die die Wirklichkeit transzendieren. Ich glaube, daß wir unsere Probleme lösen können. Und ich glaube, daß es, um noch einmal Paracelsus zu zitieren, keine Krankheit ohne Heilung gibt. Doch für diese Heilung müssen wir unser Denken umstellen, und zwar so radikal, wie wir es uns heute kaum vorstellen können. Ich glaube an diese Möglichkeit, doch soweit ich es beurteilen kann, sind wir noch weit davon entfernt.

F: Die Verkündigungsszene zieht uns immer wieder in ihren Bann. Haben Sie eine Erklärung dafür?

TM: Mariä Verkündigung ist eine der großen Geschichten des Christentums. Es gibt Hunderte von Gemälden, die dieses Ereignis festhalten. Für mich ist es ein Ereignis. Es ist ein archetypisches Bild, ein Bild von einem Ereignis, das uns auf immer und ewig neu widerfährt.

Auf diesen Gemälden ist Maria stets allein. Sie sitzt entweder einfach nur da, oder sie liest in einem Buch, oder sie hat ihren Blick gerade von einem Buch abgewandt. Daß sie liest, ist äußerst interessant, denn es bedeutet, daß sie gerade mit Lernen oder Meditation beschäftigt ist. Sie ist also in irgendeiner Weise auf das Erscheinen des Engels vorbereitet. Einmal durch ruhiges Abwarten, ein anderes Mal durch Lesen.

Ein weiteres Merkmal der Verkündigungsszene ist, daß eine Säule oder Wand Maria von dem Engel trennt. Nun hat dies keine rein architektonische Bedeutung. Vielmehr läßt sich daraus die Verschiedenheit zwischen der menschlichen Wirklichkeit und der Wirklichkeit der Engel ablesen. Es gibt eine Grenze zwischen dem Ewigen und dem Menschlichen, und Engel haben die Fähigkeit, diese Grenze zu durchdringen, zu transzendieren und Maria eine Botschaft zu verkünden. Der Engel sagt zu Maria, daß etwas mit ihr geschehe – vielleicht sagt er es so: »Du wirst etwas empfangen, was Gott geschaffen hat. Er wird seinen göttlichen Samen in dich legen.« Manchmal ist Maria auch von einem goldenen Strahl beleuchtet, der aber nicht vom Engel ausgeht, sondern von einer Taube oder direkt von der Gottheit, von Gott selbst. In gewisser Hinsicht [ist diese] Szene ein Bild der göttlichen Sexualität. Maria empfängt ein Kind, ein göttliches Kind. Das Ganze ist unglaublich und rätselhaft, und es ist wohl an dieser Stelle auch nicht wichtig zu fragen, ob wir daran glauben oder nicht. Wir sollten uns nicht mit der Frage aufhalten, was wirklich geschah oder was das alles bedeutet. Vielmehr sollten wir dieses Ereignis als ein Bild dessen auffassen, was Engel tun: Sie verkünden uns etwas; sie teilen uns mit, daß sich in unserem Inneren etwas von ewiger Bedeutung entwickelt. Wie Maria müssen auch wir auf die Ankunft des Engels vorbereitet sein. Und das heißt, daß auch wir manchmal allein sein müssen. Das Alleinsein, die Abgeschiedenheit ist wichtig für diese Begegnung und nicht zuletzt auch für unser spirituelles Leben. Ein zweiter wichtiger Gesichtspunkt ist das Lesen, das reflektierende Nachdenken über einen im weitesten Sinne heiligen Text. Das muß nicht unbedingt die Bibel sein. Es kann auch ein Buch sein, das wir aus irgendeinem Grund für heilig halten, vielleicht ein Gedicht, Aufzeichnungen unserer Träume oder irgendein anderer literarischer oder dokumentarischer Text, der uns wesentlich erscheint. Es gibt gewisse Arten des Lesens, die die Gegenwart von Engeln begünstigen.

Wir müssen also große Sorgfalt walten lassen bei der Auswahl unserer Lektüre, denn durch das Lesen bereiten wir uns auf diese Offenbarungen vor, die doch das Wichtigste in unserem Leben darstellen. Sie prägen unser Leben, sie prägen unser Denken, und sie geben unseren Erfahrungen einen Sinn. Wenn wir unsere Lektüre mit Bedacht wählen, wenn wir uns der Kontemplation hingeben, dann erscheint der Engel.

F: Was ist mit den gefallenen Engeln – mit den Mächten der Finsternis? Versuchen wir, sie aus unserem Bewußtsein zu verdrängen?

TM: Natürlich gibt es immer eine Kehrseite der Medaille. Es gibt nicht nur das Licht, sondern auch die Finsternis. Wenn wir sie ausschließen, fehlt etwas. Die bösen, dunklen Engel, die Satansengel, Luzifer (was wörtlich »der Lichtträger« bedeutet) – sie alle haben einen zugewiesenen Platz. [Luzifer ist] der Träger des Lichts, doch sein Platz ist die Finsternis der Hölle. Diese Aussage ist nicht nur paradox, sie ist auch höchst interessant. Ich glaube, daß es dunkle Engel gibt, schwarze Engel, tiefrote Engel, alle Arten von Engeln, die Finsternis und Angst vermitteln. [Da gibt es] den Engel, der Krebs verursacht, den Engel der Unwissenheit, den Engel des Versagens. Ich glaube, Engel sind auch für solche Dinge verantwortlich.

Schicksal, Karma – irgendwie sind Engel daran beteiligt, sie beeinflussen unsere körperliche Gesundheit, sie beeinflussen unsere geistige Gesundheit, sie beeinflussen zum Beispiel auch unsere Partnerschaft. Es gibt auch vieles, was offensichtlich nicht gut ist. Doch auch das ist eine Notwendigkeit. Übrigens ein interessantes Wort, das heute immer weniger benutzt wird. Notwendigkeit. Den alten Griechen war es sehr geläufig. Krankheiten und Rückschläge haben ihren Platz in unserem Leben, so schmerzlich diese Erfahrungen auch sind, so sehr sie uns im wahrsten Sinne des Wortes auch verzehren. Sie können wichtig sein für das Schicksal unserer Seele. Eine Krankheit kann mit all ihrem Schrecken einen Menschen seiner Seele vielleicht näher bringen als irgend etwas anderes. Je stärker sie unser Leben bedroht, desto mehr wird unsere Seele wachgerüttelt.

F: Inwieweit ist die Phantasie an unserer Verbindung zur Ideenwelt beteiligt?

TM: Die Phantasie könnte man auch durch das beschreiben, was sie nicht ist. Sie hat nichts mit Klugheit zu tun und auch nichts mit Einfallsreichtum. Wenn ich von jemandem behaupte, er habe Phantasie, meine ich etwas anderes. Viele denken bei dem Wort »Phantasie« an Oberflächliches, an Unwichtiges, das den Kern der Dinge nicht berührt.

Die Phantasie, die Vorstellungskraft sagt etwas darüber aus, was für ein Bild wir über uns selbst und unsere Beziehung zur Umwelt haben. Sie sagt uns etwas über konkrete Ereignisse in unserem Leben, an denen wir vielleicht nur unbewußt beteiligt sind. Fast jede Situation, in der wir uns befinden, könnte man mit einer Szene in einem Theaterstück vergleichen. Wir bringen unser Kind zur Schule und empfinden dabei ein unerklärliches Unbehagen. Vielleicht fällt uns die Trennung schwer, oder die Institution Schule weckt in uns unangenehme Assoziationen. Schon eine unbedeutende Szene wie diese kann tiefe Gemütsbewegungen in uns auslösen. Und das kann in jeder Lebenssituation vorkommen. Das kann man tagtäglich beobachten. Wenn wir uns mit diesen alltäglichen Szenen auseinandersetzen, setzen wir die Phantasie ein, um unsere Erfahrungen zu analysieren.

Unsere Kultur bewegt sich mit ihrer kollektiven Vorstellungskraft meines Erachtens in einem eingefahrenen Gleis. Wir betrachten und interpretieren unsere Welt nur aus einem rein naturwissenschaftlichen Blickwinkel. Diese Betrachtungsweise ist zwar nicht unsere einzige, doch sie ist sehr, sehr dominant. So verschließen wir uns oft anderen Vorstellungen, weil wir so sehr auf die eine Sichtweise eingeschossen sind. Ähnlich phantasielos ist auch unser Engelsbild. Wir haben eine so festgefahrene Vorstellung von unserem Leben, daß für Engel einfach kein Platz ist. Engel haben ihren Platz außerhalb unserer Vorstellungskraft. Dabei könnten uns Engel in unserer Phantasie beflügeln, wenn wir den Gedanken an ihre Existenz nur zuließen. Erst wenn wir diese nüchterne, wissenschaftlich-rationale Betrachtungsweise aufgeben, können wir von einer neuen Vorstellungskraft sprechen. Unsere Welt ist voller Sagen und Mythen, eine mythologische Welt, in der es Darsteller, Szenen, Ereignisse und Erinnerungen gibt. Und die Engel kommen aus einer vollkommen anderen mythischen Welt. Man könnte sagen, wir erleben gerade eine Verschmelzung, das Aufeinandertreffen zweier grundverschiedener Vorstellungen von dem, was das menschliche Leben ausmacht. Dem einen, rein weltlichen Weltbild steht jenes andere gegenüber, das der Spiritualität einen viel größeren Raum zugesteht.

Die dauerhafte Begegnung dieser beiden Welten wird für uns von großen Interesse sein. Sie wird uns neue Möglichkeiten eröffnen, mit unserem Leben und seinen Problemen anders umzugehen: mit unserer Gesundheit, mit den Beziehungen innerhalb der Familie und zu unseren Mitmenschen, aber auch mit den Problemen in unseren Städten und mit den Beziehungen zu anderen Nationen. Und die Phantasie leistet hierzu ihren eigenen Beitrag.

Melvin Morse

Melvin Morse ist Arzt und gilt als Autorität auf dem Gebiet der Sterbeerlebnisse. Er studierte Medizin an der George Washington University und arbeitet heute als Professor für Kinderheilkunde am Universitätsklinikum in Washington. Zusammen mit Paul Perry schrieb er die Bestseller ›Verwandelt vom Licht‹ und ›Zum Licht. Was wir von Kindern lernen können, die dem Tod nahe waren‹.

Frage: Wie reagieren Ärzte und Mediziner auf die neuesten Vorstöße im Bereich spiritueller Erfahrungen?

Melvin Morse: Die Ärzteschaft spielt spirituelle Erfahrungen größtenteils herunter und stellt sie als krankhafte Einbildungen dar. Und das ärgert mich besonders, denn meiner Meinung nach handelt es sich hierbei um Erfahrungen ganz normaler Menschen. In medizinischen Fachbüchern werden Sterbeerlebnisse als Reizungen eines Hirnlappens, des sogenannten lobus temporalis cerebri, als eine Unterversorgung des Gehirns mit Sauerstoff, als Einbildung während des Sterbevorgangs oder als Streßreaktion des Körpers erklärt, die von seelischem Leiden ausgelöst wird und Sinnestäuschungen sowie Halluzinationen zur Folge haben kann. Immer wieder stößt man auf Ausdrücke wie »Halluzination, krankhafter Anfall« und »pathologisches Krankheitsbild«.

F: Wie reagieren Sie auf solche Zweifel und Bedenken aus Medizinerkreisen?

MM: Wir stützen uns bei unserer Forschung auf genau dieselben Untersuchungen wie jene skeptischen Neurologen, deren Erklärungen ich soeben zitiert habe, doch wir interpretieren sie anders. Nach unseren Erkenntnissen sind Sterbeerlebnisse wie jedes andere übersinnliche

Erlebnis auf die normale Tätigkeit einer bestimmten Hirnregion zurückzuführen, die in Streßsituationen gereizt wird, etwa während des Sterbens, während der Entbindung oder, wenn man zu den Glücklichen gehört, während der Meditation oder der religiösen Hingabe. Doch es bringt mich auf die Palme, wenn ich bedenke, daß es für die rationalistische, materialistische und skeptische Haltung gewisser Mediziner eigentlich nicht den geringsten Beweis gibt. Alle wissenschaftlichen Ergebnisse legen vielmehr nahe, daß Erfahrungen in Todesnähe als real anzusehen sind. Für die Theorie, daß Sterbeerlebnisse durch seelisches Leid ausgelöste Einbildungen darstellen, gibt es keinerlei wissenschaftliche Beweise. Dagegen gibt es über ein halbes Dutzend ausgezeichneter Publikationen, die genau das Gegenteil sagen. Sterbeerlebnisse sind weder pathologisch, noch werden sie durch bestimmte Medikamente oder Drogen ausgelöst. Sie entstehen während der normalen Abläufe im menschlichen Gehirn beim Sterben.

F: Können Sie uns das anhand einiger neuerer Fälle veranschaulichen?

MM: An der Kinderklinik von Seattle im Bundesstaat Washington führten wir eine sehr einfache und doch überzeugende Studie durch. Anhand zuverlässiger Kontrollgruppen konnten wir systematisch aufzeigen, daß Patienten, die den sogenannten klinischen Tod oder einen Herzstillstand überlebt haben, oft von spirituellen Erfahrungen berichten. Dagegen ist es bei Versuchspersonen, die ebenfalls einen Sauerstoffmangel im Gehirn erlitten haben, die mit den gleichen Medikamenten behandelt wurden und die den gleichen Streßfaktoren ausgesetzt waren, offensichtlich nicht zu übersinnlichen Erlebnissen gekommen. Die genannte Studie mußte noch von anderen Institutionen verifiziert werden, was inzwischen auch geschehen ist. An der Universität von Utrecht wurde eine vergleichbare Studie mit erwachsenen Versuchspersonen durchgeführt. Auch an der Kinderklinik in Boston konnte nachgewiesen werden, daß Kinder hauptsächlich dann von Sterbeerlebnissen berichten, wenn sie selbst mit dem Tod in Berührung gekommen sind. Die Ergebnisse dieser Studien stellen für mich eindeutige Beweise dar. Es gibt jedoch Einzelfälle, deren Beweiskraft die einer wissenschaftlichen Studie noch übersteigt. In Kalifornien ist ein Fall bekannt, bei dem eine Frau wenige Stunden nach der Herztransplantation, etwa gegen 2 Uhr 15, einen Herzstillstand erlitt. Doch sie überlebte und berichtete später von dem folgenden Erlebnis: Sie trat aus ihrem Körper heraus und hatte dabei das Gefühl zu schweben. Daraufhin versuchte sie, mit ihrer Tochter Kontakt aufzunehmen, was ihr aber nicht gelang. Statt dessen entfernte sie sich über hundert Kilometer weit von ihrem leiblichen Körper, wo es ihr irgendwie gelang, mit ihrem schlafenden Schwiegersohn in Verbindung zu treten. Dieser erwachte und sagte: »Na sowas. Ich habe gerade geträumt, meine Schwiegermutter steht vor mir und sagt: ›Ich wäre fast gestorben, aber macht euch keine Sorgen. Es wird alles wieder gut.‹« Dieser Traum erschien dem Schwiegersohn von so großer Bedeutung, daß er sich den genauen Zeitpunkt notierte. Nachforschungen bestätigten, daß das, was er geträumt hatte, tatsächlich geschehen war. Das bekräftigt meines Erachtens die Tatsache, daß das menschliche Gehirn beim Eintritt des Todes auf jeden Fall bemerkenswerte übersinnliche Kräfte aufweist. Mit dem Tod kommen also nicht, wie allgemein angenommen wird, alle Hirnfunktionen zum Erliegen, sondern es werden beim Sterben zumindest gewisse Hirnpartien gereizt, die während unseres »normalen« Lebens niemals angesprochen werden. Wenn wir also akzeptieren, daß unser Gehirn übersinnliche Kräfte aktivieren kann, indem es uns ermöglicht, große Entfernungen zu überwinden und mit anderen in Verbindung zu treten, dann müssen wir auch akzeptieren, daß wir Menschen so etwas wie eine Seele besitzen, die außerhalb unseres Körpers existiert.

F: In letzter Zeit begegnen wir überall Engeln – im Auto, beim Einkaufen, in Filmen wie ›Angels in America‹, der gerade im Kino läuft. Was hat das zu bedeuten? Wie ist das einzuordnen? Was sagt das aus über uns als Nation, als Kultur?

MM: Als ich mit der Erforschung von Sterbeerlebnissen begann, widmete ich ihr nur einen geringen Teil meiner Arbeit, denn ich war schon damals vielbeschäftigter Arzt auf einer Intensivstation. Doch ich mußte feststellen, daß das Interesse der Öffentlichkeit sehr groß ist. Das zeigt sich nicht allein dadurch, daß Themen dieser Art von den Massenmedien verbreitet werden, sondern auch in den Tausenden und Abertausenden von Briefen, die ich bekomme und die mich in meinen Forschungen über Sterbeerlebnisse immer wieder bestärken.

Daß Sterbeerlebnisse nur die Spitze eines Eisberges darstellen, ist mehr als nur Vermutung. Die Sehnsucht nach spirituellen Erfahrungen in unserer Gesellschaft ist offensichtlich groß. Und dieses Verlangen läßt sich leichter einordnen, wenn man Bücher von Joseph Campbell gelesen hat, der behauptete, unsere Gesellschaft habe ihre kollektiven Mythen verloren. Unsere religiösen Strukturen seien aufgelöst. Der Tod stehe am Anfang des Mythos. Und ich glaube, genau das können wir in unserer Gesellschaft beobachten. Wir interessieren uns heute wieder für den Tod, also für das, was wir in den vergangenen hundert Jahren erfolgreich aus unseren Gedanken verdrängt haben. Dadurch, daß wir mehr über den Tod erfahren, gelangen wir auch zu Erkenntnissen darüber, was das Leben ausmacht. Ein Mädchen, das einmal dem Tod sehr nahe gewesen war, sagte hinterher, sie habe gelernt, daß das Leben gelebt werden müsse und daß das Licht danach komme.

Wenn wir also die Angst vor dem Tod überwinden und uns gleichzeitig wieder den geistigen Dimensionen unseres Menschseins zuwenden, werden wir sowohl unsere Schaffenskraft, die den technologischen Fortschritt ermöglicht hat, als auch unser spirituelles Ich miteinander vereinbaren können. Als ich vor zehn Jahren meine Studien über das Grenzgebiet zwischen Leben und Tod aufnahm, reagierten viele meiner Kollegen mit Skepsis. Manche pfiffen demonstrativ die Melodie aus dem Film ›Unheimliche Schattenlichter‹ vor sich hin, wenn wir uns im Flur begegneten. Später konnte ich meine Forschungsergebnisse sogar in anerkannten Fachzeitschriften der American Medical Association veröffentlichen. Vor zwanzig Jahren wäre das undenkbar gewesen, und diese Möglichkeit verdanke ich einzig und allein der Tatsache, daß sich in unserer Gesellschaft das Interesse an spirituellen Erfahrungen in allen Bereichen durchzusetzen beginnt.

Und was können wir aus Sterbeerlebnissen lernen? Daß alles in unserem Leben einen tieferen Sinn hat. Welche Spuren hinterläßt die Begegnung mit jenem Licht von Drüben bei den Betroffenen? Die felsenfeste Überzeugung, daß ihr Leben mit Sinn erfüllt ist. Daß alles, was sie tun, von großer Bedeutung ist. Sie flüchten sich nicht in Extreme, sie tragen sich nicht mit Selbstmordgedanken. Nein, sie wollen in ihrem Leben etwas Sinnvolles tun, anderen Menschen helfen.

F: Hat dieses spirituelle Erwachen auch praktische Auswirkungen, etwa auf die Ausübung des Arztberufes?

MM: Ich bin sicher, daß die Kosten im amerikanischen Gesundheitswesen um die Hälfte gesenkt werden können, wenn wir nur genau zuhören, was Menschen von Sterbeerlebnissen berichten oder was Kinder von Begegnungen mit Engeln erzählen. Meine Behauptung mag zunächst lächerlich erscheinen, doch halten wir uns einmal vor Augen, daß zehn bis fünfzehn Prozent unserer Ausgaben in der Krankenpflege für fruchtlose und gegen jede Vernunft angeordnete medizinische Therapien in den letzten Stunden unseres Lebens verwendet werden – für Therapien, die nicht einmal bei jedem tausendsten oder gar millionsten Patienten zum Erfolg führen. Und warum tun wir das? Warum versagen wir Patienten immer wieder ein Ende in Würde, indem wir sie einer teuren und demütigenden Intensiv-Medizin aussetzen, ihnen Beatmungsschläuche in die Luftröhre schieben und dergleichen? Wegen unserer eigenen Angst vor dem Tod. Wir glauben, nur weil uns der technische Fortschritt die Möglichkeit zum Eingreifen bietet, müssen wir es auch tun. Uns fehlt der Mut zu sagen: »Dieser Mensch braucht keine fünfzigtausend Mark teure Intensiv-Pflege, bevor er stirbt.«

Warum scheuen wir diese schwere Entscheidung? Weil wir uns vor dem Tod fürchten und in die irrige Annahme verfallen, die Medizintechnik könne uns für immer am Leben erhalten. Doch Kinder können uns lehren, daß man sich vor dem Tod nicht zu fürchten braucht. So streichelte einmal ein kleines Mädchen meine Hand und sagte: »Sie werden sehen, Dr. Morse, im Himmel ist es lustig.« Wir alle sollten die Lektion begreifen, die wir von Kindern bekommen, die den Tod erfahren haben. Und ich wette, daß dann auch die gegen jede Vernunft eingesetzte medizinische Technologie immer weniger benötigt wird und daß es zu einer Senkung der Pflegekosten kommt.

Es geht hier also nicht um alberne Geschichten über Engel. Es geht um viel Geld, das auf diese Weise eingespart werden kann, und zwar um Milliarden.

F: Wie kommt es, daß Kinder eine viel stärkere Verbindung zu den Engeln haben als Erwachsene?

MM: Die spirituellen Erlebnisse von Kindern sind viel reiner, einfacher und direkter. Sie filtern nichts heraus, sie fügen nichts hinzu oder lassen etwas weg, was ihnen aufgrund ihrer Lebenserfahrung wichtig oder unwichtig erscheint. Und da der Kern dieses Erlebnisses die Begegnung mit dem Licht ist, sehen Kinder mehr Engel als Erwachsene. Sie sehen sozusagen die ungefilterte Wahrheit.

F: Können Sie uns etwas über Jamie erzählen? Wann und wie kamen Sie mit dem Fall zum erstenmal in Berührung? Was war das Besondere an diesem Kind?

MM: Jamies Geschichte ist einzigartig und interessant, denn sie hatte keine Ahnung davon, daß sie ein Sterbeerlebnis gehabt hatte. So verhielt sie sich mir gegenüber völlig natürlich und unbefangen. Sie selbst hatte das, was sie erlebt hatte, überhaupt nicht verstanden und war jahrelang verängstigt. Zufällig arbeitete ihre Mutter als Sekretärin in meinem Büro und wußte über meine Forschungen an der Kinderklinik von Seattle Bescheid. Sie wußte auch, daß ihr Kind seit Jahren unter schrecklichen Alpträumen litt, die zum erstenmal nach einer schweren Hirnhautentzündung auftraten, an der sie beinahe gestorben wäre.

Mit fünf Jahren kam Jamie dem Tod so nahe, wie man ihm nur irgend kommen kann, doch dank der modernen Medizintechnik ist sie noch am Leben. Zehn Minuten länger, und sie wäre tot gewesen. Sie war wegen einer schweren Entzündung der Hirnhaut und des Rückenmarks eingeliefert worden. Da sie [in ein] Koma [gefallen] war, kam sie sofort in unseren Schockraum. Dort wurde ihr eine intravenöse Infusion gelegt. Sie bekam Sauerstoff, aber ihr Herzschlag setzte aus. Also versuchte man es mit einer Herz-Lungen-Wiederbelebung. Sie war also bereits klinisch tot, und der Herzschlag mußte künstlich wieder in Gang gesetzt werden. Dazu drückte man ihr auf den Brustkorb und führte zur künstlichen Beatmung einen Schlauch durch die Luftröhre in die Lungen. Außerdem bekam sie starke Antibiotika. Schließlich wurde sie mit dem Rettungshubschrauber in die Kinderklinik von Seattle überführt.

F: Wie bekamen Sie Jamie dazu, daß sie Ihnen von ihren Erlebnissen erzählte?

MM: Als ich Jamie später, nachdem sie wieder gesund war, traf, war sie ausgesprochen schüchtern und verängstigt. Ich sah sofort, daß sie etwas erlebt haben mußte, was sie völlig aus dem Gleichgewicht gebracht hatte. Ihr Erlebnis war so gewaltig und so persönlich, daß sie mit niemandem darüber sprach. Stundenlang spielte ich mit ihr Videospiele. Es kostete mich viel Zeit und viel Geduld, zu ihr durchzudringen. Schließlich ließ ich sie ein Bild malen und bat sie, das zu malen, was sie erlebt hatte. Sie malte sich, wie sie auf dem Bett im Schockraum lag. Dann zeichnete sie eine ziemlich getreue Wiedergabe meines Kollegen

Dr. Christopher und wie er sie gerade wiederbelebte. Seine Finger waren in typischer Weise gekreuzt und setzten an der richtigen Stelle auf ihrem Brustkorb an, so daß ich Dr. Christopher später bestätigen konnte: »Deine Wiederbelebung war lehrbuchmäßig.« Auf Jamies Bild stimmte jedes Detail. Am Kopfende ihres Bettes malte sie korrekt eine Krankenschwester, die eine Haube trug. Auch den Defibrillator malte sie. Solche Einzelheiten konnte sie sich unmöglich ausgedacht oder im Fernsehen oder sonstwo gesehen haben.

Sie malte sich selbst als in der Luft schwebend, und während sie malte, fragte ich sie zu einzelnen Bildelementen: »Wer ist der Mann, der dort sitzt?« Sie antwortete: »Oh, das ist Jesus. Er ist sehr nett.« Dann zeigte sie mir die Engel, die sie gemalt hatte. Als nächstes malte sie einen Regenbogen, und ich fragte sie: »Erzähl' mir doch etwas über den Regenbogen«, worauf sie erwiderte: »Das ist das Licht.« Ich fragte: »Das Licht?« Sie erklärte: »Ja, ein Licht, das mir sagte, wer ich bin und wohin ich gehen soll.« Zweifellos handelte es sich bei diesem Licht um etwas anderes als um Jesus oder um Engel.

Nachdem sie ihre Erfahrung auf diese Weise mit mir geteilt hatte, mußte ich verwundert feststellen, was für eine tiefe Veränderung in ihr vorging. Ihre Alpträume verschwanden, und ihre schulischen Leistungen verbesserten sich schlagartig. Seit ihrer Hirnhautentzündung litt sie unter Übergewicht, doch nun nahm sie wieder ab. Noch bemerkenswerter aber ist, daß das einfache Reden über ihre Erlebnisse für sie eine Art Bestätigung zu sein schien. Jetzt weiß sie, daß das, was sie erlebt zu haben glaubte, wirklich geschehen war. Sie spricht darüber mit anderen Kindern, die an einer schweren oder unheilbaren Krankheit leiden. Sie besucht sie in der Kinderklinik von Seattle, im Marybridge Hospital und im Valley General Hospital und erzählt ihnen von ihrem Erlebnis. Und dadurch spendet sie diesen todkranken Kindern Trost.

F: Wie würden Sie aufgrund ihrer jahrelangen For-

schungsarbeit ein Sterbeerlebnis definieren? Welches sind die wesentlichen Merkmale?

MM: Sterbeerlebnisse treten bei Menschen auf, die den klinischen Tod überlebt, also einen Herzstillstand erlitten haben oder in einem so tiefen Koma lagen, daß normalerweise bleibende Hirnschäden auftreten. Sterbeerlebnisse gibt es auch in Situationen, in denen ein Mensch dem Tod sehr, sehr nahe kommt, etwa wenn er aus großer Höhe eine Felswand hinunterstürzt, aber auf eine weiche Schneebank fällt und gerettet wird; oder wenn Bergleute stunden- oder tagelang unter Tage eingeschlossen sind und keine Aussicht auf Rettung besteht. Letztere Beispiele fallen in eine Kategorie von Fällen, bei denen häufig von Engelsbegegnungen berichtet wird. Kumpels, die nach Erdrutschen oder Baggerarbeiten im Berg eingeschlossen sind, werden oft von Schutzengeln oder Geistern anderer Bergleute auf der Suche nach Rettung begleitet. Das läßt sich in der medizinischen Fachliteratur dreißig Jahre zurückverfolgen.

F: Können Sie aus den Merkmalen aller Sterbeerlebnisse, die sie aus Erzählungen kennen, ein typisches, ein »ideales« Sterbeerlebnis konstruieren?

MM: Ein Sterbeerlebnis beginnt damit, daß die betreffenden Personen fühlen, daß sie entweder bereits tot sind oder gerade im Sterben liegen. Dann haben sie mit einemmal das Gefühl, daß sie sich sehr rasch aus ihrem Körper entfernen und das Geschehen von außerhalb betrachten. Dabei sehen sie ihren Körper und umstehende Personen von oben herab. Von diesem Beobachtungsposten aus wohnen sie den Wiederbelebungsversuchen bei und hören, wenn Ärzte oder Schwestern zum Beispiel sagen: »Es ist alles zu spät.« Dann fühlen sie eine völlige Dunkelheit um sich herum. Oft nehmen sie dabei ein durchdringendes Geräusch wahr, ein Brausen oder Dröhnen, manchmal aber auch – und das ist interessant – himmlische Musik. Dann wird alles um sie herum vollkommen dunkel, und diese Dunkelheit ist unheimlich. Viele Kinder erzählen, sie hätten sich davor sehr gefürchtet, da sie fühlten, daß sie noch am Leben waren. Sie hätten das Gefühl gehabt, daß sie ihren Körper verlassen hätten und sich in einem finsteren Nichts befänden.

In diesem Nichts nähert sich den Sterbenden ein spirituelles Lichtwesen. Manchmal ist das ein verstorbener Verwandter, bei Kindern manchmal auch die Gestalt eines noch lebenden Lehrers aus ihrer Schule. Meistens nehmen Betroffene diese Gestalt als religiöses Wesen wahr – für Christen ist es Gott oder Jesus, für Buddhisten Buddha, für Moslems Mohammed. Das Licht spendet ihnen Trost. Es handelt sich dabei weder um einen krampfartigen Reflex des Sehnervs, noch um ein Licht, das zum Todeszeitpunkt auf den Netzhautgefäßen verbleibt. Vielmehr strahlt das Licht Wärme, Frieden und Ruhe aus, eine bedingungslose Liebe, wie sie kaum ein Mensch zu Lebzeiten empfindet.

Während die Sterbenden in diesem Licht weilen, fühlen sie auf irgendeine Weise, daß sie sich entscheiden können zu bleiben oder zurückzukehren. Manchmal liegt die Wahl aber auch nicht bei ihnen. Jamie erzählte mir: »Ich erfuhr, daß es für mich noch nicht Zeit war zu sterben. Ich sollte meiner Mutter bei der Erziehung meines Bruders helfen.« Wenn Sterbende vor die Wahl gestellt werden und zurückkehren, treffen sie diese Entscheidung ausnahmslos aus Gründen der Liebe oder mit dem Ziel, ihrem Leben einen bestimmten Sinn zu geben. Noch nie hörte ich jemanden sagen: »Ich kehrte zurück, weil ich noch nicht genug gearbeitet hatte« oder »ich kehrte zurück, weil ich noch nicht das große Geld an der Börse gemacht hatte.«

Ein Junge erzählte mir einmal, er habe seinen Körper verlassen und gedacht, es sei unfair, da ja sein jüngerer Bruder schon umgekommen war. Er hielt es einfach nicht für fair seinen Eltern gegenüber, wenn auch er sterben würde. Seine ersten Worte waren: »Dr. Morse, ich muß ihnen ein tolles Geheimnis verraten. Ich bin einmal auf einer Treppe zum Himmel hochgestiegen.« Das ist genau das, was ich an den Sterbeerlebnissen von Kindern so mag. Sie beschreiben es so einfach, wie es ist. Sie schmücken ihre Berichte nicht unnötig aus oder zählen endlose Einzelheiten auf. Sie sehen schlicht das, was sie sehen und erzählen es einem so, wie sie es erlebt haben.

F: Wie oft spielen in den von Ihnen untersuchten Sterbeerlebnissen von Kindern und Erwachsenen Engel eine Rolle?

MM: Kinder sehen bei ihren Sterbeerlebnissen fast immer Engel. Bei den von mir untersuchten Fällen waren das sechzig bis siebzig Prozent. Bei den wenigen anderen Berichten über Kinder, die mir vorlagen, tauchten Engel in mindestens fünfzig Prozent der Fälle auf. Interessanterweise sind diese Zahlen bei den Sterbeerlebnissen Erwachsener ganz anders. Hier berichten nur etwa zehn bis fünfzehn, maximal zwanzig Prozent aller Betroffenen von einer Begegnung mit Engeln. Man könnte vermuten, daß Kinder ein besonderes Verhältnis zu diesen Geistwesen haben, denn sie erzählen immer wieder von Engelsbegegnungen. Oft sind diese Begegnungen sehr einfach. Ein Junge, bei dem es nach einem Routineeingriff zu lebensgefährlichen Komplikationen gekommen war und der dreimal nacheinander einen Herzstillstand erlitten hatte, erzählte mir, daß ein Engel an seiner Seite gestanden habe und daß er selbst sich schnell durch einen langen Tunnel bewegt habe, an dessen Seiten er so etwas ähnliches wie die Lichter einer Landebahn wahrgenommen habe. Das war auch schon alles. Er wußte weder, was der Engel tat, noch, was er mit ihm vorhatte und was das Ganze sollte.

Manchmal werden Engel nicht als solche erkannt. Ein Mädchen, das Diabetes hatte und nur knapp dem Tod entging, war nach eigenen Aussagen drei Ärzten in weißen Kitteln begegnet, die sie fragten, ob sie weiterleben oder sterben wolle. Auf meine Frage: »Woher weißt du, daß es Ärzte waren?« antwortete sie: »Sie waren sehr groß, und alles an ihnen war weiß, sie strahlten weißes Licht aus, und ich getraute mich nicht, sie anzusehen.« Das Mädchen kam aus einer atheistischen Familie und hatte keinerlei religiöse Erziehung genossen. Als dann jene Wesen vor ihr standen, nahm sie ganz einfach an, es seien Ärzte. Dennoch unterscheidet sich ihr Erlebnis im Kern nicht von anderen. Sie wurde vor die Wahl gestellt: »Wenn du mit uns kommst, wirst du deine Familie nie wiedersehen.« Wieder haben wir es also mit einer Entscheidung für oder gegen die Liebe von Familienmitgliedern zu tun.

Engelsbegegnungen können aber auch komplexere Formen annehmen. Ein fünfzehnjähriger Junge erzählte mir, er sei als Fünfjähriger aus großer Höhe in die Tiefe gestürzt. Sein Sturz dauerte lange, er fiel über sechs Meter tief zu Boden. Während des Falls erschien plötzlich ein Engel neben ihm, eine Frau, für die er große Liebe empfand. Er hatte noch nie einen Menschen so sehr geliebt. Die Frau sagte zu ihm: »Du mußt deinen Kopf auf eine bestimmte Weise halten. Wenn du ihn so hältst, dann wird dir nichts geschehen.« Nach dem Sturz wurde er in ein Krankenhaus gebracht, wo die Ärzte der Mutter mitteilten, der Junge habe nur überlebt, weil sich sein Körper beim Sturz in einer bestimmten Lage befunden habe. Andernfalls hätte er sich das Genick gebrochen. Wie es zu diesem glücklichen Umstand kam, konnte der Junge nur mit jener Engelserscheinung erklären.

F: Wie reagieren Ärzte und Wissenschaftler auf solche Berichte und Phänomene?

MM: Mediziner nehmen solche Erlebnisse meistens nicht ernst. Die Ärzte, die solchen Berichten Glauben schenken, lassen sich wahrscheinlich an einer Hand abzählen. Der Großteil der Ärzteschaft weigert sich sogar rundweg anzuerkennen, daß es Sterbeerlebnisse gibt. Für die meisten von ihnen sind Sterbeerlebnisse nichts anderes als der Versuch unseres Bewußtseins, eine große Erinnerungslücke auszufüllen, die während des Sterbens entsteht. Sie haben auch eine Erklärung dafür parat, daß Patienten sich später an Gespräche auf der Intensivstation, etwa zwischen Ärzten oder Krankenschwestern, erinnern:

Sie wachen nach Wiederbelebungsversuchen immer wieder für kurze Zeit aus ihrer Bewußtlosigkeit auf und bekommen [daher] Gesprächsfetzen mit. Wenn ein Arzt zum Beispiel sagt: »Oh Gott, ich glaube, wir schaffen es nicht«, werden in dem Sterbenden nach dieser Theorie Todesängste hervorgerufen, die vielleicht auch mit seiner religiösen Überzeugung zusammenhängen. Sein Bewußtsein »erfindet« eine schöne Geschichte, welche die Lücke in seiner Erinnerung füllt, die entstand, als er sich auf der Schwelle zum Tod befand.

Nun haben wir unsere Forschungsarbeit auf genau diese Frage gerichtet und untersucht, ob Sterbeerlebnisse Traumbilder sind, der Phantasie entspringen oder ob sie wirklich erlebt werden. Zu unserer großen Überraschung zeigte sich, daß Sterbeerlebnisse tatsächlich erlebt werden. Sie treten auf, wenn sich ein Mensch in unmittelbarer Todesnähe befindet. Und sie sind keineswegs Einbildung. Sie werden von einer bestimmten Hirnregion vermittelt. Das Faszinierende daran ist, daß genau dann, wenn der Großteil unseres Gehirns seine Funktion einstellt, eine ganz bestimmte Hirnregion ihre Tätigkeit aufnimmt und uns erlaubt, Sterbeerlebnisse, wie sie uns berichtet wurden, zu empfinden. Neuere Forschungsergebnisse sind jedoch in der Öffentlichkeit nur wenig bekannt. Doch gerade in den letzten drei bis fünf Jahren wurden in den wichtigsten naturwissenschaftlichen und medizinischen Fachzeitschriften drei größere Studien zu Sterbeerlebnissen veröffentlicht, die einen Überblick über den Stand der Forschung geben. Alle kamen zu demselben Schluß wie wir. Ich sehe darin einen Hinweis darauf, daß wir allmählich einen Ausweg aus dieser Sackgasse finden, in die wir geraten sind, weil wir so wenig über die menschliche Seele wußten. Und genau hier sehe ich die Bedeutung der Sterbeerlebnisse: Sie brechen für unsere Kultur das Eis, in dem wir uns festgefahren haben.

Unsere Gesellschaft ist – nicht nur, was die Medizin betrifft – an einem Punkt angelangt, an dem wir übersinnlichen Erscheinungen und Erlebnissen jede Wirklichkeit absprechen. Wenn uns jemand erzählt, er rede mit Gott, so halten wir ihn für verrückt. Wenn jemand regelmäßig mit Gott spricht oder Engel sieht, geben wir ihm Medikamente, aber wir hören ihm nicht zu. Doch hier beginnt sich bereits ein Wandel abzuzeichnen. Ich stelle fest, daß sich hier in den letzten fünf Jahren viel geändert hat. Dieser Wandel wurde interessanterweise durch wissenschaftliche Forschungsarbeiten über Sterbeerlebnisse ausgelöst, also durch Arbeiten, die wir mit unseren technischen Fähigkeiten erbracht haben. Wir sind heute in der Lage, Menschen wiederzubeleben, die strenggenommen bereits tot sind, und zum erstenmal erfahren wir von ihnen, was beim Sterben genau vor sich geht. Wir erkennen, daß das Leben nicht im finsteren Nichts endet, sondern daß der Tod in Wirklichkeit ein wunderbares, oft mit Freuden verbundenes, spirituelles Erlebnis ist. Ich bin der Auffassung, daß diese Forschungen auch andere Bemühungen um die Ergründung übersinnlicher Erfahrungen bestätigen. Dabei ist es gleichgültig, ob es sich um Engelsbegegnungen, um Todesahnungen oder um Visionen handelt, in denen sich Verstorbene ihrem Ehegatten zeigen oder in denen Eltern ihr verstorbenes Kind wiedersehen, das am Plötzlichen Kindstod gestorben ist.

Ich habe versucht, diese Dinge in meinem neuen Buch ›Parting Visions‹ zu ergründen und darzustellen. Dabei habe ich mich aber nicht nur auf Sterbeerlebnisse beschränkt, sondern auch eine ganze Reihe anderer, im weitesten Sinne verwandte Phänomene berücksichtigt. Sie alle werden durch genau denselben Teil unseres Gehirns vermittelt, der auch für die Sterbeerlebnisse verantwortlich ist, und sie gehören alle zu den ganz normalen Erfahrungen, die wir Menschen machen können.

Ich werde oft gefragt: »Gibt es das wirklich? Gibt es wirklich Engel? Gibt es wirklich solche Sterbeerlebnisse?« Natürlich gibt es sie. Sie sind so wirklich wie alles andere, was wir erleben. Sie sind Teil unserer Wirklichkeit. Manche Menschen können Engel nur an der Grenze zum Jenseits sehen, andere sehen sie jeden Tag, wieder andere während eines schweren Traumas oder unter der Geburt. Am häufigsten sind Sterbeerlebnisse in der Kindheit, also wenn die Betroffenen vom natürlichen Tod eigentlich am weitesten entfernt sind. Doch auch wenn sie während der Arbeit oder zu Hause stattfinden, macht das im Prinzip keinen Unterschied.

F: Wie wirken sich solche Sterbeerlebnisse oder Engelsbegegnungen konkret aus? Verändern sie den Menschen?

MM: Ja. Menschen, die mit spirituellen Lichtwesen in Berührung kommen, sind hinterher deutlich verändert. Sie sind verwandelt, und das ist für mich einer der Beweise dafür, daß solche Erfahrungen real sind. Schließlich werden solche grundsätzlichen Veränderungen nur von wenigen Dingen ausgelöst, und ich kann mir kaum vorstellen, daß eigene Traumbilder oder durch Leiden verzerrte Sinneswahrnehmungen das geistige Leben eines Menschen so sehr verändern. Die Veränderung zeigt sich darin, daß diese Menschen einen Sinn und Zweck in ihrem Leben sehen und erkennen, daß alle Dinge in unserem Leben in einen größeren Zusammenhang eingebunden sind.

Vielen Menschen, die dem Tod einmal so direkt ins Auge gesehen haben, macht es hinterher zum Beispiel nichts mehr aus, an der Kasse im Supermarkt Schlange zu stehen, denn sie haben begriffen, daß das Warten zum Leben gehört und daß man auch dabei etwas lernen kann. Sie lassen sich durch Kleinigkeiten nicht mehr so leicht aus der Fassung bringen. Ein Mann berichtete einmal, er sei ins Leben zurückgeschickt worden, um eine Arbeit zu erledigen. Ich fragte ihn, was für eine Arbeit das war. Vielleicht Menschen missionieren, eine neue Kirche gründen oder ein Mittel gegen Krebs entdecken? Von wegen. Er antwortete: »Ich habe Ihnen doch schon gesagt, was ich arbeite. Ich bin Inhaber einer Baufirma mit dreizehn Angestellten.« Das war also das große Geheimnis seines Sterbeerlebnisses: zurückzukehren, um eine Baufirma mit dreizehn Angestellten zu leiten. Doch dieser Mann glaubt, daß es seine Berufung war, zu seiner Familie, zu seiner Arbeit und zu seinen Mitmenschen zurückzukehren.

Diese Erfahrungen wirken sich aber nicht nur auf die Einstellung der Betroffenen aus. Sie ändern auch deren Verhalten. Menschen, die ein Sterbeerlebnis hatten oder Engel sahen, essen hinterher oft mehr frisches Obst und Gemüse als der Landesdurchschnitt. Und sie kaufen nicht mehr so viele Medikamente ohne ein ärztliches Rezept. Es scheint fast so, als hätten Engel das Aspirin ein für allemal überflüssig gemacht. Sie verbringen viel mehr Zeit mit ihrer Familie. Sie engagieren sich mehr für ehrenamtliche Tätigkeiten in ihrer Gemeinde. Sie geben mehr Geld für wohltätige Zwecke aus, wie sich auch an ihrer Steuererklärung ablesen läßt. Sie meditieren häufiger, machen nächtliche Spaziergänge, um nachzudenken, und ihre Lebensfreude ist umwerfend. Wenn wir sie auf einem Fragebogen ankreuzen lassen, wie sie mit ihrem Leben zurechtkommen, so haben sie immer Spitzenwerte. Sie verhalten sich wie Leute, die jahrelang in Therapie waren, und doch haben sie nur eines gemeinsam: eine spirituelle Begegnung mit einem Lichtwesen, einem Engel oder etwas, das sie für Gott hielten.

Steven Maxwell
Das Schlagen der Flügel

Als Engel zum erstenmal in mein Leben traten, war ich vier Jahre alt. Ich hatte eine doppelseitige Lungenentzündung, mit der ich wahrscheinlich nicht einmal den Transport ins Krankenhaus überlebt hätte, weshalb ich zuhause bleiben mußte. Ich war einfach zu krank. Und obwohl ich damals noch sehr klein war, kann ich mich noch daran erinnern, daß ich im Schlafzimmer meiner Mutter lag und sie mir warmes Ginger-Ale brachte. Ich glaube, ich kann mich daran noch so gut erinnern, weil ich so überrascht war, daß das Ginger-Ale warm war. Ich fragte meine Mutter: »Mommy, kannst du sie sehen?« Und sie fragte zurück: »Wen sehen?« Ich antwortete: »Die Engel.« Sie waren alle da oben an der Decke, nicht nur einer, sondern ganz viele. Ich erinnere mich auch daran, daß sie Flügel hatten, doch noch stärker erinnere ich mich an das Licht, das von ihnen ausging und daran, daß sie in Bewegung waren. Meine Mutter dachte natürlich, ich läge im Sterben und war sehr um mich besorgt. Doch ich erholte mich und wurde wieder gesund. Sie haben, glaube ich, nicht mit mir gesprochen, doch ich weiß noch genau, daß sie da waren. Als ich zum zweitenmal mit der Gegenwart von Wesen, die von außerhalb unserer physikalischen Welt kommen, konfrontiert wurde, war ich acht Jahre alt. Ich wurde von meinem Stiefvater mißhandelt. Er schlug mich bewußtlos. Doch kurz bevor ich in Ohnmacht fiel, hörte ich deutlich eine Stimme – ich höre sie noch heute, nach vierzig Jahren, so deutlich wie damals. Sie sprach in mein Ohr: »Keine Angst, er kann dir nicht wirklich weh tun.« Und von da an hatte ich keine Angst mehr.

Vor nicht langer Zeit hatte ich einige bemerkenswerte Begegnungen mit Engeln, die wahrscheinlich mit meiner

Krankheit zusammenhängen. Im Oktober 1991 traten plötzlich Symptome auf, die sich nicht erklären ließen. Ich ging zum Arzt und erfuhr, daß ich HIV-positiv bin. Nach gründlicher Untersuchung gab der Arzt mir nur noch drei Jahre zu leben, und auch das nur, wenn ich mich einer intensiven Behandlung unterziehen würde. Ich akzeptierte diese Information zunächst als nackte Tatsache, denn viele meiner Freunde waren bereits gestorben. Ich hatte mich ohnehin schon gewundert, daß ich noch nicht von der Krankheit betroffen war, und irgendwie war ich auch froh, daß mir das Altern erspart bleiben würde.

Als dann die körperlichen Symptome immer unerträglicher wurden, fühlte ich mich zunehmend unwohler bei dem Gedanken, daß ich bald sterben würde. Ich hatte Kopfschmerzen, und wenn ich mich bewegte, war der Schmerz um so stärker. Es war wie eine Folter. Ich wurde sehr wütend. Wieso mußte ich so leiden? Ich hatte doch schon genug gelitten! Ich dachte an Selbstmord, weil es mir so schlecht ging und die Schmerzen überhaupt nicht mehr nachließen. Doch dann begann ich, nach etwas zu suchen, was außerhalb meiner selbst war.

Bis zu diesem Zeitpunkt konnte ich viele Probleme in meinem Leben einfach dadurch meistern, daß ich die Oberhand behielt – ich richtete mein Leben immer so ein, daß ich alles unter Kontrolle hatte. Doch diesmal klappte das nicht, ich hatte überhaupt keine Kontrolle darüber, was mit mir und meinem Körper geschah. Ich mußte anderswo Hilfe suchen. Doch da gab es niemanden, der mir die Hilfe geben konnte, die ich brauchte – jedenfalls kein Mensch im physikalischen Sinne. Die Medikamente linderten zwar die Schmerzen, doch das war nicht die Art von Hilfe, die ich brauchte. Im Juli 1992 war mein Zustand so bedenklich, daß ich aufhören mußte zu arbeiten. Wegen der vielen Infektionen konnte ich nicht einmal mehr aufrecht gehen, und so bereitete ich mich allmählich auf den Tod vor. Ich verschenkte alle meine Sachen und zog zu zwei alten Freunden, denen ebenfalls klar war, daß ich bald sterben würde. Meine alte Wohnung lösten Bekannte für mich auf. Und als ich so im Bett lag und aufs Sterben wartete, verständigte ich mich im Geist mit Gott, mit dem Bild, das ich von Gott hatte. Ich versuchte, dem Schmerz auszuweichen. Und währenddessen geschah etwas.

Zunächst hatte ich das Gefühl, daß ich nicht allein im Zimmer war. Ich war von einer Kraft umgeben. Danach wachte ich dann jeden Morgen gegen vier Uhr auf und sah, daß ein Wesen am Fußende meines Bettes stand. Er – irgendwoher wußte ich, daß er männlichen Geschlechts war – hielt eine Lichtkugel in der Hand und reichte sie mir. Sie war etwa so groß wie eine Apfelsine.

Er streckte seine Arme aus, und ich wußte, daß er sie mir geben wollte, also nahm ich sie. Als ich sie in der Hand hielt und mich auf das Licht konzentrierte, wurde die Kugel immer größer und größer, bis sie so groß war, daß ich sie nicht mehr halten konnte. Dann nahm mich das Licht vollständig in sich auf, es legte sich über und um mich. Von diesem Zeitpunkt an konzentrierte ich mich immer dann auf dieses Licht, wenn ich eine Verbindung zu der anderen Welt herstellen wollte.

Von einem ähnlichen Wesen wurde ich besucht, als ich nicht mehr gehen konnte. Ein Engel erschien neben meinem Bett. Ich konnte ihn deutlich erkennen. Er erschien als Licht, doch am besten erinnere ich mich an seine Flügel. Bei dem Wesen mit der Lichtkugel bin ich mir nicht sicher, ob es Flügel hatte, ich sah nur das Licht. Doch bei dem zweiten Engel, der auch männlich war, waren die Flügel besonders ausgeprägt. Ich konnte sogar den Flügelschlag hören. Noch heute höre ich immer wieder dieses Geräusch der schlagenden Flügel; es war so intensiv.

Der Engel nahm meine Hand, hob mich auf und flog mit mir hoch, durch die Zimmerdecke hindurch. Ich wußte nicht, wohin – ich wußte nur, daß ich fortging. Und obwohl es mir damals nicht bewußt war, dachte ich, daß ich hochgehoben würde, um zu sterben.

Als er meine Hand in seine nahm und wir uns in die

Lüfte erhoben, empfand ich eine große Erleichterung. Ich fühlte mich so unglaublich frei. Nach diesem Erlebnis konnte ich plötzlich wieder gehen. Die Nerven in meiner rechten Körperhälfte, die bereits völlig gelähmt gewesen waren, hatten sich offensichtlich regeneriert. Ich konnte wieder ohne Schmerzen gehen und am Leben in dieser Welt teilnehmen. Ich glaube, wenn ich in die Sphäre des Jenseits eintrete, wird es genauso sein. Ich werde mich frei fühlen und dort meine Aufgaben erfüllen. Und ich glaube, daß ich, wenn ich dann wirklich sterbe, die Flügel wieder schlagen hören werde.

Bei meiner dritten Engelsbegegnung waren es zwei Engel. Zwei weibliche Engel, und auch in diesem Fall war ich mir aus irgendwelchen Gründen sicher, daß es Frauen waren. Ich hatte keine Angst, denn ich hatte das Gefühl, daß sie mich kannten. Ich fühlte mich aufgehoben. Im wesentlichen vermittelten mir diese beiden Engel die Gewißheit, daß das, was ich durchmachte – das Sterben – eine angenehme Erfahrung für mich sein würde.

Wie man sich vorstellen kann, änderte sich meine Einstellung zu meinem unausweichlichen Ende nach dieser Begegnung völlig. Und das verdanke ich diesen beiden Engeln. Vorher wußte ich nicht, wie ich mich von meinem Körper trennen und wie ich den Gedanken an einen Übergang vom Diesseits ins Jenseits annehmen sollte. Doch sie machten mir deutlich, daß diese Erfahrung angenehm sein wird.

Nach dem Erscheinen dieser beiden Engel wurden meine Symptome schwächer, manche allmählich, andere sofort. Mir geht es von Tag zu Tag besser, was man mir auch zunehmend äußerlich ansehen kann. Einige meiner Freunde, die mich im vergangenen Jahr gesehen haben, begreifen nur schwer oder überhaupt nicht, was mit mir geschehen ist. Auch die Ärzte stehen vor einem Rätsel. Sie wollen für den Erfolg natürlich nur ungern die Engel verantwortlich machen. Doch es ist etwas geschehen. Ich kann nicht sagen, daß ich geheilt bin – die Blutuntersuchungen und alle anderen Laborergebnisse bestätigen, daß sich mein Gesundheitszustand nach wie vor weiter verschlechtert, und es ist tatsächlich so, daß es nicht mehr nur rosige Zeiten gibt. Doch insgesamt kann ich mehr am Leben teilnehmen, mehr jedenfalls als noch vor einem Jahr. Mein geistiger und seelischer Bezug zum Leben wurde von den Engelsbegegnungen stark beeinflußt.

Anstatt meine Zeit wie zuvor mit dem Sterben zu vergeuden, lebe ich bewußt. Ich setze alle Energie daran, mein Leben mit Leben zu erfüllen, solange ich noch hier bin, und in gewisser Weise helfen mir die Engel dabei. Und sie machen es gern, denn sie geben mir zu verstehen, daß genau das ihre Aufgabe ist und daß sie erst »durch« uns leben; denn sie selbst haben ja keinen Körper. Auch ich werde bald keinen Körper mehr haben, doch ich bin offen und dazu bereit, die Engel durch mich die Kraft des Lebens erfahren zu lassen. Manchmal bitte ich die Engel, ganz einfache Dinge für mich zu tun, zum Beispiel meinen Wagen zu steuern. Mein Weg zur Arbeit dauert eine Dreiviertelstunde. Das ist nicht gerade wenig, und anfangs fiel es mir auch schwer, so lange zu fahren. Außerdem ist es riskant, denn ich stehe unter Medikamenten. So gab ich eines Tages auf und sagte: »Das müßt ihr jetzt für mich tun. Ich fühle mich einfach nicht sicher genug.« Und dann weiß ich nur noch, daß ich irgendwann zuhause ankam. Wie? Ganz einfach, die Engel brachten mich nach Hause.

Immer wenn ich in Schwierigkeiten bin oder nicht weiß, wie es weitergehen soll, bitte ich die Engel um Rat und Hilfe. Ich habe eine bestimmte Methode, wie ich sie ansprechen kann, weiß aber nicht, woher ich diese Methode kenne. Es ist eine Art Gesang, den ich entweder im stillen oder laut aufsage. Wenn ich ihn laut sage, ist es wirkungsvoller. Er scheint alles Störende aus dem Weg zu räumen. Ich sage: »Kreis der Kreise, ihr Engel im Flug, kommt zu mir und bringt Euer Licht.« Und dann frage ich sie um Rat. Früher machte ich um Hindernisse einen großen Bogen, ich wich ihnen aus. Nun habe ich gelernt, sie zu überwinden, sie regelrecht herauszufordern. In letzter Zeit werde ich öfters wegen meiner Krankheit gehänselt oder belästigt. Früher wäre ich meinem Instinkt folgend geflohen, doch dann ging ich in mich und redete mit den Engeln. Deshalb reagiere ich heute anders. Ich setze der Belästigung mit allen notwendigen Mitteln ein Ende. Punkt. Ich lebe im Hier und Heute und habe nicht mehr das Bedürfnis zu fliehen, und das ist für mich ein großartiges Geschenk.

Wenn ich einmal unentschlossen bin oder wenn ich ein Problem habe, bitte ich die Engel um Rat. Sie setzen sich dann für mich ein. Sie lassen mich unmißverständlich wissen, daß ich sie jederzeit um Hilfe bitten kann, denn dazu seien sie ja schließlich da. Sie sind bei uns, um uns alle zu unterstützen, und sie helfen uns auch, wenn wir es nicht wissen. Doch wenn wir sie brauchen, können wir sie um Unterstützung bitten, und genau das tue ich.

Eine gewisse Vorsicht ist allerdings geboten, denn ich habe die folgende Erfahrung gemacht: Je häufiger man die guten Engel in Anspruch nimmt, desto stärker versuchen die bösen Engel, sich einzumischen. Sie wollen den Informations- und Energiefluß stören. Seit dem Zeitpunkt meiner inneren Öffnung für die übersinnlichen Kräfte versuchen andere Engel, mich zu blenden, denen es großes Vergnügen bereitet, meinen Körper und meinen Geist zu benutzen und mich an Orte zu bringen, wo ich gar nicht sein will. Ich vertreibe sie aus meinem Körper, indem ich mir klarmache, was eigentlich geschieht.

Vor kurzem starb ein guter Freund, den ich lange nicht gesehen hatte. Ich erfuhr erst durch die Zeitung von seinem Tod, und meine Trauer war stärker, als ich sie je bei anderen Todesfällen empfunden hatte. So viele waren schon gestorben, und ich hatte gedacht, ich sei dagegen gefeit. Mir machte die Vorstellung zu schaffen, daß er allein starb. Doch da kam ein Engel zu mir und sagte, er sei keineswegs allein gestorben, denn er sei bei ihm gewesen.

Sherwin B. Nuland

Sherwin B. Nuland ist Professor für Chirurgie, Humanmedizin und Medizingeschichte an der Yale University, wo er auch selbst studierte und promovierte. Er veröffentlichte zahlreiche Bücher, darunter die Bestseller ›Wie wir sterben. Ein Ende in Würde?‹ und ›Im Dienste des Hippokrates. Der Fortschritt in der Medizin‹.

Frage: Wie reagiert man in Medizinerkreisen auf die Berichte von Menschen, die behaupten, sie hätten Engel gesehen?

Sherwin B. Nuland: Nun, jeder hat dafür eine andere Erklärung. Ich persönlich bevorzuge die folgende, weil sie mir am einleuchtendsten erscheint und medizinische Erkenntnisse berücksichtigt. Danach sind Engelsvisionen auf chemische Substanzen zurückzuführen, die unser Körper selbst herstellt, insbesondere auf körpereigene morphiumähnliche Verbindungen, die wir als Endorphine bezeichnen. Es gibt zahlreiche Beweise dafür, daß der Körper in akuten Streßsituationen, vor allem nach einem Schock infolge eines größeren Blutverlustes, morphiumähnliche Verbindungen herstellt, die sich an Rezeptoren von Nervenzellen im Gehirn binden. Ihre Wirkung ist damit vergleichbar mit der Reaktion, die nach Verabreichung großer Dosen von Betäubungsmitteln wie Morphium eintritt.

Und wie wirken Betäubungsmittel? Sie setzen zunächst die Schmerzempfindung herab, bei manchen Menschen führen sie darüber hinaus zu Ruhe und Gelassenheit, manchmal sogar zu halluzinatorischen Erlebnissen.

So jedenfalls erkläre ich mir das, was geschieht, wenn Menschen Engel sehen. Die Frage ist jedoch, *warum* treten solche Phänomene auf? Haben sie eine Bedeutung für die Menschheit? Die Antwort liegt meines Erachtens in unserer Entwicklungsgeschichte. Diese Phänomene dürften sich im Lauf von Jahrmillionen herausgebildet haben, als lebensbedrohende Gefahren noch ganz alltäglich waren. Wer angesichts der Todesgefahr nach einer Schrecksekunde die Ruhe bewahrte und nicht in Panik geriet, hatte die besseren Überlebenschancen. Und weil er überlebte, konnte er die Fähigkeit zur Produktion von Endorphinen seinen Nachkommen weitergeben. Dieser evolutionäre Prozeß ist noch heute in Gang. Der Mensch verfügt also mit der Ausschüttung großer Mengen von Endorphinen in extremen Streßsituationen über einen arterhaltenden Mechanismus.

F: Sind Sie als Chirurg Patienten begegnet, die Sterbeerlebnisse hatten?

SBN: Ich glaube kaum, daß Patienten einem rational und nüchtern denkenden Chirurgen wie mir von ihren Sterbeerlebnissen berichten würden. In meiner ganzen Laufbahn kam ich nur ein einziges Mal persönlich damit in Berührung: Ich bereitete gerade die Operation einer zweiundzwanzigjährigen Frau vor, die Diabetikerin war, an einer schweren Bauchfellentzündung litt und offensichtlich unter starkem Schock stand. Gerade als man sie in den Operationssaal bringen wollte, sah sie an der Seite ihres Bettes ihren Vater, der zehn Jahre zuvor gestorben war, ihren Onkel, dessen Tod acht Jahre zurücklag, sowie ihre beiden Brüder. Der Vater kam einen Schritt auf sie zu, hob seine Hand und sagte: »Die Zeit ist noch nicht gekommen. Es wird alles gut werden.« Dann trat er wieder zurück, und sie wurde in den OP gebracht.

Die Sterbeerlebnisse, die wir mitbekommen, laufen meist nach folgendem Schema ab: Ein Patient sieht entweder einen verstorbenen, meist nahen Angehörigen, von dem er glaubt, daß er in Verbindung mit Gott stehe, oder er sieht einen Engel. Diese Personen versichern dem todgeweihten Menschen, daß sich alles zum Guten wenden werde. Der Schwerstkranke sieht dabei genau die Bilder, die er sich herbeiwünscht.

F: Wenn es also Wunschbilder sind, wie lassen sie sich dann medizinisch erklären?

SBN: Wie halluzinogene Wirkstoffe ihre Wirkung entfalten, ist noch nicht hinreichend erforscht. Ebensowenig wissen wir mit letzter Sicherheit, warum ein Betäubungsmittel die Schmerzempfindung unterdrückt.

Die genauen Vorgänge und neurologischen Verbindungen sind noch nicht bekannt, doch wir wissen bereits jetzt, daß gewisse Medikamente bestimmte Wirkungen – man könnte sogar sagen hysterische Reaktionen – hervorrufen. Es gibt eine Gruppe von Medikamenten, die nach dem gleichen Prinzip depressive Stimmungen und andere Stimmungsstörungen bekämpfen. Manche dieser Medikamente beinhalten identische chemische Strukturen. Angesichts dessen glaube ich, daß wir es hier nicht mit übernatürlichen Phänomenen zu tun haben. Vielmehr handelt es sich um eine angeborene Fähigkeit unseres Körpers, bestimmte Substanzen zu produzieren, die unsere Stimmung heben, ähnlich wie Antidepressiva.

F: Könnte es sein, daß der Körper, wenn er glaubt, daß der Tod sehr nahe ist, diese Stoffe ausschüttet und uns damit das Sterben erträglicher macht?

SBN: Das könnte nicht nur so sein, das ist so. In meinem Buch ›Wie wir sterben‹ beschreibe ich das berühmte Erlebnis des Missionars und Mediziners David Livingstone, der Mitte des neunzehnten Jahrhunderts von einem afrikanischen Tiger angegriffen wurde. Der Tiger packte ihn an der Schulter, hob ihn hoch und schüttelte ihn wie einen nassen Handschuh. Livingstone geriet in einen Zustand, in dem er weder Sorge noch irgendwelche Schmerzen, weder Angst noch Panik empfand. Schließlich wurde der Tiger getötet und ließ seine Beute fallen. Livingstone brauchte mehrere Monate, um sich von der zermalmten Schulter und den gebrochenen Rippen zu erholen. [Seine Reaktion] betrachtete er als im wahrsten Sinne des Wortes »von Gott gegeben«. Es ist hier vielleicht interessant zu bemerken, daß Livingstone als Missionar eine medizinische Ausbildung genossen hatte.

Wäre das Ganze hundert Jahre später geschehen, hätte er gesagt: »Es war nicht Gott, sondern es waren die Endorphine.« Es gibt Berichte von Bergsteigern, die von einer Felswand abrutschten und eine tiefe innere Ruhe verspürten, als sie in den sicheren Tod zu stürzen glaubten. Doch manche überlebten, weil sie zum Beispiel auf weichem Schnee landeten. Auch hier sind Endorphine die Erklärung. Ich persönlich glaube, daß auch Engelserscheinungen mit Endorphinen zu erklären sind.

F: Doch wie ist es zu erklären, daß diese Erscheinungen über Jahre und Kulturen hinweg immer nach dem gleichen Muster verlaufen – das glänzende Licht, die Engel, verstorbene Angehörige?

SBN: Als ich noch ein kleiner Junge war, glaubte man, daß man in den Himmel kommt und dort ein glänzendes Licht und verstorbene Angehörige sieht. Vielleicht auch einen Gott mit einem langen, weißen Bart. Das heißt, daß wir, die westliche Gesellschaft, vorbelastet und voreingenommen sind. Wir haben eine vorgegebene Vorstellung vom Himmel. Das, was wir in unserer Phantasie sehen oder erleben, ist das, was wir zu sehen hoffen. So wie ein bestimmtes Medikament den Serotoningehalt im Körper erhöht und Gefühle des Wohlbehagens hervorruft, werden Endorphine meines Erachtens unseren Vorstellungen vom Himmel gerecht.

F: Wie verhält es sich bei den sogenannten Wunderheilungen, also bei einem Fall, wie dem jener jungen Frau, von der Sie vorhin sprachen? Wie erklären Sie diese Heilungen von schwerst- oder todkranken Menschen?

SBN: Ich habe noch nie eine echte Wunderheilung erlebt. Aber ich konnte Beschreibungen entnehmen, daß die Betroffenen eine angemessene Behandlung bekommen hatten. Sie bekamen eine Bluttransfusion, wenn sie einen größeren Blutverlust erlitten hatten, und diese Maßnahme führte zu ihrer Genesung. Manchmal kommt die Blutung von selbst zum Stillstand, weil bei einem größeren Blutverlust die offenen Gefäße verkleben. Im neunzehnten Jahrhundert nutzte man dieses Wissen und stillte Blutungen im oberen oder unteren Darmtrakt, indem man Blut aus einer Vene saugte. Der unmittelbar eintretende Schock stoppte dann die Blutung. Bei Betty Eadie, die in ihrem Buch ›Im Licht‹ von ihren Erlebnissen berichtet, war ein Eingriff von außen vielleicht gar nicht notwendig, denn sie erlitt einen unmittelbaren Schock, von dem sie sich später wieder erholte. Vielleicht hat sie auch eine Bluttransfusion bekommen, wir wissen es nicht.

F: Gibt es einen Zusammenhang zwischen dem, was Sie eben sagten, und der Akupunktur?

SBN: Auf meinen Chinareisen habe ich mich eingehend mit der Akupunktur beschäftigt, insbesondere mit ihrem Einsatz bei chirurgischen Eingriffen. Ich habe in Beijing und in der Provinzhauptstadt Tschangscha mehrere Operationen miterlebt, darunter eine Schilddrüsenoperation, bei der die Akupunktur als Alternative zur Narkose verwendet wurde. In den siebziger Jahren hatten zahlreiche amerikanische Ärzte die Gelegenheit mitzuerleben, wie Herz-, Gehirn- und Magen-Darm-Operationen ohne herkömmliche Narkose, nur mit Akupunktur und – in einigen Fällen – mit zusätzlichen Beruhigungsmitteln durchgeführt wurden. Bei sämtlichen Kaiserschnitten an der Frauenklinik von Beijing wird ausschließlich die Akupunktur angewandt.

Wie kommt es, daß es ausreicht, ein paar Nadeln unter die Haut in das Muskelgewebe zu stecken, sie mit schwachen Stromstößen in Vibration zu versetzen oder mit den Fingern zu drehen? An der medizinischen Fakultät der Universität von Shanghai gibt es eine Einrichtung, die sich mit Akupunktur-Forschung beschäftigt und der sowohl Neurobiologen als auch Computerwissenschaftler angeschlossen sind. Dort konnte [im] Tierversuch gezeigt werden, daß bereits eine minimale Reizung einer Hautpartie durch Akupunkturnadeln die Ausschüttung großer Mengen von Endorphinen auslöst. Klinische Studien belegen diesen Zusammenhang. Bei manchen Patienten zeigt sich nach der Akupunktur-Behandlung die gleiche Hochstimmung, die auch euphorisierende Medikamente wie Morphium erzeugen. Es liegt nahe, daß wir es hier mit einem euphorisierenden, halluzinatorischen Vorgang zu tun haben.

F: Oft hört man den Einwand: »Es gibt vielleicht immer eine physikalische Erklärung für übernatürliche Ereignisse, das beweist aber noch lange nicht, daß es keine Engel gibt.« Was antworten Sie darauf?

SBN: Ich sage den Betreffenden, daß sie vollkommen recht haben. Nichts von alledem, was ich gesagt habe, kann als Leugnung der Existenz von Gott, von Engeln oder dergleichen ausgelegt werden. Ich behaupte ganz einfach nur, daß es eine einleuchtende medizinische, physiologische oder klinische Erklärung für diese Phänomene gibt. Ich behaupte keinesfalls, daß sie nicht das Werk Gottes oder der Engel sind. Ich sage lediglich, daß ich es für unwahrscheinlich halte, daß Gott oder Engel ihre Finger im Spiel haben oder daß Menschen Engel sehen. Soviel wir wissen, gibt es keine Engel, sehr wohl aber einen Gott. Und Gott sorgte dafür, daß es Endorphine gibt und daß sie im menschlichen Körper vorkommen. Er sorgte auch dafür, daß wir gewisse Dinge besser ertragen, indem er uns Bilder von Engeln zeigt.

Als Skeptiker bin ich der Überzeugung, daß wir alles hinterfragen, aber auch alles für möglich halten sollten. Das ist meine Einstellung sowohl in bezug auf Engel als auch auf Gott und auf das Leben nach dem Tod. Ich halte alles für möglich, doch gegenwärtig gibt es für mich eine hinreichende Erklärung für die beobachteten Phänomene. Sie läßt sich mit medizinischen Theorien in Einklang bringen, und das reicht mir – im Gegensatz zu manchen anderen Menschen – völlig aus.

F: Gibt es Ärzte, die an die Möglichkeit glauben, daß

Gott auf dem Operationstisch seine Hand mit im Spiel hat?

SBN: Mir ist bisher noch kein Kollege begegnet, der sich in dieser Weise geäußert hat, jedenfalls nicht in meinem Beisein. Ich weiß, daß einige Ärzte daran glauben. Manche von ihnen haben ihre Meinung auch veröffentlicht. Doch ich persönlich glaube nicht daran und kenne auch keine Menschen, die daran glauben.

F: Gibt es wissenschaftliche Untersuchungen, die den Wahrheitsgehalt von Engelsvisionen beweisen oder widerlegen?

SBN: Es gibt eine Forschungsrichtung, die mit Fug und Recht als wissenschaftlich einzustufen ist und die sich Psychoneuroimmunologie nennt. Dieser Forschungszweig entstand in den frühen sechziger Jahren mit dem Ziel, herauszufinden, ob das Bewußtsein einen Einfluß auf das Immunsystem hat. Die Untersuchungen waren wohldurchdacht, gut organisiert und konnten in den folgenden Jahren den Nachweis erbringen, daß unter bestimmten Umständen und bei bestimmten Menschen das Immunsystem wie auch das endokrine Drüsensystem vom Bewußtsein beeinflußt werden kann. Wenn wir uns also auf die Suche nach Beweisen begeben, stoßen wir auf Verbindungen zu verschiedenen halluzinatorischen Phänomenen und anderen Erscheinungen. Unser Körper verfügt vermutlich über mehrere Mechanismen, die einen Zustand von Ruhe und Gelassenheit auslösen, und das ist im Prinzip nichts anderes, als Überlebenssicherung.

Auch ich wurde auf ähnliche Weise beschützt, als ich einmal beinahe ertrunken wäre. Nach einem offiziellen Bankett in einer südchinesischen Stadt mußte ich auf dem Rückweg zu meiner Unterkunft bei fast völliger Dunkelheit einen schmalen Steg passieren, der über einen Weiher führte. Ich trat plötzlich ins Leere und sank wie ein Stein bis zum Grund des Weihers, der, wie sich herausstellte, gut vier bis fünf Meter tief war.

Normalerweise befällt mich bei Gewässern, in denen ich

nicht stehen kann, eine geradezu krankhafte Angst, die ich auch nicht überwinden konnte, als ich schließlich mit neununddreißig Jahren doch noch schwimmen lernte. Ich trug eine schwere Umhängetasche, wie man sie von Fluggesellschaften manchmal bekommt. Darin befand sich unter anderem eine Kameraausrüstung. Eigentlich hätte ich angesichts meiner Notlage in Panik geraten müssen, doch statt dessen merkte ich nur, wie das Wasser über mir zusammenschlug, und während ich immer tiefer nach unten sank, dachte ich: »Jetzt hast du alles vermasselt. Diese chinesischen Professoren werden dich für einen Idioten halten. Du wirst ertrinken und deine Mission nicht erfolgreich abschließen können. Auch wenn du aus irgendeinem Grund überleben solltest, wird man dich nicht mehr ernst nehmen können.« Als ich schließlich auf dem Grund angekommen war, stieß ich mich ab wie ein geübter Schwimmer, der ich eigentlich nicht war. Ich stieg wieder nach oben, und als ich mit dem Kopf aus dem Wasser ragte, sah ich, daß alle aufgeregt riefen und mir die Hände entgegenstreckten. Da bemerkte ich, daß nur etwa 30 cm neben meinem Kopf scharfkantige Steine aus dem Wasser ragten. Hätte ich mit Panik reagiert, hätte ich mir wahrscheinlich an diesen Steinen den Kopf verletzt, hätte literweise schmutziges Wasser geschluckt und wäre ertrunken. Statt dessen hat der plötzliche Streß vermutlich zu einer Ausschüttung von Endorphinen geführt, und ich blieb ruhig. Ich tat das Richtige und überlebte.

F: Nun gibt es Kritiker, die sagen: »Die Wissenschaftler haben doch immer eine Erklärung für alles parat. Doch das Geheimnis des Universums können auch sie nicht lüften. Vielleicht liegt das Universum jenseits der Vorstellungskraft unserer modernen Wissenschaft.« Wie reagieren Sie auf diese Art von Kritik?

SBN: Wer behauptet, auf alles eine Antwort parat zu haben, ist kein Wissenschaftler. Ein überzeugter Wissenschaftler behauptet niemals, etwas genau zu wissen. Er hat vielleicht eine Theorie, doch er spricht nicht von Tatsachen. Sogar, wenn wir uns auf die Entwicklungsgeschichte des Menschen beziehen, sprechen wir von der Evolutions*theorie*. Als Beispiel führe ich gern die Keimtheorie an: Noch keinem Wissenschaftler ist es gelungen, eine befriedigende Erklärung für sie zu finden. Natürlich bin ich durchaus bereit zu glauben, daß künftige Generationen für uns unvorstellbare Einblicke in die Abläufe des menschlichen Denkprozesses gewinnen und vielleicht auch in der Lage sein werden, mit dem Übernatürlichen Verbindung aufzunehmen. Ich nehme zwar nicht an, daß das geschehen wird, doch ich bin bereit, es zu glauben. Goethe sagte einmal, es gebe keine Wunder, nur ungelöste Rätsel. Und im sechzehnten und siebzehnten Jahrhundert gab es viele Dinge, die die Menschen für übernatürlich hielten. Heute untersuchen wir sie im Reagenzglas, betrachten sie durch ein Fernrohr und finden Erklärungen, die uns plausibel erscheinen. Doch auch hier könnte es sein, daß Gott oder ein Engel hinter der Erkenntnis steckt. Es liegt nicht in unserem Ermessen.

F: Ist es denkbar, daß es Bereiche gibt, die außerhalb unserer materiellen, meßbaren Welt liegen? Ich denke da an Gefühle wie Liebe und Haß, an denen niemand zweifelt und die dennoch nicht beweisbar sind.

SBN: Liebe und Haß sind etwas Abstraktes. Und sie sind subjektiv. Für jeden von uns bedeuten sie etwas anderes. Doch es gibt vielleicht Dinge, die sich niemals mit wissenschaftlichen Methoden erforschen lassen. Otto Loewia, dem 1939 der Nobelpreis für Medizin für seine Entdeckung der Neurotransmitter verliehen wurde, sagte einmal nach dem Besuch eines Klavierkonzerts: »Dieser Mann hat Fähigkeiten, die sich niemals mit Hilfe von Neurotransmittern erklären lassen.« Das ist eben das Faszinierende an unserem Leben. Es wird immer eine gewisse Faszination bleiben. Und zur Faszination gehört immer auch ein Stück weit das Geheimnisvolle.

F: Ist es – vom medizinischen Standpunkt aus gesehen –

sinnvoll oder schädlich, wenn Menschen in kritischen Augenblicken an Engel glauben?

SBN: Diese Frage ist schwierig zu beantworten. Genauso könnte man fragen, ob es überzeugten Christen im neunzehnten Jahrhundert geholfen hat, an das Leben nach dem Tod zu glauben. Machte es ihren Tod erträglicher? Ja, mit Sicherheit machte es [ihren] Tod erträglicher. Das trifft auf jeden gläubigen Christen zu, der an das Leben nach dem Tod glaubt. Ob auch der Glaube an Engel den Tod erträglicher macht, kann ich nicht sagen, denn ich weiß nicht, worin dieser Glaube im einzelnen besteht. Manche Menschen glauben an übernatürliche Phänomene, weil sie an einer Psychose leiden. Daneben gibt es vollkommen normale, gesunde Menschen, die an übernatürliche Dinge glauben und aufgrund bestimmter Anhaltspunkte zu ihrer Überzeugung gelangt sind.

Ich habe in meinem Leben gelernt, daß nichts funktioniert, was nicht stimmig ist. Nehmen Sie zum Beispiel den Kommunismus. Vor vierzig Jahren – damals war ich gerade zwanzig Jahre alt – prophezeite ich bereits, daß der Kommunismus scheitern würde. Er konnte nicht funktionieren, weil an der Wirtschaftstheorie, die ihm zugrunde lag, etwas faul war. Ähnlich verhält es sich auch mit übernatürlichen Phänomenen. Wenn sie nicht ein Fünkchen Wahrheit enthalten, fallen sie wie ein Kartenhaus zusammen.

F: Und das, obwohl ihre Geschichte offensichtlich Tausende von Jahren zurückgeht?

SBN: Sie sprechen von biblischen Zeiten, also von einer Zeit, die wir nicht überprüfen können. Ihr Einwand ist interessant, denn er erinnert mich an ein Gemälde des italienischen Malers Raffael. Es heißt ›Verklärung Christi‹ und ist mir irgendwie in Erinnerung geblieben. Und ich muß auch an die hebräische Bedeutung des Namens Raffael denken: »Rapha«, Heiler, »El«, Gott, also etwa »Gott heilt«. Und da ist diese übernatürliche Darstellung der ›Verklärung Christi‹, Raffaels letztes und bedeutendstes

Werk. Gott heilt. Überall auf der Welt wurden Krankenhäuser nach dem heiligen St. Raffael benannt, Krankenhäuser, in denen eine Medizin praktiziert wird, die nicht nur den neuesten wissenschaftlichen Erkenntnissen Rechnung trägt, sondern sich in geradezu krasser Weise von religiösen oder abergläubischen Traditionen abhebt.

Jeffrey G. Sobosan

Jeffrey G. Sobosan studierte Theologie an der University of Notre Dame und an der Graduate Theological Union in Berkeley. Heute ist er außerordentlicher Professor für Theologie an der University of Portland im US-Bundesstaat Oregon. Er veröffentlichte sechs Bücher, darunter ›Christian Commitment and Prophetic Living‹ und ›Bless the Beasts: A Spirituality of Animal Care‹. Die Schwerpunkte seiner Forschungsarbeit sind das Christentum sowie die Spiritualität der Gegenwart.

Frage: Könnten Sie uns zu Beginn unseres Gesprächs erklären, welcher Platz Engeln und Dämonen innerhalb der römisch-katholischen Kirche zugewiesen wird?

Father Jeffrey G. Sobosan: Zunächst möchte ich darauf hinweisen, daß die Heilige Schrift von einer Stufenfolge in der Vollkommenheit der göttlichen Schöpfung ausgeht. Das heißt, neben den Menschen existieren Geistwesen, die komplexeren Seinsstufen angehören und die wir typischerweise als Engel oder Dämonen bezeichnen. Sie stellen eine Zwischenstufe auf dem Weg vom Menschlichen zum Göttlichen dar. Wie der gesamte geschöpfliche Kosmos besitzen auch sie eine ethische Dimension. Diese ethische Dimension ist um so größer, je höher die Seinsstufe eines Geschöpfes ist, und ist dementsprechend geringer bei den niederen, unbelebten Elementen der Schöpfung. Wir machen die Gesteine und Mineralien der Erdkruste nicht für ihren freien Willen verantwortlich. Ihre Freiheit ist zwar sehr, sehr gering, doch sie ist nicht zu leugnen. Ebenso weisen wir auch keinen Virus für sein Verhalten in ethische Schranken, denn auch ein Virus ist frei. Es entscheidet selbst, ob es einen Menschen infizieren will oder nicht. Ab einer bestimmten Ebene der Vollkommenheit beginnt sich aber das Bewußtsein zu entwickeln: Das Bewußtsein für das eigene Ich gewinnt an Bedeutung, ebenso die bewußte Verbindung mit Gott. Und hier liegt der Ursprung dessen, was wir als Ethik oder als Moral bezeichnen. Noch einmal: Man muß sich klarmachen, daß die Schöpfung an Vollkommenheit und Freiheit zunimmt, je komplexer sie wird. Sie bewegt sich also Stufe um Stufe von der unbelebten und nur bedingt freien Materie des Universums über eine komplexere stoffliche Materie hin zu primitiven Lebensformen und von dort weiter über höhere Lebensformen bis zum Menschen. Auch über der menschlichen Seele gibt es noch vollkommenere Seinsformen, bevor man zur höchsten Stufe, zu Gott gelangt.

F: Ihre Auffassung von der Entstehung der Moral vereint Gedanken der Evolution mit soziologischen Ansätzen.

JGS: Ja, so könnte man es nennen. Der evolutionäre Ansatz zeigt sich darin, daß es verschiedene Lebensformen gibt, die unterschiedliche Grade von Freiheit und Vollkommenheit besitzen. Die Bibel kennt keine Evolution im heutigen, naturwissenschaftlichen Sinne. Sie können den Begriff der Evolution verwenden, müssen sich aber im klaren sein, daß die Bibel damit die von Gott geschaffene Stufenfolge in der Vollkommenheit der Schöpfung meint. Nun gibt es auch auf der Seinsstufe, auf der Engel und Dämonen angesiedelt sind, Mannigfaltigkeit und unterschiedliche Grade der Freiheit und Vollkommenheit. Hierarchien gibt es in den meisten Religionen, die Engelhierarchie der christlich-jüdischen Tradition stellt also nur eine von vielen dar.

F: Das bringt mich auf einen interessanten Gedanken. Ich habe gelesen, daß die gefallenen Engel nicht in Versuchung geführt wurden. Sie wählten das Böse aus freien Stücken, aus einem freien Willensakt heraus. Halten Sie das für möglich?

JGS: Sie wurden in Versuchung geführt. Das war notwendig. Denn man geht davon aus, daß sie zwischen

Alternativen wählen konnten. Genau diese Wahlmöglichkeit macht doch die Versuchung aus. Man wird nicht einfach abtrünnig. Man tut nicht aus heiterem Himmel etwas Böses. Sünde ist kein naturgegebener Vorgang. Voraussetzung ist, daß Alternativen vorhanden sind und daß eine dieser Alternativen anderen vorgezogen wird. In unserer christlichen Tradition findet der Abfall von Gott immer freiwillig statt. Luzifer hatte die Wahl und traf eine Entscheidung.

F: Warum hat er sich für das Böse entschieden?

JGS: Im allgemeinen geht man davon aus – und ich halte diesen Ansatz durchaus für tragbar –, daß von dem Gefühl der Macht immer eine große Verlockung ausgeht. Das erlebt jeder von uns oft am eigenen Leib. Ich würde doch auch lieber Macht und Gewalt über eine kleine Gruppe von Menschen haben, die mir untersteht, als weniger Macht über eine größere Gruppe von Menschen, die mir nicht untersteht. Nach dieser klassischen Interpretation war der Fall der Engel die Folge eines Machtkampfes. Jemand hatte ein großes Interesse daran, Macht über andere zu bekommen, und dieser Jemand war Luzifer. Er entschied sich für die Rebellion, und damit entschied er sich aus freiem Willen gegen den Willen Gottes.

F: Sie sprechen von einem selbständigen Geschöpf, das seinen freien Willen ausübte. Doch in unserer heutigen Gesellschaft betrachten wir den Satan lediglich als Abstraktion.

JGS: Das stimmt.

F: Aus dem bösen Wesen wurde ein abstrakter Begriff.

JGS: Das stimmt.

F: Glauben Sie, daß der Satan nicht mehr ist als eine Abstraktion des Bösen auf unserer Welt?

JGS: Doch. Das Böse als einen abstrakten Begriff zu betrachten ist sehr bequem und nützlich, besonders vom psychologischen Standpunkt aus. Doch ich halte das auch für problematisch. Wir haben einen ausgeklügelten Mechanismus entwickelt und bilden uns ein, wir könnten mit Hilfe einer neuen Sprache und neuer Interpretationen die alten, dauerhaften und festen Glaubensüberzeugungen hinter uns lassen. Sogar in das Wort Jesu Christi haben wir etwas hineininterpretiert. Am Schluß des Vaterunsers beten wir »sondern erlöse uns von dem Bösen« und meinen damit das Böse in einer unpersönlichen Deutung, das Böse als abstrakte Kraft. Wir glauben, das Gebet würde dadurch an Intensität gewinnen und Zeugnis von unserer Aufgeklärtheit geben. Was Jesus aber meinte, als er uns das Vaterunser lehrte, war vielmehr: »Erlöse uns von dem bösen Widersacher«. Es handelt sich um eine *Person*. Jesus bittet seinen Vater also um Erlösung von der Bosheit in Person. Wir haben den Wortlaut verfälscht. Wir haben ihn geändert. Wie Sie schon sagten, wir haben uns durch die Abstraktion von der Person des Bösen entfernt. Uns behagt die Personifizierung des Bösen nicht. Wir ziehen die Personifizierung von Gott vor.

F: Existiert der Satan in Wirklichkeit?

JGS: Ja, natürlich. Das läßt sich bis zu den Ursprüngen des menschlichen Bewußtseins zurückverfolgen. Wenn sich aber eine Glaubensüberzeugung so weit zurückverfolgen läßt – die Überzeugung nämlich, daß das unsichtbare, eigenständige Böse als Person existiert, die auf unserer Welt nach ihrem freien Willen handelt –, darf man sie nicht einfach ohne weiteres über Bord werfen. Sie ist immer präsent. Ich halte es nicht für klug, wenn man diese Überzeugung bekämpft, lächerlich macht, ignoriert oder durch falsche Auslegungen weginterpretiert. Ich halte es für klüger, sich mit ihr direkt auseinanderzusetzen.

F: Wollen Sie damit sagen, daß es sich um mehr als eine Glaubensüberzeugung handelt? Um eine nicht zu unterschätzende Kraft?

JGS: Ja, das will ich damit sagen. Ich denke, wir tun besser daran, uns dieser Kraft zu stellen, anstatt sie zu ignorieren oder sie in bequeme Worte oder Begriffe zu kleiden. Die Abwendung vom Bösen als Person fand erst zu Beginn des letzten Jahrhunderts statt. Vor allem im Zuge der Entwicklung von wissenschaftlicher Psychiatrie und Psychologie gelangte man damals zu der Überzeugung, diese beiden Disziplinen seien der Schlüssel zum besseren Verständnis dessen, was frühere Generationen noch direkt und kraß, manchmal auch etwas unbeholfen, als Person des Teufels beschrieben haben.

F: Werden in der katholischen Kirche noch die Riten des Exorzismus gelehrt?

JGS: Nein. Sie sind nicht mehr Lehrgegenstand der katholischen Kirche, und es gibt auch kein ordiniertes Amt des Exorzisten mehr. Es wurde – lassen Sie mich überlegen, ich glaube, es wurde 1973 aufgehoben. Einer der Gründe dafür war vermutlich, daß die katholische Kirche verhindern wollte, als Bewahrerin überholter Vorstellungen betrachtet zu werden. Denn als überholt galt der Exorzismus in gewissen gebildeten Kreisen, und das nicht nur in unserem Kulturkreis. Es hatten sich bereits andere Möglichkeiten, andere Analysetechniken entwickelt, die wirkungsvoller waren und die ohne überkommene Mythen auskamen. Tatsächlich machten diese Techniken Schluß mit der Personifizierung des Teufels, jedoch nicht mit derjenigen Gottes.

F: Das Böse wird also auch auf höchster kirchlicher Ebene nicht mehr als Person betrachtet?

JGS: Nein. In Amerika, wie auch in den meisten europäischen Ländern, verbreitet die katholische Kirche die Lehre, das Böse sei eine Schwäche des Menschen, eine Neigung, eine Versuchung, der wir hin und wieder erliegen. Wenn wir von dem Bösen als Person sprechen, beschränkt sich das ausschließlich auf einzelne Menschen. Nur so lassen wir das personifizierte Böse zu. Wir wehren uns gegen den Gedanken, daß es auch außerhalb der Menschheit Personen gibt, die zwar keine Menschen, aber böse sind, können uns allerdings durchaus vorstellen, daß es Personen gibt, die keine Menschen, aber gut sind. Irgendwie verträgt sich das alles nicht so recht: Wir reden über Gott, und es ist für uns unbestritten, daß er gut ist.

Doch den Gedanken, daß es eine Person gibt, die das Böse verkörpert, aber weder menschlich noch göttlich ist, lehnen wir ab.

F: Verdrängen wir etwas?

JGS: Ja, das nehme ich an. Vielleicht wollen wir das Böse in den Griff bekommen, indem wir es nur in menschlichen Wesen zulassen, um es dann mit Gesetzen und Vorschriften reglementieren und bestrafen zu können. Die Vorstellung, daß das Böse auf unserer Welt sein Unwesen treibt, ohne daß wir es in der Gewalt haben, ist für die meisten von uns sehr unangenehm. Diesen Gedanken wollen wir nicht zulassen. Wir haben nichts dagegen, daß das Gute sich schrankenlos unter uns bewegt und einfach so in unser Leben tritt; das gefällt uns sogar. Wir hegen und pflegen diesen Gedanken und bejahen die Gegenwart des Guten in Form von Gott oder von Engeln, doch offensichtlich sträubt sich unwillkürlich etwas in uns, wenn wir dieselbe Vorstellung auf eine Person übertragen sollen, die das Böse verkörpert. Und wir bleiben bei unserer Weigerung auch trotz der zahllosen Erzählungen, Beispiele und Zeichnungen von Menschen, die behaupten, das Böse bewege sich ungehindert, frei und für uns größtenteils unsichtbar in der Welt. Es ist da. Es ist eine Tatsache. Es ist auch schon in mein Leben getreten, und zwar so überzeugend, daß ich seine Gegenwart nicht leugnen kann. Man mag mich für primitiv, altmodisch, für ungebildet und abergläubisch halten oder glauben, ich leide an Halluzinationen – es war da.

Nicht alles, was wir tun, tun wir aus einer freien Willensentscheidung heraus. Manches tun wir, weil jemand anderes es so will. Das trifft nicht auf alle Menschen zu, und es geschieht vielleicht auch nur ein- oder zweimal im Leben. Wenn wir erkennen, daß wir etwas Schlechtes wollen, merken wir, daß es nicht Gottes Wille entspricht. Wir können nicht hinnehmen, daß unser Gott zugleich gut und schlecht sein soll. Hätten wir mehrere Götter, könnten einige davon gut und die anderen böse sein. Doch bei unserem Gott ist das unmöglich; er muß immer gut sein. Wie also gehen wir mit dem Bösen um, das wir im Leben erfahren, das seine Freveltaten in aller Freiheit begeht und große Macht und großen Einfluß auf uns ausübt? Entweder wir schweigen, weil wir uns dafür schämen und nicht wollen, daß andere schlecht von uns denken. Oder – was oft der Fall ist – wir denken es einfach weg, etwa indem wir Begriffe aus der Psychologie oder Psychiatrie dafür verwenden. Oder wir machen uns darüber lustig. Wir verharmlosen es. Wir spotten darüber.

Für den, der das Böse hautnah erlebt hat, kommt keine der drei Möglichkeiten in Frage, denn sie strafen seine tatsächliche Erfahrung Lügen. Das gilt vor allem für Menschen, die eine gewisse Fähigkeit besitzen, Dinge kritisch zu hinterfragen und zu analysieren.

F: Diese Menschen behalten es also für sich?

JGS: Sie behalten es für sich oder vertrauen ihr Erlebnis einem anderen Menschen unter dem Siegel der Verschwiegenheit an.

F: Es handelt sich hier doch offensichtlich um ein ausgesprochen tiefgreifendes, vielleicht sogar um eines der erschüttendsten Erlebnisse, die einem Menschen widerfahren können. Wie kann man über so etwas schweigen?

JGS: Das liegt an unserem kulturellen Umfeld. Würden Sie darüber reden, wenn Sie davon ausgehen müßten, daß Sie auf Unglauben stoßen und daß man Ihre Glaubwürdigkeit oder Ihre geistige Gesundheit in Frage stellt?

F: Wurden Sie schon einmal von Menschen angesprochen, die Ihnen von einer Begegnung oder Konfrontation mit äußeren Mächten berichteten?

JGS: O ja.

F: Wie sehen diese Heimsuchungen aus? Läßt sich ein roter Faden erkennen oder unterscheiden sie sich alle voneinander?

JGS: Ein roter Faden ist insofern erkennbar, als diese Heimsuchungen alle als Macht erlebt wurden, als eine Macht, die von Boshaftigkeit geprägt und größtenteils unkontrollierbar ist. Das Böse übt seine Macht mit großer Freiheit und Autonomie aus.

F: Inwiefern greift diese Macht in das Leben eines Menschen ein?

JGS: Dämonische Mächte schaden dem Betroffenen sehr. Sie schaden ihm entweder körperlich oder seelisch oder wirken sich schädigend auf das direkte Umfeld des Betroffenen aus, etwa auf dessen Wohnung oder auf Gegenstände, die ihm gehören oder etwas bedeuten. Manchmal nimmt das Böse auch die Gestalt eines anderen Menschen an oder die eines anderen Wesens, das im Leben des Betroffenen eine Rolle spielt. Die Gegenwart einer dämonischen Macht kann sich auch dadurch manifestieren, daß sie mit einem verzerrten Antlitz in Erscheinung tritt – meistens mit dem eines verworfenen Menschen oder Tieres. Gewisse Tiere werden als Vertraute von Dämonen oder auch als Dämonen selbst eingestuft.

F: Welche Tiere?

JGS: Das hängt von der jeweiligen Kultur ab. Bei manchen Kulturen sind es die Ziegen. Bei manchen sind es, wie allseits bekannt ist, Katzen. Andere Kulturen halten Hunde für besessen. Also alles typische Haus- und Hoftiere. Von besessenen Schmetterlingen, Walen oder Tümmlern ist nie die Rede. Die Rede ist von den Tieren, die um uns und mit uns leben, denn wir verbinden mit dem Bösen gerne vertraute Dinge. Je vertrauter sie uns sind, desto mehr glauben wir, sie beherrschen zu können. Eine Ziege ist beherrschbar, ebenso Hunde und Katzen.

F: Was ist mit Satansvisionen? Zeigen auch sie eine gewisse Konsistenz?

JGS: Die Konsistenz der bildlichen Darstellungen des Satans liegt darin, daß er immer furchterregend aussieht: Er flößt uns Angst ein mit seinem boshaften Blick, mit der Farbe seiner Augen, mit den scharfen Eckzähnen, mit der Form seiner Ohren, mit den Hörnern. Alle diese Merkmale tauchen immer wieder auf, auch in Kulturen, zwischen denen es nie irgendwelche Berührungspunkte gegeben hat. Doch sind dies keineswegs transkulturelle Verbildlichungen; sie sind autonom. Sie tauchen unabhängig voneinander auf.

Mit den Satansbildern ist es wie mit dem Lächeln. In allen Kulturen hat das Lächeln eine genau festgelegte Bedeutung. Menschen lächeln zur Begrüßung, um Freude auszudrücken, wenn sie sich wohl und entspannt fühlen, wenn sie glücklich sind. Das war schon immer so. Es hat den Anschein, als besäßen wir Menschen eine angeborene Vorliebe dafür, bestimmte Dinge so auszudrücken, daß jeder es sofort versteht.

Wenn der Mensch einem inneren Trieb folgt und das Unsichtbare und Unberührbare zeichnet oder malt, macht er sich auf diese Weise damit vertraut. Wir meinen, wir müßten das Unsichtbare nur in geeigneter Weise darstellen, die richtigen Worte dafür finden, und schon sind wir es los. Bei den Engeln ist es genau umgekehrt: Wenn wir mit ihnen kommunizieren, sie korrekt ansprechen können, holen wir sie näher heran; das schützt uns. Wir schaffen aus einem inneren Impuls heraus Nähe und Vertrauen mit den unsichtbaren Dingen oder Wesen. Wir schaffen Nähe, weil wir glauben, je vertrauter uns etwas ist, desto eher können wir es beherrschen. Je mehr wir es an unserem Leben teilhaben lassen, desto eher können wir es unserem Willen unterwerfen.

F: Waren Sie schon einmal Zeuge einer dämonischen Kraft, eines Dämons?

JGS: Nein, ich selbst habe noch keinen gesehen.

F: Aber Sie glauben daran, daß es von Dämonen besessene Menschen gibt?

JGS: Ja.

F: Warum glauben Sie das?

JGS: Erinnern wir uns noch einmal an das, was ich bereits gesagt habe: daß ich es nicht für klug halte, wenn wir Vorstellungen, Glaubensinhalte oder hartnäckige Bilder verleugnen, die es schon seit Bestehen des menschlichen Bewußtseins gibt und die immer noch gültig sind. Es mag vielleicht von einem professionellen Standpunkt aus angebracht sein. Vielleicht finden wir damit in der Öffentlichkeit Anklang. Doch klug ist es nicht. Wenn wir die Vorstellung einer göttlichen Einflußnahme nicht in Frage stellen, wieso dann den Gedanken an die Einflußnahme dunkler Mächte? Ich kann mir nicht vorstellen, daß die zahlreichen Zeugen der Vergangenheit irregeleitet waren, und ich halte ihre Behauptungen auch nicht für töricht, naiv oder kindisch. Wenn Sokrates mit seinem »daímon« spricht und ihn um Rat fragt, so ist nicht er der Tor, sondern der, der ihn für einen Toren hält.

Es stimmt etwas nicht mit dem Bild, das wir von Jesus Christus haben. Das Problem liegt darin, daß wir über seine Person nur wenige präzise Aussagen machen können. Er lebte vor über zweitausend Jahren im frühen Palästina, das danach wieder jahrhundertelang in der Versenkung verschwand. Doch eines wissen wir mit hundertprozentiger Sicherheit von ihm: Er war ein Exorzist. Er trieb Dämonen aus. Damit hatten die Theologen lange Zeit ihre Probleme. Dieser Aspekt des Wirkens Jesu Christi wurde im neunzehnten und fast im gesamten zwanzigsten Jahrhundert völlig ausgeklammert. Doch es ist eine Tatsache. Jesus heilte Besessene.

Während meines Theologiestudiums mußte ich immer wieder verärgert feststellen, daß dieser wichtige Bestandteil des öffentlichen Wirkens Jesu Christi in keinem einzigen Fall ernsthaft untersucht wurde. Wenn sein Auftreten als Exorzist überhaupt erwähnt wurde, dann nur, um das Ganze als Unwahrheit abzutun oder um sein Handeln als das Heilen von psychosomatischen Krankheiten zu analysieren. Ich bin jedoch der Überzeugung, daß wir uns nur dann Christen nennen dürfen, wenn wir so getreu wie möglich dem Beispiel und dem Wort Jesu folgen. Und es ist einfach nicht zu leugnen, daß Jesus ein Exorzist war.

F: Wenn wir gerade beim Thema sind: Welche Erfahrungen haben Sie mit dem Exorzismus gemacht? Sind Sie in irgendeiner Weise damit in Berührung gekommen?

JGS: Ich hatte nur zweimal indirekt damit zu tun. Ich war nicht der Exorzist und war auch nicht während des Rituals anwesend. Ich wurde nur zur Beurteilung herangezogen oder zu geschichtlichen Hintergründen dieses Rituals befragt. Darüber hinaus hatte ich noch nie persönlich damit zu tun.

F: Welches waren diese beiden Fälle?

JGS: Das eine Mal handelte es sich um ein Kind irisch-katholischer Abstammung. Die Eltern wohnten in einer amerikanischen Großstadt. Viele werden es nicht glauben, aber dieser fünfjährige Junge begann, unverständliches Zeug vor sich herzubrabbeln. Daß es unverständlich war, glaubten jedenfalls die Eltern. Es stellte sich aber heraus, daß es Althebräisch war, und zwar unanständige, obszöne Ausdrücke. Er gab derbe, unflätige Flüche von sich und verwünschte alle Menschen in seiner unmittelbaren Umgebung. Außerdem hatte er außergewöhnliche Kräfte. Die Eltern mußten ihn zeitweise im Bett festbinden. Es war aus Teakholz, also sehr robust und schwer. Der Junge konnte es mit einer Hand hochheben. Übernatürliche Kräfte sind häufig ein Hinweis auf Teufelsbesessenheit.

Das Kind geriet immer wieder in diese Zustände, konnte sich aber hinterher an nichts erinnern. Die Ärzte nahmen alle möglichen Untersuchungen vor, doch sie suchten vergeblich nach irgendwelchen physiologischen Störungen, etwa eine Über- oder Unterversorgung des Gehirns oder der Muskulatur mit bestimmten Substanzen. Weder eine psychologische noch eine intensive psychiatrische Untersuchung brachten die Ursache ans Tageslicht. Sie blieb unauffindbar.

Inzwischen ahnten die Eltern bereits, daß ihr Kind vom Teufel oder von einem Dämon besessen war. Sie kamen immer mehr zu dieser Überzeugung. Daher baten sie um einen Exorzismus. Er wurde durchgeführt und dauerte mehrere Wochen. Ohne Erfolg. Der Junge brachte sich um, indem er Mottenkugeln schluckte. Als man ihn fand, hatte er bereits schwere innere Verbrennungen durch die

Chemikalien erlitten. Wenige Stunden später war er tot. Der Exorzismus war also gescheitert. Als Mißerfolg wird ein Exorzismus gewertet, wenn die besessene Person stirbt, bevor der Dämon ausgetrieben werden konnte.

F: Schluckte er die Mottenkugeln, weil der Dämon in seinem Körper auf den Exorzismus reagierte?

JGS: Das läßt sich nicht sagen. Vielleicht. Natürlich war niemand dabei, als der Junge die Mottenkugeln schluckte. Zunächst nahm man an, er schliefe oder er sei vorübergehend von seinen rätselhaften Anfällen befreit. Er lag bereits im Koma, als man feststellte, was tatsächlich geschehen war. Die Mottenkugeln hatten in einer Kleiderschublade gelegen, niemand hatte auch nur im entferntesten daran gedacht, daß er sie geschluckt haben könnte.

F: Wie versuchte man in diesem speziellen Fall, den Dämon auszutreiben?

JGS: Das Ritual schreibt bestimmte Gebete der Lobpreisung vor. [Hinzu kommen] Verdammungen, Anweisungen, Befehle, die an den Dämonen gerichtet werden. Die Erfahrung hat gezeigt, daß der Exorzismus mehr Aussichten auf Erfolg hat, wenn der Exorzist den Namen des Dämons kennt und ihn direkt ansprechen kann. In früheren Berichten von Exorzismus liest man oft, daß man dem Dämonen seinen Namen nur mit viel List entlocken kann.

F: In dem Fall, den Sie eben beschrieben haben, konnte der Name also nicht herausgefunden werden?

JGS: Nein, der Name konnte nicht herausgefunden werden.

F: Gab es nicht noch einen anderen Fall von Teufelsbesessenheit, bei dem das besessene Kind an einem Herzschlag starb?

JGS: Ja. Das Mädchen war sechseinhalb Jahre alt und litt unter einer starken Persönlichkeitsveränderung. Sie fiel entweder in einen komaähnlichen Zustand, aus dem sie nur von selbst wieder erwachen konnte, oder sie gab Laute von sich, rollte mit den Augen, schielte und drehte ihre Augäpfel so weit nach oben, daß man nur noch das Weiße sah. Doch am alarmierendsten an diesem Fall war, daß sie extrem gelenkig wurde – so schien es jedenfalls. Sie konnte ihren Kopf um hundertachtzig Grad drehen. Das erinnert wahrscheinlich viele an den Kinofilm ›Der Exorzist‹. Man verglich neue Röntgenbilder mit Aufnahmen aus der Zeit, als sie noch ein Säugling war. Es zeigte sich, daß die Gelenke des Mädchens von Geburt an völlig normal ausgebildet waren. Sie litt offensichtlich unter einer physischen Persönlichkeitsspaltung. Nicht nur ihre Gelenke, auch ihre Körperkraft war für ein Mädchen ihres Alters abnormal.

F: Inwiefern?

JGS: Sie konnte schwere Gegenstände hochheben und werfen. Wenn eines der Familienmitglieder ihr zu nahe kam, verdrehte sie deren Arme oder Beine mit einer außergewöhnlichen Kraft.

F: Wie ging es weiter?

JGS: Ich weiß es nicht genau. Ich erfuhr irgendwann, daß das Mädchen an einem Herzanfall gestorben war, aber ich hatte den Fall aus den Augen verloren, bevor er dieses Ende nahm.

F: War es zu einem Exorzismus gekommen?

JGS: Ja. Erfahrungsgemäß zeichnet sich nach einer Weile, wenn die Gebete und Rituale erfolglos waren, die Möglichkeit des Todes ab. Der Dämon gilt als besiegt, wenn die besessene Person nicht mehr existiert. Genau mit dieser Theorie wurden natürlich viele Hexenverfolgungen im Mittelalter gerechtfertigt. Man glaubte, Hexen seien von Dämonen besessen. Wenn ein Exorzismus erfolglos blieb, vertrieb man den Dämon, indem man die Besessene tötete. Manchmal gab es angeblich auch Übertragungen, das heißt, der Dämon wich aus der besessenen Person und fuhr in den Priester.

F: Kennen Sie die wahre Geschichte, die dem Kinofilm ›Der Exorzist‹ zugrunde lag?

JGS: Soviel ich weiß, handelte es sich um einen Jungen, nicht um ein Mädchen. Und das Ganze spielte sich nicht in

Georgetown, sondern in Los Angeles ab. Außerdem konnte der Junge seinen Kopf nicht um dreihundertsechzig Grad drehen. Vielleicht erinnern Sie sich, daß das Mädchen in dem Film seinen Kopf einmal ganz herum drehen konnte. Doch das geht nicht. Eine Drehung um hundertachtzig Grad wurde schon beobachtet, aber dreihundertsechzig Grad sind unmöglich; dabei würde das Genick brechen. Diese Übertreibung war aus dramaturgischen Gründen notwendig. Aber das ständige Erbrechen, die altertümliche und obszöne Sprache, der unzüchtige Umgang mit dem Kruzifix, der große persische Dämon – alle diese Dinge beruhen im Grunde auf wahren Begebenheiten.

F: Haben Sie auch von neueren Fällen dämonischer Besessenheit oder dämonischer Erscheinungen gehört?

JGS: Vor einigen Jahren gab es einen Fall, da hatte eine junge Frau ihren sechs Monate alten Sohn ertränkt. Sie behauptete, sie hätte den Kleinen in einer Wanne gebadet, als plötzlich das Bild des Satans auf dem Gesicht ihres Jungen erschienen sei. Deshalb hätte sie den Kopf des Kindes unter Wasser gehalten. Die Frau kam sofort in psychiatrische Behandlung. Doch wie es für derartige Fälle typisch ist, wurde eine vorübergehende Geisteskrankheit diagnostiziert, was auch immer das bedeuten mag. Und das war alles. Sie hatte einfach den Verstand verloren. Doch sie blieb standhaft bei ihrer ursprünglichen Version. Sie hatte den Satan im Gesicht des Jungen gesehen und ihn aus diesem Grund ertränkt.

F: Hatte sie eine einschlägige Vorgeschichte?

JGS: Vor diesem Vorfall hatte es keinerlei Anzeichen für eine Geistesstörung oder Krankheit gegeben. Nach ihrer Behandlung kehrte sie wieder in ihr normales Leben zurück. Sie hat noch eine ältere Tochter, die sie abgöttisch liebt. Sie liebt auch ihren Sohn immer noch, hat aber bis auf den heutigen Tag ihre Tat weder bereut noch widerrufen. So stark ist ihre Überzeugung von der Richtigkeit ihres Handelns.

Tja, was soll man dazu sagen? Jeder ist wohl erst einmal schockiert. Wir finden kaum Worte, um das Geschehene zu beschreiben, weil uns das Vokabular, mit dem wir eine so plötzliche und heftige Besessenheit beschreiben könnten, nicht mehr so geläufig ist wie früheren Generationen. Wenn jemand dieses Vokabular benutzt, fühlen wir uns unwohl in unserer Haut. Es stößt uns ab. Wir schütteln den Kopf und erklären denjenigen für verrückt. Wir suchen nach einer anderen Erklärung – vielleicht war es ja eine optische Täuschung. Alle diese beschönigenden Erklärungen zeigen eigentlich nur, daß wir nicht wissen, was in einem solchen Fall vor sich geht. Wir wehren uns gegen die älteste, traditionellste Erklärung für dieses Phänomen.

F: Was halten Sie persönlich davon?

JGS: Der Dämon war da, aber er war nicht in dem Kind, sondern in der Frau. Sie tötete das Kind, weil der Dämon es ihr eingeflüstert hatte.

Mir ist noch ein anderer Fall bekannt, wo eine Mutter ihren zweieinhalbjährigen Sohn in ihrer Garage gekreuzigt hatte, und zwar an einem Karfreitag, dem Tag also, an dem der Sohn Gottes gekreuzigt worden war. Das Kind überlebte, weil Nachbarn sein Schreien durch die offene Garagentür gehört hatten. Sie eilten zu Hilfe und sahen die Mutter am Boden sitzen; sie befand sich eindeutig in einem tranceähnlichen Zustand; ihr Gedächtnis hatte ausgesetzt. Als sie wieder zu sich kam, wußte sie von nichts mehr. Das letzte, an das sie sich erinnern konnte, war, daß sie in der Küche die Karfreitagsmesse am Radio mitverfolgt hatte.

F: Was für ein Vorleben hatte diese Frau?

JGS: Sie war eine ganz normale Frau, die ihr Kind liebte. Sie ging einer Arbeit nach, war bei Freunden und Bekannten beliebt. Sie hat keinerlei Erinnerung an den Vorfall. Sie verließ diesen Zustand der Bewußtseinsspaltung und erlebte einen Schock, als sie realisierte, was vorgefallen war.

F: Wie ist ihr Zustand heute? Zeigte sie nach jenem Vorfall irgendwelche anormalen Verhaltensweisen?

JGS: Soviel ich weiß nicht. Sie wurde von ihrem Ehemann verlassen, der natürlich auch das Kind mitnahm. Auf diese Weise mußte sie leiden wegen einer Tat, an die sie sich nicht einmal erinnern konnte und die überhaupt nicht ihrer Art entsprach. Sie leidet unter dem, was sie ihrem Sohn angetan hat, und sie leidet darunter, daß der Sohn aus ihrem Leben gerissen wurde. Der Dämon – wenn ein Dämon dahintersteckte – ist natürlich höchst zufrieden mit dieser Entwicklung.

F: Angesichts derart schrecklicher Geschichten frage ich mich, ob man sich dem Satanismus wirklich durch eine freie Willensentscheidung verschreibt. Es gibt ja Kreise in unserer Gesellschaft, die sich bewußt okkulten Praktiken hingeben.

JGS: In der Tat. Überall in unserem Land existieren Geheimbünde, die ihre Aktivitäten vor der Öffentlichkeit möglichst geheim halten, weil sie mit ablehnenden Reaktionen in der Bevölkerung rechnen. Doch sie haben nicht mehr den starken Zulauf wie früher. Sie betreiben im Grunde schwarze Magie in mehr oder weniger ausgeprägter Form.

F: Wie gerät man in einen solchen Geheimbund?

JGS: Ich habe keine Ahnung, wie man da hineingerät. Ich nehme an, man wird von Mitgliedern angeworben. Sie beobachten bestimmte Personen und merken anhand gewisser Äußerungen und Verhaltensweisen, ob jemand dafür empfänglich ist. Auf irgendeine Weise versuchen sie dann Schritt für Schritt, ihr Opfer zu einem Besuch ihres Versammlungsortes zu verführen oder zu überreden. Vielleicht laden sie einen erst zu einer Tasse Kaffee ein, lenken dann das Gespräch wie zufällig auf das Thema und beobachten, wie man reagiert. Und dabei zeigt sich dann, ob die Bekehrungsversuche erfolgreich waren, ob die Idee des Satanskults auf fruchtbaren Boden fällt. Wenn ja, führen sie das neue Mitglied in den Geheimbund ein.

Es findet eine Versammlung statt, und wenn die Gegenwart des Dämons stark genug ist – sehr viel stärker als die Gegenwart von Engeln und auch sehr viel stärker als die Gegenwart Gottes –, verbündet man sich mit ihm. Wer würde sich nicht lieber mit dem Sieger als mit dem Verlierer verbünden? Genau das ist der Nährboden für den Satanskult. Menschen, die sich diesem Lebensstil und diesen Bünden verschreiben, glauben, daß nicht Gott sich durchsetzen wird, sondern Luzifer, Satan, Beelzebub – wie auch immer man den obersten Teufel nennen mag. Vielleicht glauben sie auch, daß Gott irgendwann triumphieren wird, aber nicht zu ihren Lebzeiten. Goethes Faust dachte ähnlich: Der Dämon gibt mir, wonach ich verlange, und alles, worauf es mir ankommt, ist das Leben, das mir gewiß ist, das Leben im Hier und Jetzt. Faust trachtet nach Ruhm, andere nach Macht, nach Reichtum und ähnlichen Annehmlichkeiten, die ein lustvolles Leben mit sich bringen können. Nur das Leben, das ich in der Gegenwart lebe, ist mir hundertprozentig sicher; und es scheint, als ob das Böse der verläßlichste Weg ist zur Befriedigung meiner Bedürfnisse. Lügen, Täuschung, Selbstgefälligkeit – das bedeutet Lustgewinn. Und wenn ich mit einer geistigen Kraft gemeinsame Sache machen kann, die mir an Macht überlegen ist und die auch Situationen und Ereignisse manipuliert, kann das die Befriedigung und Lust sogar noch steigern.

Vom religiösen Standpunkt aus betrachtet, begegnen wir hier der grundlegenden Annahme, daß Gott letztendlich verlieren wird und daß sich nur ein Dummkopf mit dem Verlierer verbünden kann. Das ist der Grund, weshalb Menschen sich solchen Gemeinschaften anschließen.

F: Ist die Anbetung des Teufels eine organisierte Religion?

JGS: Nein, jeder Geheimbund handelt für sich. Doch innerhalb jedes Geheimbundes gibt es eine Hierarchie. Ein Mitglied wird zum Jünger des Meisters bestimmt. Meistens, aber nicht zwangsläufig, ist dieser Meister Satan. Es kann allerdings auch ein anderer Dämon sein. So ist zum Beispiel Lilith ein sehr beliebter weiblicher Dämon, der große Macht besitzt. Sie ist der unheilbringende Mitternachts-Dämon in Psalm 100 [sic]. Wenn Lilith von der Hölle aufsteigt, fühlt sie sich von verlassenen Ruinen angezogen. Aufgrund dieses Bildes entstand übrigens der Mythos vom Spukhaus. Manche Geheimbünde nehmen daher nur Frauen auf. Sie neigen dazu, sich bei ihren Ritualen und Unterwerfungszeremonien einer Frau, einer Dämonin, unterzuordnen.

F: Wie viele Menschen kommen zu Ihnen, weil sie glauben, von einem Dämon besessen oder von äußeren Mächten beherrscht zu sein?

JGS: Etwa ein Dutzend pro Jahr.

F: Und wie verhalten Sie sich dann?

JGS: Meistens bleibt es dabei, daß mir die betroffene Person ihre Situation kurz erläutert und ich anschließend beurteile, ob es sich um eine Einbildung handelt oder ob die Person Ereignisse überbewertet, die natürliche Ursachen haben. Manche Leute reimen sich da etwas zusammen oder glauben, das, was sie im Fernsehen gesehen oder in Zeitschriften gelesen haben, träfe auch auf sie zu. Nun bilden sie sich unbewußt ein, übernatürliche oder übermenschliche Dinge zu erleben. Das ist besonders häufig der Fall, wenn jemand behauptet, er habe eine Levitation erlebt oder gesehen, wie Gegenstände aus unerklärlichen Gründen von Tischen oder Regalen fallen. Ich bin in der Regel sehr mißtrauisch. Wenn ich nach einem ersten Gespräch den Eindruck habe, daß jemand bewußt oder unbewußt ein übernatürliches Erlebnis heraufbeschwört, schicke ich ihn im allgemeinen wieder nach Hause.

F: Wann nehmen Sie einen Bericht ernst?

JGS: Wenn jemand nicht aufgibt und immer wieder behauptet, meine Erklärungen träfen in seinem Fall nicht zu. Wenn er darauf beharrt, daß er alles bei vollem Bewußtsein erlebt hat. Wenn er sagt: »Ich bin kein Tagträumer. Ich bin kein Alkoholiker. Ich nehme keine Medikamente oder Drogen ein.« Wenn er konsequent behauptet, er habe das alles bei vollem, wachem und ungetrübtem Bewußtsein erlebt.

F: Glauben Sie, daß in unserer heutigen Zeit die Engelsbegegnungen zunehmen und die Dämonenbegegnungen seltener werden?

JGS: Das kann ich nicht sagen. Zweifellos hört und liest man mehr über solche Erlebnisse. Die Menschen reden gern ausführlich und ungehemmt darüber und können sich sehr gut artikulieren. Ich denke, religiöse Fragestellungen werden früher oder später eine immer größere Bedeutung im Leben eines Menschen erlangen. Sie drängen sich auf. Und wenn vor allem die institutionalisierten Religionen es versäumen, den Blick der Menschen auf das Wesentliche zu lenken und ihnen eine plausible Erklärung zu geben für das, was sie erleben, dann beantwortet eben jeder diese religiösen Fragen selbst. Doch sie sind nicht zu überhören. Für mich ist offensichtlich, daß unsere Engelsbegegnungen eine Folge des Wunsches nach mehr Zärtlichkeit, Zuwendung und Führung sind, also nach dem, was wir von den institutionalisierten Kirchen nicht bekommen.

F: Hier kommt mir die berühmte Frage mit der Henne und dem Ei in den Sinn: Was kam zuerst, die Begegnung mit den Engeln oder unser Bedürfnis nach solchen Begegnungen?

JGS: Wir beschreiben unsere Erfahrungen oder Erlebnisse mit sehr traditionellen Vorstellungen, Mythologien und Erklärungen. Jeder weiß im Prinzip, was ein Engel ist und was er tut – genauso wie er weiß, was ein Dämon ist und was er tut. Hier bewegen wir uns alle auf bekanntem Terrain.

Ich glaube, die Erfahrung kam zuerst. Man geht davon aus, daß Erfahrungen unsere Gedanken beeinflussen, nicht umgekehrt. Will jemand eine Engelsbegegnung oder die Erscheinung eines Dämons beschreiben, wird er dazu dasselbe Vokabular benutzen wie wir alle – ein beschränktes, vielleicht archaisches Vokabular, das viele stilisierte Ausdrücke und Begriffe aus der Mythologie enthält. Warum? Weil die Kirchen und ihre Vertreter es versäumt haben, uns ein anderes Vokabular zur Verfügung zu stellen. Die Menschen erleben diese Dinge, sie denken darüber nach, wollen darüber sprechen, doch wer hat schon je einen Priester darüber predigen hören? Bis vor kurzem bekam man solche Dinge nicht einmal zu lesen. Und als es dann zu lesen war, wurden die Berichte als abergläubisch, primitiv oder kindisch abgeurteilt.

F: Noch eine andere Frage: Glauben Sie an einen Zusammenhang mit der Apokalypse?

JGS: Meinen Sie, als eine Art Vorstufe für das Ende der Welt? Das apokalyptische Tier, das Böse in der Welt? Nein. Das sehe ich nicht so. Das Böse ist heute nicht mehr verbreitet als früher. Doch in manchen Kreisen unserer Gesellschaft stelle ich eine wachsende Bereitschaft fest, direkt und manchmal in erschreckend deutlicher Weise darüber zu reden. Wissen Sie, die Sünde, das Böse, das läßt sich eigentlich wie kaum ein anderer Lehrsatz des Christentums empirisch nachweisen. Mich erstaunt immer wieder, daß die offizielle kirchliche Lehre diesen Beweis bisher noch nicht angetreten hat. Das Leben nach dem Tod, die Existenz Gottes oder der Engel und Dämonen können wir nicht empirisch-wissenschaftlich beweisen. Doch das Böse selbst können wir mit wissenschaftlichen Methoden nachweisen. Und zwar das Böse als Person. Wenn eine Mutter ihr sechs Monate altes Kind ertränkt, weil sie angeblich das Bild Satans in dessen Gesicht gesehen hat, so ist das empirisch nachweisbar. Sie tötete das Kind. Und selbst zurückhaltende Moralisten würden ihr Handeln zweifellos als böse einstufen. Eine Mutter tötet ihr Kind.

F: Die Frage ist aber doch, kam das Böse aus ihrem Inneren oder von außen?

JGS: Das stimmt. Nur den Akt des Bösen selbst können wir empirisch ermitteln. Fragen wir nach seiner Ursache, kommen wir in große Bedrängnis. Ich glaube, daß wir das Böse, das uns im Leben widerfährt, zu einem großen Teil selbst zu verantworten haben. Meistens sind wir die Ursache – aber nicht immer. Manchmal ist das Böse einfach zu eindeutig, zu beharrlich, zu alt, es überschreitet kulturelle Grenzen, und diese Art des Bösen stammt von einem anderen Wesen als dem menschlichen. Unterm Strich betrachtet aber ist das Böse da, es ist verifizierbar.

F: Man könnte also sagen, daß der Teufel heute nicht stärker und nicht öfter sein Unwesen treibt als in früheren Zeiten, aber daß die organisierten Religionen seine Gegenwart leugnen oder ausklammern?

JGS: Viele fromme und gläubige Menschen glauben auch heutzutage an das Böse. Doch wenn man das Erziehungswesen betrachtet, insbesondere die religiöse Erziehung, sucht man in den Lehrplänen nahezu vergeblich nach diesem Thema. Wir haben es hier mit einer Zweiteilung in unserer Kultur zu tun, die es in verschiedenen Religionen, vor allem aber im Christentum, schon immer gegeben hat. Auf der einen Seite steht der allgemeine Glaube, auf der anderen die offizielle Doktrin, die christliche Lehre. Das trifft mit Sicherheit auf die katholische Kirche, aber auch auf protestantische Kirchen zu. Im Judentum ist dieser Gegensatz nicht mehr ganz so kraß, und in asiatischen, afrikanischen oder südamerikanischen Kirchen sind die Grenzen dieser Dichotomie noch stärker verwischt.

Die offizielle kirchliche Lehre hat es abgelehnt, sich mit der Frage der Teufelsbesessenheit auseinanderzusetzen, obwohl sie im religiösen Leben, in der Frömmigkeit der Menschen wie auch in der Ausübung des Glaubens durchaus präsent ist. Genau hier liegt der Schwachpunkt der institutionalisierten Kirche. Ich denke da nicht nur an die katholische Kirche, und ich spreche auch nicht von einem Versagen auf ganzer Linie. Vielmehr handelt es sich um eine pastorale Pflichtvergessenheit. Die Menschen werden von der offiziellen kirchlichen Seelsorge allein gelassen, also helfen sie sich selbst. Sie suchen Gleichgesinnte im Geist und in der Seele, Menschen, die ähnliche Erfahrungen gemacht haben. Sie kommen auch ohne offizielle kirchliche Lehre aus. Und das ist nicht gut. Die Aufgabe des seelsorgerischen Amtes ist doch gerade, den Menschen bei ihrer Begegnung mit Gott und in ihrem spirituellen Leben helfend zur Seite zu stehen.

F: Wie ist es mit der ewigen Verdammnis? Hat sich die Kirche auch von diesem Glaubenssatz distanziert?

JGS: Es gibt keine ewige Verdammnis – so sehe ich das jedenfalls.

F: Ich dachte immer, es sei ein grundlegender Lehrsatz der katholischen Kirche, daß wir, wenn wir mit dem Teufel einen Bund schließen, für immer und ewig in der Hölle schmoren werden.

JGS: Das glauben wohl die meisten Menschen, die eine katholische Erziehung genossen haben. Doch der Heilige Athanasios gibt uns ein tieferes Verständnis für diese Zusammenhänge. Er lehrte im zweiten Jahrhundert, daß Gott unser Erlöser ist und uns allen Heil und Segen bringt. Gott ist der Inbegriff alles Guten, frei von allem Bösen. Die Hölle ist demnach der Platz für die Dämonen bis zu ihrer Errettung.

F: Es gibt also eine Errettung, auch wenn man in die Hölle kommt?

JGS: Ich glaube ja. Wenn ich das so direkt bejahe, heißt das allerdings nicht, daß ich damit auch die Auffassung meiner Kirche vertrete. Strenggenommen vertrete ich eher jenen Zweig in der katholischen Kirche, der sich auf Athanasios beruft und weniger die vorherrschende, auf den Heiligen Augustinus zurückgehende Glaubenslinie.

Als gläubiger Mensch muß man sich immer wieder fragen: Wie paßt eine Erfahrung oder Behauptung in mein Gottesbild? Wenn sie nicht in mein Gottesbild hineinpaßt, wenn sie mich zwingt, mein Gottesbild zu ändern oder zu leugnen, muß ich das Ganze vergessen. Wenn jemand behauptet, wir würden alle in ewiger Verdammnis enden und auf immer und ewig körperliche und seelische Qualen erleiden, muß ich mich fragen: Wie paßt das in das Bild, das ich von meinem Gott habe? Möchte ich, daß mein Gott so etwas zuläßt? Mein Bild von Gott ist ausschlaggebend – nicht mein Bild vom Himmel oder von der Hölle, nicht einmal mein Bild von der Erde. Ein religiös denkender Mensch, ein wachsamer Geist, wird sich nur auf sein Gottesbild verlassen.

F: Und Gott ist nun einmal barmherzig.

JGS: Wenn sich unser Gottesbild von Vorbildern wie Jesus, Buddha oder dem Heiligen Franziskus ableitet, müssen wir uns von der Vorstellung befreien, daß die Hölle der Ort ist, den Gott uns als Schicksal zugewiesen hat.

F: Warum läßt Gott dann zu, daß es den Satan gibt?

JGS: Freiheit. Die Schöpfung ist frei. Die Menschen machen da einen Fehler. Für sie hat Gott entweder alles erschaffen oder er hat überhaupt nichts erschaffen. Gott ist entweder der einzige Faktor oder überhaupt nicht beteiligt. Doch das ist der falsche Ansatz: Die ganze Schöpfung ist frei, das heißt, man kann zwar Gott für *einen* Urheber des Geschehens halten, doch er ist niemals der einzige Faktor. Es spielen immer noch andere Faktoren mit eine Rolle. Wenn ein Kind an Leukämie erkrankt, kann das an einem genetischen Faktor liegen, doch ebenso an einem Virus, an einer gewissen Anfälligkeit oder an der Ernährung. Es kann nicht mit Sicherheit festgestellt werden. Und dann gibt es noch den Faktor Gott. Doch wenn Gott der Schöpfung Freiheit zugesprochen hat, bestimmt nicht er allein alle Situationen, denn es sind immer noch andere, freie Faktoren beteiligt, auf die Gott allerhöchstens Einfluß nehmen könnte.

F: Es existiert auch die Auffassung, daß der Teufel dazu da ist, uns zu prüfen.

JGS: Das ist die älteste Auffassung. Das Wort »Satan« bedeutet soviel wie Widersacher, Gegner vor Gericht. Im Buch Hiob wird berichtet, daß Satan vor dem Herrn im

Himmel erschien. Doch er trat nicht als Dämon vor ihn, sondern als Satan, der Versucher und Verführer der Frommen. Im Eingangskapitel zum Buch Hiob sagt Satan zu Gott: »Meinst du, daß Hiob umsonst Gott fürchtet? Hast du doch ihn, sein Haus und alles, was er hat, ringsumher verwahrt. Du hast das Werk seiner Hände gesegnet, und sein Gut hat sich ausgebreitet im Lande. Aber recke deine Hand aus und taste an alles was er hat: was gilt's, er wird dir ins Angesicht absagen?« Diese Auffassung von Frömmigkeit findet man oft im Alten Testament. Ein Glaube, der nicht auf die Probe gestellt wurde, ist nichts wert, denn das Bekenntnis allein macht einen Gläubigen noch lange nicht aus. Der Wahrheitsgehalt seines Glaubens muß vom Widersacher Gottes, von Satan, geprüft werden. Im Neuen Testament ist Satan nicht mehr der Versucher und Verführer, sondern er ist zum Feind Gottes, zum Inbegriff des Bösen, Niederträchtigen, Perversen, zum »Satan« schlechthin geworden.

F: Wir haben bisher nur von einem *Satan gesprochen. Könnte es Ihrer Meinung nach auch viele Dämonen geben?*

JGS: O ja.

F: Wie gelangen Sie zu dieser Auffassung?

JGS: Nun, alle Religionen sind sich darüber einig, daß es viele Dämonen gibt, ganze Legionen von Dämonen, und daß ihre Perversität viele Formen annehmen kann. Man spricht von Dämonen des Zorns, des Durstes, der Lust, der Habgier, sehr mächtige Dämonen der Trägheit, des Müßiggangs, der Bequemlichkeit und der Faulheit. Diese Unterscheidung hat eine sehr alte und sehr umfassende Tradition.

F: In letzter Zeit begegnen wir in Berichten immer häufiger den finsteren Engeln, den Satansengeln, dem Antichristen. Was hat es damit auf sich?

JGS: Das hängt mit der Jahrtausendwende zusammen. Sie hat einen großen Einfluß.

F: Inwiefern?

JGS: Nun, der Antichrist wird für einen Menschen gehalten, für einen sehr niederträchtigen, boshaften, doch auch sehr charismatischen Menschen, der genau das Gegenteil von Gott verkörpert. Er bringt uns kein Heil, sondern nur Krankheit und Qual. Er erleuchtet unseren Geist nicht, sondern verdunkelt ihn, und so weiter. Er steht in Verbindung mit den Dämonen – nach der bestehenden Mythologie wahrscheinlich in einer kontrollierbaren Verbindung. Sie sehen in ihm ein nützliches Werkzeug für ihre boshaften Umtriebe, weil er ein Mensch ist und weil er gegen Seinesgleichen vorgehen kann. [Sein] Wirken ist verführerisch und – in allen Mythologien – letztendlich destruktiv.

F: Satansengel könnte man also auch als Gesandte des Antichristen betrachten?

JGS: Sie sehen ihn als ihren Beschützer und Auftraggeber, so wie die Himmelsengel sich unter die Führung Jesu Christi begeben.

F: Wie kommt es, daß Gott mit dem Licht und der Teufel mit der Finsternis gleichgesetzt wird?

JGS: Diese Zuordnung entstand in einer Zeit, als das gesamte Universum buchstäblich in drei Teile eingeteilt war. Da oben war der Himmel, übersät mit vielen kleinen, weißen Sternen und mit zwei großen Lichtern, die sich durch Tag und Nacht bewegen, der Sonne und dem Mond. Früher glaubte man, das Himmelsgewölbe, das Firmament, sei nach oben durchlässig. Man müsse nur hoch genug hinaufsteigen, um die Grenze zu überschreiten, hinter der sich das Reich Gottes, der göttliche Himmel befindet. Daneben gab es die Erde, auf der sich die Menschen bewegen. Doch unter der Erde war noch etwas anderes. Man stellte es sich wie eine riesige unterirdische Höhle vor. Wenn man den richtigen Eingang fand, konnte man dorthin gelangen. So läßt sich auch erklären, weshalb die Menschen geradezu besessen waren von dem Wunsch, mit Türmen oder selbstgebastelten Flügeln doch hinaus zu gelangen. Sie glaubten, der Himmel sei gar nicht so weit von der Erde entfernt. Sie beobachteten, wie Falken sich in Kreisen nach oben schraubten und bereits nach kurzer Zeit verschwanden. Sie verschwanden, so glaubten sie, weil sie den Himmel erreicht hatten. Wenn der Mensch nur hoch genug käme, könnte auch er ins Himmelreich gelangen. Und dort ist natürlich das Licht. Dort sind die Sonne und die Sterne, dort ist Gottes Reich, der Ort der Freude.

Der Raum unter der Erde, in dem sich die Dämonen aufhalten, ist die Hölle, der Abgrund. Auch dieses Bild wurde wörtlich genommen. Dort war der Ort der Finsternis und natürlich der Furcht. Die Menschen fürchteten sich vor der Finsternis, und das ist auch verständlich, wenn man die Mythologien von zwei-, drei-, viertausend Jahren einmal näher betrachtet. Es gab weder elektrisches Licht noch automatische Waffen. Die Dunkelheit war schon auf der Erde furchteinflößend und gefährlich, wie schrecklich mußte sie dann erst in der Hölle sein? Wo Licht ist, ist Freude. Das Licht ist ein Segen, es ist schön, es wärmt uns und läßt die Pflanzen gedeihen, die uns ernähren. Nur dort kann der Ort Gottes sein. Der Abgrund dagegen ist der Inbegriff der Dunkelheit, die vollkommene Dunkelheit, gegen die sich die Menschen damals nicht schützen konnten.

F: Wie kam es, daß aus Luzifer, dem liebenswürdigen Prinzen der Dunkelheit, eine Bestie wurde?

JGS: Dieser Wandel hängt wohl mit der Kindererziehung zusammen: Je abstoßender Luzifer dargestellt wird, desto effektiver erreicht man damit die beabsichtigte pädagogische Wirkung. Man hätte Luzifer auch als einen wunderlichen Onkel darstellen können, der keine Kinder mag und sie an den Ohren zieht, wenn sie sich schlecht benehmen. Aber dann würde er seinen erzieherischen Auftrag längst nicht so wirksam erfüllen wie als diese Bestie, die uns gleich den ganzen Kopf abreißt, uns anzündet, unseren Körper durchbohrt oder unsere Mutter tötet. Sie ist sehr mächtig, und sie versteht es auf grausame

Weise, uns immer und immer wieder zu verführen, auch wenn unsere Erziehung fortschreitet. Vielleicht ist das nicht die einzige Erklärung für die Wandlung des Luzifer zum Satan, doch ich halte sie für sehr überzeugend.

F: Glauben Sie, daß das religiöse Heil in unserer heutigen Zeit schwerer zu erreichen ist als in früheren Zeiten? Ist das Gespräch über Erlösung nicht mehr salonfähig?

JGS: Es gibt in unserer Kultur natürlich die Religionsfreiheit, aber nur, solange sich die Ausübung der Religion auf den privaten Bereich beschränkt. In der Öffentlichkeit, also dort, wo wir uns alle bewegen, im Geschäftsleben, im politischen und beruflichen Umfeld, besteht diese Freiheit nicht. Dort ist anscheinend nicht der richtige Ort dafür. Wer als Maschinenbauer oder Betriebswirt arbeitet, mag äußerst beliebt und erfolgreich sein. Doch es wird von ihm erwartet, daß er, so lange er seine acht, neun oder auch zehn Stunden arbeitet, seine Werte, Wunschvorstellungen oder ästhetischen Grundsätze für sich behält.

Ich halte das nicht für gut. Erlösung ist ganzheitlich. Die Erlösung hat nichts mit dem Himmel zu tun, den Jesus uns verspricht. Erlösung gibt es nur, wenn man ganzheitlich lebt und nicht zuläßt, daß das Leben sich gegen sich selbst richtet. Das Leben soll nicht zweigeteilt und zerstückelt sein. Wenn man seine ideellen und ästhetischen Wertvorstellungen zehn Stunden am Tag unterdrücken muß, hat dies mit einem erretteten Leben nichts gemein. Man ist auseinandergerissen. Man führt ein Doppelleben wie Dr. Jekyll und Mr. Hyde.

Viele Menschen können damit leben. Sie können sich in kleine Stücke aufteilen. Ich kenne eine Frau, die für die amerikanische Regierung arbeitet. Von morgens früh bis Feierabend entwickelt und konstruiert sie am Schreibtisch neue Waffen, mit denen Menschen andere Menschen töten. Wenn sie nach Hause kommt und eine Spinne in ihrer Wohnung findet, setzt sie sie ganz vorsichtig nach draußen. Sie achtet darauf, daß sie sie ja nicht zertritt oder kaputtmacht. Diese Frau ist nicht ganz sie selbst. Sie ist innerlich zerrissen.

F: Um noch einmal auf die Dämonen zurückzukommen: Welches Beispiel aus der jüngsten Vergangenheit ist für Sie der schrecklichste Beweis dämonischer Besessenheit?

JGS: Am nächsten kommt diesem Begriff – und da sind sich alle Kulturen wohl einig – der Nationalsozialismus. Wie viele andere sehe ich den Nationalsozialismus eindeutig als ein Zeichen dafür, daß das Dämonische in unserer Welt präsent ist. Er war nicht nur ein Auswuchs politischer Perversion. Er war nicht nur ein Beispiel für den Größenwahn einer einzigen Person oder die krankhafte Selbstüberschätzung einer Gruppe von Personen. Das Böse war leibhaftig in der Welt. Viele Menschen glauben das mit großem Ernst. Sie betrachten diese Lesart jener unaussprechlichen und niederträchtigen Verbrechen nicht nur als rhetorische Übertreibung. Sie nehmen sie wörtlich.

Terry Lynn Taylor

Terry Lynn Taylor ist eine international bekannte Autorin von Engelbüchern. In Deutschland sind unter anderem erschienen: ›Lichtvolle Wege zu deinem Engel‹, ›Die Engel waren zur Stelle‹ und ›Warum Engel fliegen können‹.

Frage: Stellen sich Kinder besser auf Engel ein als Erwachsene? Sind sie offener für Engelsbegegnungen als wir?

Terry Lynn Taylor: Wenn wir über Kinder und ihre spirituellen Erfahrungen reden, müssen wir uns zunächst einmal klarmachen, daß Kinder verschiedene Entwicklungsphasen durchmachen. Und in bestimmten Phasen dieser Entwicklung fehlen ihnen einfach die sprachlichen Ausdrucksmöglichkeiten, um ihr Erlebnis in Worten wiederzugeben. Außerdem denken sie nicht logisch. Während wir Erwachsene uns fragen würden: »Ist das nun passiert oder nicht?«, nehmen Kinder das Erlebnis einfach nur mit allen ihren Sinnen als Ganzes in sich auf. Kinder unterscheiden oft nicht zwischen ihrer Vorstellung im Geist und dem, was tatsächlich geschehen ist. Manche behaupten auch: »Ich weiß es mit meinem Herzen.« Wir Erwachsenen glauben oft nur das, was wir mit eigenen Augen sehen. Wenn ich gefragt werde, ob ich an Engel glaube, antworte ich deshalb: »Nein, ich *kenne* sie.« Würde ich antworten: »Ja, ich glaube, daß es sie gibt«, würde man von mir einen Beweis verlangen. Einen sichtbaren Beweis. Den kann ich natürlich nicht geben, denn ich kann Engelserscheinungen nicht einfach so herbeiführen. Sehen Sie, die Phantasie ist auch ein Teil der Wirklichkeit. Das mag vielleicht lächerlich klingen, aber es stimmt. Ich glaube, daß wir in unserer Vorstellung die Zukunft erzeugen. In ihr erkennen wir uns selbst, und in ihr ist Raum für Kreativität und Erkenntnis.

F: Muß man Tatsachen nicht von Phantasien trennen, zumindest auf einer gewissen Ebene? Woher wollen Sie sonst wissen, daß ein Kind Ihnen keine Märchen erzählt, wenn es behauptet, einen Engel gesehen zu haben?

TLT: Warum sollte ein Kind Märchen erzählen? Es gibt gewisse Entwicklungsstufen, in denen Kinder gern Geschichten erfinden, um uns Erwachsene zu unterhalten. Wir sagen dann: »Da hast du aber eine schöne Geschichte erzählt.« Wenn ein Kind aber aus heiterem Himmel sagt: »Du, ein Engel hat mich gerettet«, dann ist das etwas anderes. Ich bekam einmal einen Brief, in dem von einem vierjährigen Mädchen berichtet wurde, das sehr große gesundheitliche Probleme hatte. Die Ärzte gaben ihr nicht mehr sehr lange zu leben. Eines Tages stürzte sie von einer drei Meter hohen Rutsche. Ihr Großvater hatte das Ganze mitangesehen und rannte sofort zu ihr hin. »Nun ist das Allerschlimmste passiert«, dachte er bei sich, denn das Mädchen war ja von vornherein in einem schlechten Gesundheitszustand gewesen. Das erste, was sie sagte, war: »Opa, ein Engel hat mich hingesetzt.« Warum sollte sie das so unmittelbar nach diesem Sturz, den sie ohne die kleinste Schramme überstanden hatte, erfinden? Ich kann es mir nicht vorstellen. Nur, um sich interessant zu machen? Ich erinnere mich noch an eine andere Begebenheit. Zwei Zwillingsschwestern schaukelten im Hof ihres Elternhauses. Eines der Mädchen schaukelte besonders hoch und stürzte zu Boden. Und ihre Schwester sah von der Schaukel aus, wie ein Engeljunge und ein Engelmädchen die stürzende Zwillingsschwester in ihre Mitte nahmen und sie behutsam auf den Boden setzten. Um ihre Schwester herum sah sie wunderschöne, bunte Farben. Wieder verursachte der Sturz keinerlei Verletzungen. Die Schwestern erzählten ihrer Mutter erst nach einer Weile davon, denn sie fürchteten, ausgeschimpft zu werden. Das Ganze war nämlich passiert, weil der kleine Hase der Mädchen vor die

Schaukel gerannt war und sie verhindern wollten, daß er einen Tritt bekäme und über den Hof geschleudert würde. Das Mädchen fiel von der Schaukel, weil sie dem Hasen ausweichen wollte. Als die beiden ihrer Mutter dann doch erzählten, was passiert war, fing diese an zu lachen, denn sie las gerade mein Buch und dachte: »Was für ein Zufall.«

Es gibt viele Situationen, in denen Kinder spontan solche Dinge berichten. Viele von ihnen hatten noch nie ihre Eltern über Engel sprechen hören. Woher sollten sie also ahnen, daß sie einem Engel gegenüberstanden? Es gibt nicht gerade viele Comics, in denen Engel vorkommen.

F: Sind Kinder empfänglicher für Begegnungen mit Engeln?

TLT: Empfänglicher ist vielleicht nicht das richtige Wort, sie sind eher offener dafür, denn sie denken weder logisch darüber nach, noch zweifeln sie daran. Wenn sie so ein Erlebnis haben, denken sie: »Gut, das gehört eben zum Leben – ein Engel hat mich gerettet. Na und?«

F: Halten Sie es für möglich, daß alle Kinder Engel sehen können?

TLT: Nein, und ich glaube auch nicht, daß alle Erwachsenen Engel sehen. Wir sind nun mal als Menschen geboren, also richten wir unsere Aufmerksamkeit auf das, was auf der Erde geschieht. Wenn wir die ganze Zeit Engel sehen würden, würden wir uns wahrscheinlich nicht genug auf die Gegenwart konzentrieren. Ich bin der Überzeugung, daß Kinder viele Dinge beobachten, die sie für sich behalten, Dinge, die Erwachsene seltsam finden könnten, die ihnen selbst aber ganz natürlich erscheinen. Kinder haben ein sehr harmonisches Verhältnis zur Natur. Sie unterhalten sich mit Pflanzen, sie spielen unter Bäumen und reden mit ihnen. Einmal brachte eine Mutter ein kleines Mädchen zu einem meiner Kurse mit. Es konnte Feen sehen und mit ihnen sprechen. Das Mädchen fand überhaupt nichts dabei, davon zu erzählen.

F: Haben die Beschreibungen, die Kinder von Engeln geben, gemeinsame Merkmale?

TLT: Wenn Kinder Engel beschreiben, ist der wichtigste gemeinsame Nenner das Licht und das Gefühl von Zufriedenheit und Geborgenheit. Wenn stürzende Kinder von Engeln beschützt werden, kommt manchmal ein Gefühl des Schwebens oder der Wärme hinzu. Erwachsene haben manchmal das Gefühl, die Zeit vergehe im Zeitlupentempo. Doch Kinder sind wohl kaum in der Lage, dies zu empfinden, sie haben einfach schöne, angenehme Gefühle. Sie mögen die Engel, weil sie schön sind, weil sie bunte Farben tragen und Flügel haben. Die Flügel gefallen ihnen ganz besonders.

F: Wenn Erwachsene Engeln begegnen, fühlen sie sich hinterher oft innerlich verändert. Trifft das auch auf Kinder zu?

TLT: Kinder brauchen keine Erlebnisse, die ihr Leben grundsätzlich verändern, denn sie bewegen sich, wenn man so will, in natürlichen Bahnen. Aber Engel helfen Kindern manchmal, Ängste zu überwinden. In einem meiner Bücher zitiere ich den Brief einer Frau, die sich daran erinnert, als fünfjähriges Kind einmal in einem sehr kalten Krankenhauszimmer gelegen zu haben. Ihre Eltern waren nicht bei ihr. Mit im Zimmer lag ein kleiner Säugling, der in einem fort schrie. Plötzlich hörte das Schreien auf, und sie dachte, er sei gestorben. Sie bekam Angst. Dann, so erzählte sie, sah sie eine Lichtkugel im Zimmer, und sie wurde sofort ruhiger und fühlte sich wohler. Dann fiel ihr auch auf, daß das Baby nicht gestorben war, sondern daß seine Eltern gekommen waren und es auf den Arm genommen hatten. Der Engel hatte sie also getröstet, und das hat ihr, glaube ich, sehr geholfen. Von da an wußte sie, daß immer jemand bei ihr sein würde.

F: Kennen Sie Fälle, in denen Engel sterbenden Kindern beigestanden haben?

TLT: Kinder sehen bei ihren Sterbeerlebnissen eine Gestalt, die auf der anderen Seite auf sie wartet. In meinem Buch ›Closer to the Light‹ sind Kinderzeichnungen abgedruckt, die zweifellos Engel oder jedenfalls engelhafte Wesen zeigen, die den Kindern helfen.

F: Wie ist es mit Geistwesen? Berichten Kinder von Geistern, die sie führen, und wie beschreiben sie sie?

TLT: Manche betrachten sie als Freunde. Eltern können manchmal beobachten, wie ihr Kind sich mit einem unsichtbaren Wesen unterhält, oder es kommt zur Mutter und sagt: »Meine Geisterfreundin sagt aber das und das.« Eine Mutter fragte ihr Kind daraufhin: »Wie heißt denn deine Geisterfreundin?« Es antwortete: »Brenda«. Weiter erzählte es: »Mein Geist redet mit ihrem Geist, und ihr Geist redet mit mir. Aber anders, als wenn ich mit dir rede.« In diesem speziellen Fall erzählte Brenda dem Kind von seinem Vater, der damals im Golf-Krieg war. Die ganze Familie machte sich natürlich große Sorgen um ihn, aber die Geisterfreundin sagte immer wieder: »Es wird alles gut werden. Dein Vater wird wieder zurückkommen, und alles ist in Ordnung.« Die besondere Beziehung des Kindes zu diesem Geistwesen war für die ganze Familie also ein großer Trost.

F: Woher wissen Eltern, daß ihre Kinder nicht lügen?

TLT: Wir können nicht beweisen, daß Engel in unserer Nähe sind. Wir müssen darauf vertrauen. Und Kinder vertrauen einfach darauf. Sie haben Vertrauen in das Leben. Es ist für sie eine Art Abenteuer, sie können dabei Freude haben, spielen, kreativ sein. Es ist ganz natürlich, daß Kinder sich mit Engeln gut verstehen. Wenn Kinder zu viele Ängste haben, hilft es ihnen, wenn man ihnen etwas über Engel erzählt. Man sollte natürlich nicht zu dick auftragen und ihnen nichts aufzwingen. Aber vielleicht hilft es, wenn man einfach nur sagt: »Weißt du, es gibt Engel, die auf dich achtgeben und dafür sorgen, daß dir nichts passiert. Wenn ich nicht bei dir bin, dann paßt dein Engel auf dich auf.« Es gibt ihnen ein Gefühl der Sicherheit, denn manchen Kindern macht unsere Welt große angst. Ohne zu wollen, erleben sie in der Schule oder sonst irgendwo Dinge, die für sie unverständlich oder unheimlich sind.

F: Gibt es ein Alter, ab dem Kinder Engel sehen?

TLT: Das hängt ganz davon ab, wie gut ihr Gedächtnis ist. Ein Einjähriges wird wohl kaum von einer Begegnung mit einem Engel erzählen, weil es sich sprachlich noch gar nicht artikulieren kann. Ich würde sagen, die meisten Engelsbegegnungen finden bei Kindern zwischen vier und acht Jahren statt. In dieser Phase sieht das Kind die Welt als großes Wunderwerk, es nimmt Dinge auf und staunt, noch ohne alles zu hinterfragen oder logisch darüber nachzudenken. Wenn Kinder einmal neun oder zehn Jahre alt sind, müssen die Engel hinter Freunden, Sport oder anderen Interessen zurückstehen. Es gibt aber auch Kinder, die mit zehn oder noch später Begegnungen mit Engeln erleben.

F: Erzählen Kinder auch, daß die Engel sie an einen anderen Ort mitnehmen?

TLT: Joshua, der Junge, dessen Geisterfreundin Brenda hieß, erzählte, Brenda habe ihn fast jede Nacht zu Schlössern oder anderen Orten mitgenommen. Und am nächsten Morgen malte er Bilder davon.

F: Gehen auch Erwachsene mit Engeln auf Reisen?

TLT: Manche Menschen mögen es, wenn sie bei der Meditation von einem Engel geführt werden, wenn er ihnen hilft, an andere Orte zu gelangen. Was ich aber eigentlich sagen will, ist, daß jede Begegnung einzigartig ist, weil wir Menschen alle so einzigartig und verschieden sind und jeder sein eigenes Leben lebt. Es kommt also ganz darauf an. Wenn ein Kind einem Engel begegnet, so heißt das noch lange nicht, daß das Kind besonders auserwählt ist. Andere Kinder behalten solche Dinge vielleicht einfach für sich. Ich möchte nicht den Eindruck erwecken, ein Kind sei etwas Besonderes, nur weil es einen Engel gesehen hat. Es erlebte nur etwas anderes als andere Kinder.

F: Wann und wie kamen Sie zum erstenmal mit Engeln in Berührung?

TLT: Ich habe schon immer an Engel geglaubt, schon als Kind. Ich kam nie auf die Idee, daß sie nicht zum menschlichen Leben dazugehören könnten. Und ich zweifelte auch nie daran, daß es einen Gott gibt. Ich war nie in einer Phase, in der ich Gott in Frage stellte. Ich glaubte immer an ihn. Ich war so erzogen worden. Das mag manchen vielleicht seltsam vorkommen. In der Schule hatte ich eine Freundin, mit der ich allerhand anstellte. Wir taten lauter verrückte Dinge, und wenn wir es wieder einmal zu bunt getrieben hatten, sagten wir: »Meine Güte, jetzt haben unsere Schutzengel aber wieder 'ne Menge Arbeit mit uns. Jetzt müssen sie wieder Überstunden machen.« Wir nahmen einfach an, daß Schutzengel uns den Ärger vom Leib hielten. Und Sie können mir glauben, daß das auch nötig war, denn wir schlugen manchmal ganz schön über die Stränge.

1985 las ich dann eine Menge spiritueller Bücher, denn ich wollte mich spirituell weiterentwickeln. Ich war nicht besonders glücklich dabei und fand das sonderbar. Warum machte es mich nicht glücklich und fröhlich, warum waren all diese Bücher für mich eher belastend? Eines Tages stieß ich auf den Ausspruch: »Engel können fliegen, weil sie sich leicht nehmen.« Da machte es klick, und es war, als ginge mir ein Licht auf. Das war's. Erstens, ich nehme mich viel zu ernst. Zweitens, die Engel sind unsere spirituellen Begleiter, das hatte ich nun begriffen. Sie beschützen uns nicht nur vor Autounfällen. Sie sind nicht nur da, um uns wieder aufzupäppeln, wenn es uns schlecht geht, sondern sie sind auch dann für uns da, wenn wir unterwegs sind zu neuen Ufern, wenn wir etwas herausfinden, etwas erkennen wollen.

Ich begann, diesen Gedanken weiter auszuspinnen. Wenn die Engel meine spirituellen Helfer sind, wie können sie mir dann helfen? Ich dachte viel darüber nach und führte in dieser Zeit ein Tagebuch. Ich suchte überall nach einem Buch, in dem stand, wie uns die Engel helfen. Ich konnte es nicht finden. Ich schrieb weiter in mein Tagebuch, sprach mit allen möglichen Menschen über Engel, fragte sie, ob sie an Engel glaubten und als was sie sie betrachteten. So nahmen die Engel nach und nach eine immer größere Bedeutung in meinem Leben ein. Ich konnte gar nicht genug über sie herausfinden.

1988 sagte ich einmal zum Spaß: »Ich glaube, das Engelbuch, das ich suche, finde ich nie; ich muß es wohl selbst schreiben.« Meine Freunde fanden diese Idee gut. Eigentlich hatte ich es gar nicht ernst gemeint, aber dann dachte ich noch einmal darüber nach. Ich hatte ja mein Tagebuch. Und ich hatte verschiedene Übungen gemacht. Ich wußte, daß auch andere Menschen ähnliches erlebten. Ich wußte es einfach. Also begann ich zu schreiben. Ich fragte alle möglichen Leute, ob sie einen Verleger wüßten, dem ich meinen Entwurf schicken könnte. Der Verleger, den ich dann schließlich fand, wußte nicht so recht, was er mit dem Buch anfangen sollte. Es gefiel ihm zwar, und er fand es interessant, aber er war noch skeptisch. Doch bereits zwei Wochen nach Erscheinen war die gesamte erste Auflage ausverkauft, zu jedermanns Erstaunen.

Nachdem das Buch herausgekommen war, bekam ich viele Briefe. Die Leute schrieben: »Ich habe genau dasselbe erlebt und möchte Ihnen dafür danken, daß Sie dieses Buch geschrieben haben. Ich hatte schon gedacht, ich sei verrückt.« Irgendwie habe ich schon immer gewußt, daß Engel mehr als nur Retter sind. Es hat sich in mir so eine Art Engelsbewußtsein herauskristallisiert. So sehe ich es jedenfalls. Es bewirkt Veränderungen im Leben. Es gibt den Menschen etwas Positives, dem sie ihre Aufmerksamkeit schenken können. Und natürlich hilft es ihnen auch.

F: Sie haben eben beschrieben, welche Rolle die Engel in ihrem Leben spielen. Können Sie einmal genau definieren, was ein Engel eigentlich ist?

TLT: Zunächst sind Engel Lichtwesen, die Menschen mit ihren Augen oder im Geist sehen können. Sie sind anders als wir. Sie sind dazu da, um Gott zu loben und zu preisen. Sie erfüllen Gottes Werk. Und sie wachen über uns, sie helfen uns.

Das Licht der Engel bedeutet für jeden Menschen etwas

anderes, aber immer bedeutet es etwas Positives. Es ist dazu da, uns, unsere Gesellschaft oder die Welt, in der wir leben, zu verbessern. Es verändert unsere Moralvorstellungen und unser Bewußtsein im positiven Sinne. Die Lichtengel sind für unser Bewußtsein erhebend und erbauend; sie stellen etwas Positives in die Mitte unseres Lebens. Sie zeigen uns, welche Alternativen es gibt und wie wir die Welt positiv verändern können.

Wenn wir die Engel als Licht betrachten, können wir sie besser verstehen, denn sie haben alle Eigenschaften des Lichtes. Licht ist sehr schnell; es legt blitzschnell große Entfernungen zurück. So wie Licht die Finsternis erhellt, können Engel Licht in unser Leben und in unser Bewußtsein bringen. Man kann sich also Engel wirklich mit allen Eigenschaften des Lichtes versehen vorstellen. Eben als Lichtwesen.

F: Was ist mit den Schutzengeln? Sind sie anders?

TLT: Der Tradition entsprechend ist ein Schutzengel unser ganz persönlicher Engel, der uns durch unser ganzes Leben begleitet. Und wenn es stimmt, daß wir mehrere Leben haben, dann stand der Schutzengel auch schon in früheren Leben an unserer Seite. Er ist immer bei uns. Gott hat ihn uns als persönlichen Beschützer gegeben. Jeder Mensch hat seinen eigenen Schutzengel. Es ist aber kein Erzengel.

F: Und jeder hat einen.

TLT: Das ist jedenfalls meine Ansicht. Ich zwinge niemanden, das genauso zu sehen. Doch ich für meinen Teil glaube, daß jeder einen Schutzengel hat.

F: Es hat den Anschein, daß wir Menschen in Krisenzeiten die Engel verstärkt wahrnehmen, etwa bei Unfällen oder im Krieg. Nehmen wir sie stärker wahr oder kommen sie uns in solchen Situationen von sich aus vermehrt zu Hilfe?

TLT: Diese Frage kann nur Gott beantworten. Die Engel sind aber immer bei uns; wir brauchen sie nicht zu rufen. Natürlich gibt es Dinge, die wir tun können, damit sie uns näher sind. Wenn wir uns in einer bedrohlichen Situation befinden, erscheint uns das Leben besonders lieb und teuer, und wenn uns das Leben lieb und teuer erscheint, suchen wir nach etwas, das unser Leben beschützt. Wenn ich eines gelernt habe, so ist es die Tatsache, daß unser Körper sich gegen den Tod wehrt. Er ist aufs Überleben programmiert. Und er wird alles tun, um uns am Leben zu erhalten. So sind die vielen Wunderheilungen zu erklären. In Augenblicken, in denen wir uns also mit Körper und Geist auf die kostbaren Seiten des Lebens besinnen, nehmen wir die Engel wahrscheinlich sehr viel bewußter und realer wahr als sonst.

F: Wie denken Sie darüber, daß Engel Heiler sind?

TLT: Für mich ist das Heilen nicht nur auf Krankheiten beschränkt. Manchmal kann eine Krankheit das größte Geschenk sein, das man im Leben bekommt. Für mich ist das Heilen eher eine Art Versöhnung mit dem Leben oder mit dem Gedanken, daß das Leben ein Rätsel ist und immer bleiben wird. Wir begreifen nicht immer alles, wir verstehen nicht, warum schlechte Menschen Glück haben und gute Menschen Pech. Doch wenn wir unser Schicksal einfach annehmen und einen Weg finden, wie wir unser Bewußtsein erweitern und bessere Menschen werden können, dann ist es nicht mehr wichtig, ob wir von einer Krankheit geheilt werden oder nicht. Wenn das, was geschieht, eine Station auf unserem Weg ist, wenn es der Zweck unseres Daseins ist, wenn der Zeitpunkt gekommen ist, dann könnte es durchaus zu einer Wunderheilung kommen. Aber wenn jemand krank ist und im Sterben liegt, glaube ich nicht, daß er durch den Tod bestraft werden soll.

Ich fände es besser, wenn die Menschen anders über diese Heilungen denken würden. Denn die Engel kommen nicht zu uns, um uns von Krankheiten zu heilen, sondern um uns zu helfen, sie anzunehmen als das, was sie sind. Wir müssen fragen: Haben wir dazu beigetragen, daß wir krank wurden? Waren wir uns selbst gegenüber zu nachlässig? Und wenn ja, warum? Wir sind oft so sehr damit beschäftigt, eine Krankheit loszuwerden – am liebsten würden wir sie herausreißen, abschneiden, eine Tablette schlucken, damit die Schmerzen weg sind. Das ist ein gesellschaftliches Problem. Wenn ein Mensch durch Wunderheilungen gerettet wurde und wenn Engel daran beteiligt waren, dann war es für diesen speziellen Menschen so bestimmt. Doch das heißt nicht, daß es auch bei allen anderen Menschen so ist.

F: Wenn Menschen an unheilbaren Krankheiten leiden, wünschen sich Angehörige und Freunde oft, daß ein Engel käme und das Leben des Sterbenden auf wunderbare Weise retten würde. Doch das eigentliche Wunder könnte doch auch darin bestehen, daß der Geist, die Seele des Sterbenden gerettet wird, oder?

TLT: Ich glaube, daß das Leben immer weiter geht und daß die Liebe immer weiter wächst. Wenn ein geliebter Mensch stirbt, heißt das nicht, daß ich aufhören muß, ihn zu lieben. Und er hört auch nicht auf, mich zu lieben. Warum sollte er? Liebe ist Energie. Sie überwindet Tausende und Abertausende von Kilometern und ebenso viele Dimensionen. Sie hört nicht einfach auf. Und es ist töricht zu denken: »Jetzt trauere ich eine Woche, und dann bin ich darüber hinweg.« Wie könnte das sein? Wenn man jemanden liebt, hört man doch nicht einfach damit auf, nur weil die betreffende Person nicht mehr körperlich anwesend ist.

F: Kann ein Mensch für einen anderen Menschen ein Engel sein?

TLT: In der Bibel sagt der Erzengel Gabriel: »Bei Gott ist kein Ding unmöglich.« Ich bin ganz sicher nicht diejenige, die bestreitet, daß Gott dazu fähig ist, alles auf dieser Erde möglich zu machen. Wenn Gott es für angebracht hält, daß jemand zu einem bestimmten Zeitpunkt einem anderen Menschen als Engel oder als Gesandter des Himmels erscheint, um eine Botschaft zu überbringen, so kann er dies durchaus bewirken. Und die Engel können es ebenso. Warum sollte das nicht möglich sein? Sehen Sie, wenn Gottes Wille geschehen soll, wenn die Engel für einen bestimmten Menschen zu einer gegebenen Zeit eine Botschaft haben, könnte doch auch ein anderer Mensch der Überbringer sein.

F: Können Sie etwas zu den finsteren Engeln sagen? Wie denken Sie darüber? Gibt es sie?

TLT: Erstens, wenn wir nach finsteren Mächten oder Dämonen fragen, müssen wir uns klarmachen, daß sie sich auf Furcht und geschwächte Willenskraft einstellen. Wer zum Beispiel ständig unter Medikamenten oder Drogen steht, ist willensschwach. Und deshalb ist er vielleicht empfänglicher für Begegnungen mit einer »dunklen Macht«. Wer sich zermürbt, wird erschöpft. Und Erschöpfung bedeutet nicht nur, daß der Körper Ruhe braucht, es bedeutet auch, daß der Geist ausgelaugt ist. Und ein ausgelaugter Geist ist empfänglich für dunkle Mächte. Doch wenn wir das nicht zulassen, wenn wir unseren Geist nicht müde werden lassen, ihn pflegen, ihn trainieren wie ein Sportler seinen Körper, wenn wir für unsere geistige Gesundheit sorgen und uns auf das Göttliche konzentrieren, wenn wir uns unseren Ängsten stellen und sie mit Mut überwinden, wenn wir sagen: »Nein, ich lasse mich dadurch nicht aufhalten«, dann haben die dunklen Mächte es schwer mit uns.

Eigentlich spreche ich nur ungern über finstere Engel, denn dieses Thema macht uns Menschen angst. Wenn zwei Kräfte unser Universum beherrschen – die Dunkelheit und das Licht –, welche von beiden ist dann Ihrer Meinung nach daran interessiert, uns angst zu machen? Es ist die Dunkelheit. Denn Angst schwächt den Menschen. Sie führt dazu, daß man seltsame oder schreckliche Dinge sieht. Lichtengel dagegen spenden uns Licht und Trost.

F: Was ist dran an dem uralten Dilemma, daß man das Gute nicht kennt, bevor man das Böse nicht erlebt hat?

TLT: Es gibt nach meiner Auffassung verschiedene Formen des Bösen. Das Böse ist nicht nur da, wenn etwas

Schreckliches geschieht, auch wenn das durchaus dazu führen kann, daß wir das Gute besser verstehen. Wir lernen etwas durch das Böse. Wir lernen, uns weiterzuentwickeln. Doch wir dürfen niemals aufgeben. Wenn jemand glaubt, daß Dämonen und dunkle Mächte hinter ihm her sind und daß diese dunklen Mächte ihn davon abhalten, Gutes zu tun, dann täuscht er sich damit selbst. Das Licht ist so viel stärker als die Finsternis. Wenn wir in die Fänge der dunklen Mächte geraten, dann nur, weil wir es aus Angst selbst zulassen. Womit die dunklen Mächte übrigens überhaupt nichts anfangen können, ist Humor. Wenn die Angst uns also einmal überwältigt, sollten wir sie mit einem herzhaften Lachen vertreiben.

F: Wenn man sich in unserer Welt aber umschaut, sieht man überall nur Katastrophen und Gewalt. Ist das nicht ein untrügliches Zeichen für die Gegenwart des Bösen?

TLT: Das schon, doch jede einzelne Situation ist aus der Entscheidung einzelner Menschen hervorgegangen. Aus einer persönlichen Entscheidung. Wir können es als das Böse bezeichnen, doch innerhalb des Bösen treffen Menschen Entscheidungen. Wenn die ganze Menschheit, jeder einzelne, sich entschließt, bei zukünftigen persönlichen Entscheidungen das Gute zu wählen, zu opfern anstatt zu verletzen, dann wird das Licht so hell werden, daß für die Finsternis nicht mehr viel Platz übrigbleiben wird.

F: Warum ist das Interesse an Engeln in der heutigen Zeit so groß? Wie kommt es dazu?

TLT: Ihre Frage ist interessant. In den letzten fünfzig Jahren hat sich einiges zum Positiven entwickelt, aber auch einiges zum Negativen. Positiv ist, daß die Menschen sich überlegen, wie sie sich selbst helfen können. Sie lernen, wie sie Dinge selbst bewegen können. Und das ist gut so. Aber auf der anderen Seite sind wir sehr oberflächlich. Bei vielen Problemen kratzen wir nur am Lack. Und das reicht im Leben nun einmal nicht aus. Wir wissen also, wie wir uns helfen können, und wir kennen auch die notwendigen Hilfsmittel, um diese Selbsthilfe in die Tat umzusetzen.

Wollen wir aber unserem Leben einen Sinn geben, müssen wir – wie schon Benjamin Franklin erkannte – erst einmal das Wesentliche erfassen: die Moral. Sie legt fest, welches Verhalten für die Gesellschaft als Ganzes gut und richtig ist und welches nicht. Wenn wir merken, daß die Moral fehlt, können uns die Engel helfen. Und ich glaube, daß viele Menschen die Engel deshalb als Teil ihres Lebens akzeptieren können, weil sie dazu bereit sind, das Richtige zu tun. Sie tun es, auch wenn damit Opfer verbunden sind. [Und sie tun es auch dann], wenn sie aus guten Gründen den langen statt den kurzen Weg nehmen müssen. Mehr Sinn zu schaffen und keine Werte preiszugeben, darauf kommt es an. Wir haben erkannt, daß es anders nicht funktioniert. Es mag wohl immer noch vieles geben, was im argen liegt, doch für mich heißt das noch lange nicht, daß die Tage unserer Welt gezählt sind. Wenn sich eine unglaubliche und großartige Veränderung beobachten läßt, dann in uns Menschen. Und daran möchten die Engel gern teilhaben.

F: Angesichts der Verbrechen, der Armut, der Heimatlosigkeit und all der anderen Probleme auf unserer Welt denken viele Menschen: »Es geht dem Ende zu.« Andere behaupten: »Nein, wir begeben uns in Wirklichkeit auf eine andere Seinsstufe.« Welche Entwicklung sehen Sie?

TLT: Das kann man nicht so ohne weiteres beantworten. Ich glaube, daß Gott etwas mit uns vorhat. Wir erkennen – und diese Erkenntnis halte ich für eine der wichtigsten überhaupt –, daß jeder Augenblick im großen Zusammenhang des Universums eine Bedeutung hat. Ich habe keine Erklärung dafür, warum es Kriege gibt und warum es das Böse gibt. Ich verstehe es nicht. Für mich ist das ein Teil des großen Rätsels. Doch eines ist sicher: Wenn wir uns zu sehr auf die Zerstörung fixieren, besteht die Gefahr, daß wir uns immer tiefer mit hineinziehen lassen und immer weniger teilhaben an der Hoffnung und an den Visionen in der Welt, die wir gestalten können. Ich will damit nicht leugnen, daß auf unserem Planeten schreckliche Dinge geschehen, Dinge, deren Grausamkeit jede Vorstellungskraft übersteigt. Trotzdem glaube ich, daß wir die Chance haben, etwas zu bewegen. Und die Engel sind dazu da, uns bei dieser Aufgabe zu helfen.

F: Wie können wir mit den Engeln Verbindung aufnehmen? Was können wir tun, um ihnen zu zeigen, daß wir sie mehr denn je brauchen?

TLT: Es geht eigentlich gar nicht so sehr darum, wie wir mit Engeln Verbindung aufnehmen oder sie zu uns locken können, denn sie sind immer in unserer Nähe. Aber wir können andere Dinge tun, die uns weiterhelfen. Wir müssen – das mag jetzt vielleicht seltsam klingen – unsere Schwingungen stärker denen der Engel anpassen. Licht ist ja im Grunde eine Schwingung, aber nicht die einzige. Es gibt in unserem Kosmos viele Dinge, die sich auf die Schwingungen anderer Dinge einstellen. Eines dieser Dinge ist die Dankbarkeit. Manche Menschen sind vom Leben so erschöpft, daß sie dieses kostbare, wunderschöne Geschenk vergessen haben. Dabei brauchen wir die Dankbarkeit. Wir müssen jeden Augenblick unseres Lebens mit Dankbarkeit annehmen. Mit einem Herzen voller Dankbarkeit entdeckt man plötzlich den Himmel auf Erden. Die Welt ist dann nicht mehr so düster und trübsinnig. Man hat plötzlich Augen für das Schöne – in der Natur, am Himmel. Man freut sich über Kleinigkeiten, über Gesten, über ein Kinderlachen. Die Dankbarkeit erschließt uns eine andere Welt. Und wenn wir offen sind, können die Engel mit uns arbeiten. Wenn wir wissen, wohin wir gehen, ist es uns egal, wie lange die Reise dorthin dauert. Doch jemand hilft uns dabei, unser Ziel zu erlangen.

F: Spielt dabei die Kreativität eine wichtige Rolle?

TLT: Die Kreativität ist ein natürlicher Wesenszug des Menschen. Sie ist unsere Triebfeder. Wir Menschen sind schöpferisch tätig. Es liegt uns, Dinge zu erschaffen. Doch manche reden sich ein, sie hätten keine schöpferische Begabung. Sie sagen: »Kreativ sein, das liegt mir nicht, das sollen andere machen, die dafür begabt sind.« Ich aber glaube, daß wir alle kreativ sind. Kreative Menschen wehren sich nicht dagegen, über Sachen nachzudenken. Wir dürfen uns nicht immer mit den Erklärungen anderer begnügen. Wir müssen weiter denken. Weiter fragen. Wir dürfen uns nicht mit einer Antwort zufriedengeben. Wenn wir das tun, hören wir auf zu fragen, und damit bremsen wir unsere eigene schöpferische Energie – besonders was die Engel betrifft. Wenn wir wollen, daß Engel an unserem Leben teilnehmen, müssen wir eigene Wege finden, eigene Fragen stellen. Wir müssen die Erfahrungen oder Antworten anderer hinter uns lassen. Sei kreativ; denke.

Wenn Engel plötzlich in das Leben eines Menschen treten, entdeckt dieser oft eine Begabung, von der er zuvor nie etwas ahnte. Eine Frau schrieb mir, daß sie einmal für jemanden ein besonderes Geschenk habe machen wollen und daß die Engel sie dazu ermuntert hätten. Sie wollte ein kleines Lesezeichen malen. Ein Bekannter sah dieses Lesezeichen und sagte: »Oh, das ist aber hübsch. Malst du mir aus so eins?« Dann kam noch jemand, der ebenfalls eines wollte. Und ehe sie sich's versah, hatte sie schon eine ganze Serie davon. Sie hätte nie das erste Engel-Lesezeichen gemalt, wenn sie in ihrem Inneren nicht jene Freude gespürt hätte und den Wunsch, etwas Hübsches zu gestalten. Das ist nur ein Beispiel, wie Engel uns dazu bewegen können, unsere kreative Energie zu nutzen. Ein andermal kam ein Mann zu mir, der in der Graphik-Branche arbeitete – er war im Bereich Werbung und Druck tätig. Er verspürte plötzlich den Drang, Engel zu malen und zu zeichnen, immer nur Engel. Er dachte natürlich, alle Welt würde ihn für verrückt halten, doch er konnte es einfach nicht lassen, es kam einfach so aus seinem tiefen Inneren heraus. Er merkte es manchmal gar nicht. Schließlich kündigte er seine Arbeitsstelle und widmete sich voll und ganz der Engelkunst. So etwas kann vorkommen. Die Engel ermutigen uns, unsere Geschenke, unsere Kunst, unsere Begabungen zu nutzen.

F: Man könnte also sagen, wir sollten Engel nicht nur als

Retter betrachten? Wenn wir weiterdenken, kommen wir auf unsere eigenen Fragen und auf unsere eigenen Erklärungen?

TLT: Ja. Wir müssen mit den Engeln zusammenarbeiten und genauso kreativ sein wie sie. Wir müssen mitmachen. Wir dürfen uns nicht zurücklehnen und denken: »Das werden die Engel schon für mich erledigen.« Nein, wir müssen denken: »Wie kann ich das tun? Wie kann ich dorthin gelangen? Wie kann ich diese Aufgabe zu Ende führen?« Wir kennen die Antworten. Die Engel sind nicht unbedingt dazu da, uns die Antworten zu geben. Und wenn wir unsere Antworten gefunden haben, müssen wir daraus weitere Fragen ableiten. *Wir müssen unsere Grenzen überschreiten.* Die Engel wollen uns dabei helfen. Aber wir müssen auch selbst dazu beitragen und uns anstrengen, es zu erreichen. Kreativ denken und über den Anfang hinaus weiterdenken.

Nehmen wir einmal an, jeder von uns würde Engel kennen. Das würde vermutlich bedeuten, daß wir alle uns selbst besser kennen würden. Und wenn wir uns selbst besser kennen würden, würden wir wissen, wozu wir hier sind. Ich glaube, die Welt wäre dann nicht mehr dieselbe. Sie wäre eine völlig andere Welt. Wie könnte sie auch dieselbe sein, wo wir doch noch stärker als jetzt im Einklang mit unserer Bestimmung wären?

F: Warum wehren sich die Menschen Ihrer Meinung nach dagegen, an Engel zu glauben?

TLT: Das ist eine gute Frage. Ich wünschte, ich könnte sie beantworten. Aber ich kann mir vorstellen, daß es vielleicht an der Angst vor dem Unbekannten liegt.

Wenn wir uns gegen die Engel wehren, wehren wir uns damit doch gegen uns selbst und gegen den eigentlichen Zweck unseres Daseins. Kommen die Engel trotzdem zu uns, dann wehren wir uns gegen unsere Bestimmung. Doch ich möchte damit niemandem angst machen. Niemand soll denken: »Wenn ich nicht an Engel glaube, dann mache ich einen Fehler.« Das liegt nicht in meiner Absicht.

Manche Menschen kommen in ihrem Leben bestens zurecht, obwohl sie nicht wissen, daß Engel in ihrer Nähe sind. Obwohl sie nicht direkt mit ihnen zu tun haben. Und das ist ja auch völlig in Ordnung. Es gibt so viele Menschen, die ein erfülltes Leben führen. Sie haben nicht die geringste Ahnung davon, daß da draußen Engel sind. Darum geht es mir nicht. Worauf ich hinauswill, ist, daß die Engel uns auf Gott verweisen. Sie zeigen nach oben und sagen: »Seht her, das ist das Göttliche, seht zu, was ihr als Menschen tun könnt. Seht auf das großartige Geschenk, das ihr bekommen habt, als ihr als Menschen geboren wurdet.« Ich weiß nicht, ob Menschen sich überhaupt je dagegen wehren können.

F: Wie können Schutzengel den Menschen Hoffnung geben? Ist Hoffnung wichtig?

TLT: Wenn jemand sagt, Hoffnung sei nicht wichtig, frage ich ihn: »Wann wurden Sie zum letztenmal von einem hoffnungslosen Menschen inspiriert?« Wenn Sie glauben, Hoffnung ist nicht wichtig, dann versuchen Sie einmal, bis zum Ende Ihres Lebens ohne sie auszukommen. Die Hoffnung ist sogar sehr wichtig. Doch sie ist kein Mittel zum Zweck. Sie ist kein Ziel an sich.

Die Hoffnung bekommen wir nicht so sehr vom Schutzengel selbst, sondern eher von dem Wissen um die Existenz eines Schutzengels, der uns behütet, der Gott preist ohne Ende, und der uns auf den göttlichen Pfaden lenkt. Noch einmal: Die Hoffnung ist wie ein Katalysator. Es geht nicht so sehr um den aktiven Umgang mit ihr. Sie ist eine Energie oder ein Gefühl, das uns am Leben erhält. Daher glaube ich, daß uns nicht der Schutzengel selbst Hoffnung geben kann, sondern die Vorstellung, die wir von ihm haben. Hoffnung ist ein Teil der menschlichen Seele. Aus diesem Grunde blieb sie wohl in der Büchse der Pandora zurück. Alle Übel und Krankheiten flogen aus dieser Büchse heraus und verbreiteten sich über die gesamte Erde; nur die Hoffnung blieb darin zurück. Und das hat einen guten Grund.

F: Glauben Sie, daß die Engel auch zu schlechten Menschen kommen oder zu Menschen, die Schlechtes tun, die zum Beispiel Drogen nehmen?

TLT: Zunächst einmal glaube ich nicht, daß man jemanden schlecht nennen kann, nur weil er Drogen nimmt oder andere Dinge tut, die wir ablehnen. Es liegt doch nicht an uns zu bestimmen, zu wem ein Engel kommen soll. Es mag sein, daß diese Menschen mit ihrem Verhalten anderen oder sich selbst schaden. Aber wenn man alles nur in Gut und Böse einteilt, ist das Schwarzweißmalerei, und das funktioniert beim Menschen nicht. Jeder von uns ist verschieden, wenn auch nur um Nuancen. Jeder hat seinen eigenen Erfahrungshintergrund. Die meisten Menschen, die Drogen oder Medikamente nehmen, sind einfach für eine Zeitlang vom Weg abgekommen. Die Frage ist nicht, ob das gut oder schlecht ist, sondern, was man daraus lernen kann, so wie man aus allem etwas lernen kann. Leider überstehen nicht alle Menschen diese Phase unbeschadet. Manchmal kommt es mir so vor, als wären gerade die Menschen, die ihr Leben aufs Spiel setzen, die den Konsum dieser Mittel vielleicht zu weit treiben, dazu fähig, wunderbare Dinge zu erleben. Eben weil sie ein Risiko eingehen. Und daß die Einnahme von Medikamenten oder Drogen jedesmal riskant ist, darüber besteht ja wohl kein Zweifel. Auch diese Menschen haben den Drang, etwas zu tun, auszubrechen, ihre Grenzen zu überschreiten, sie wissen nur zunächst nicht, wer oder was sie dazu treibt.

F: Inwiefern sind Engel an Sterbeerlebnissen beteiligt?

TLT: Viele Menschen, die Sterbeerlebnisse hatten, haben mir geschrieben. Und alle, egal, ob ihnen ein Engel mit Flügeln erschienen ist oder nicht, alle berichten einstimmig, daß ihnen Licht oder Liebe ausstrahlende Wesen bei ihrem Übergang vom Leben zum Tod geholfen hätten. Viele berichten, ein Engel sei erschienen und habe gesagt, ihre Zeit sei noch nicht gekommen, sie müßten ins Leben zurückkehren. Manchmal können die Menschen auch selbst entscheiden, ob sie mit dem Engel weitergehen wollen oder nicht. Das habe ich auch schon gehört. Es steht also fest, daß Engel in der Nähe sind. Mit Sicherheit sind sie bei der Geburt dabei, und ich bin sicher, sie sind auch beim Tod dabei, um uns den Übergang zu erleichtern. Sterbeerlebnisse sind für die Betroffenen tröstend, denn sie zeigen ihnen, daß das Lebenslicht nicht einfach ausgelöscht wird und danach nichts mehr kommt. Sie wissen hinterher, daß ihr Leben, ihre Geburt und ihr Tod einen tieferen Sinn haben.

F: Könnte es sich bei diesem Engel, der uns über die Todesschwelle begleitet, um unseren Schutzengel handeln?

TLT: Das halte ich durchaus für möglich. Wir alle werden ja von Geburt an von einem Schutzengel durchs Leben begleitet. Vielleicht sehen wir ihn also auch beim Sterben.

F: Was ist mit dem Gegenspieler des Schutzengels, den man vielleicht als persönlichen Dämon bezeichnen könnte? Geraten wir manchmal hoffnungslos in seine Gewalt?

TLT: Prinzipiell glaube ich, daß Gott das letzte Wort hat. Gott kann uns aus den Klauen der dämonischen Mächte befreien. Aber: Wir müssen uns an dieser Befreiung beteiligen. Wir müssen uns befreien lassen wollen, und wir müssen wissen, wie wir uns dabei verhalten sollen. Wir entscheiden das, was wir als Menschen entscheiden können, aber wir sind nicht diejenigen, die die Welt in Bewegung halten. Wenn uns etwas Schlimmes widerfährt, sollten wir sagen: »Na gut, es ist nun einmal passiert. Was für eine Bedeutung hat es für mein Leben? Kann es mir helfen, mein Leben neu zu überdenken und wieder auf den richtigen Weg zu gelangen?«

F: Was ist aber, wenn das Böse ausgerechnet gute Menschen trifft? Man denke nur an jene Gläubigen, die während des Gebets in ihrer Kirche von einem Wirbelsturm niedergewalzt wurden.

TLT: Woher wollen wir wissen, daß das etwas Böses war? Für böse hielten es die Hinterbliebenen, denn sie empfanden Trauer. Doch wenn wir den Tod für etwas Schlechtes halten, dann ordnen wir vielleicht bald auch andere Dinge als schlecht ein. Wir könnten statt dessen auch sagen: »Ich verstehe das nicht. Ich verstehe nicht, warum all diese Menschen in der Kirche sterben mußten.« Würden wir das Ganze in einem übergeordneten Zusammenhang betrachten – den wir allerdings nicht genau kennen –, könnten wir vielleicht erkennen, daß der Vorfall die Hinterbliebenen einander nähergebracht hat. Vielleicht hatte das etwas Gutes. Ich weiß es nicht. Ich war nicht dort, ich gehöre nicht zu den Hinterbliebenen. Ich wehre mich nur gegen die Tendenz, alles und jedes in Gut und Böse aufzuteilen, weil ich glaube, daß wir nicht das letzte Wort haben. Gott hat es, und ich glaube, je mehr wir alles aus unserem beschränkten Blickwinkel heraus beurteilen, desto hilfloser werden wir. Wir bekommen dann Angst vor dem Leben. Der Tod ist keine Strafe.

F: Sie würden sagen, wir sollen ihn als ein Geheimnis annehmen.

TLT: Das halte ich für das Beste. Sehen Sie, mir fällt gerade ein, was Anthony Perkins kurz vor seinem AIDS-Tod geschrieben hat. Er weihte nur wenige in die wahre Natur seiner Krankheit ein, und seine Entscheidung muß man respektieren. Doch kurz bevor er starb, schrieb er etwas auf, von dem auch die Öffentlichkeit erfahren sollte. Seitdem er an AIDS leide, so schrieb er in etwa, habe er mehr über Liebe und Mitgefühl gelernt als je zuvor in dieser unbarmherzigen Welt, in der er sein Leben verbracht hätte. Gegen nichts in der Welt würde er jene Augenblicke der Liebe und des Mitgefühls, die man ihm entgegenbrachte, sowie der Liebe, die er selbst empfand, eintauschen wollen. Natürlich mußte auch er leiden, wie sollte es auch anders sein? Doch er sah darin etwas Positives.

F: Es ist erstaunlich – woher nehmen Sie nur Ihren unerschöpflichen Optimismus?

TLT: Auch wenn ein Dämon uns leiden oder gar sterben läßt, können wir immer noch versuchen, diesem Leiden und diesem Sterben etwas Positives abzugewinnen, indem wir in dieser Zeit intensiver leben und lieben. Es könnte das erste und einzige Mal sein, daß wir wahrhaft gelebt und geliebt haben. Menschen, die eine schwere Krankheit durchgemacht haben, erzählten mir hinterher: »Ich wußte gar nicht, wie kostbar das Leben ist und was es bedeutet, intensiv zu leben, draußen spazierenzugehen, einen Duft einzuatmen und sich darüber zu freuen wie ein Kind.« Sie können mir glauben, diese Menschen wissen, warum sie leben. Dämonen können uns nicht aufhalten, auch nicht, wenn wir sterben, denn wir können immer weiter leben und lieben. Was auch immer uns aus der Bahn wirft, wir müssen wieder zurück in den Sattel und weitermachen, denn das ist die beste aller Möglichkeiten.

F: Was würden Sie tun, wenn Sie feststellen müßten, daß sich eine übelwollende Kraft in Ihr Leben einschleicht und Ihnen das Leben schwermacht?

TLT: Wenn ich das Gefühl hätte, unter dem Einfluß einer solchen Macht zu stehen und nichts dagegen tun zu können, würde ich Gott inständig um Hilfe bitten, ich würde mich Gottes Führung und Liebe anvertrauen und mich unterwerfen, was immer auch geschehen mag.

F: Unterwerfen? Wie meinen Sie das?

TLT: Wenn wir ein spirituelles Problem haben und es nicht allein lösen können, wenn wir die Kontrolle verlieren, dann sollten wir uns einer anderen Kraft überlassen. Wir können nicht die ganze Welt im Griff haben, und manchmal ist es eben besser, wenn wir einen Teil dieser vermeintlichen Kontrolle an andere abtreten. Wenn ich also fühle, daß ich keine Gewalt mehr über mich selbst habe, dann halte ich inne und sage: »Na gut, ich komme damit nicht klar, vielleicht kann mir eine höhere Macht helfen.«

F: Richten Sie sich mit Ihren Bitten direkt an Gott?

TLT: Ja, immer. Sehen Sie, die Engel wollen nicht, daß jemand zu ihnen betet. Sie verweisen uns auf Gott, deshalb erbitten wir die Hilfe im Gebet auch direkt von ihm.

F: Glauben Sie, daß Engel absolut überkonfessionell sind?

TLT: Ja. Ich glaube nicht, daß man sie einer bestimmten Religion zuordnen kann.

F: Man kann diese Art von Hilfe also in Anspruch nehmen, ob man nun gläubig ist oder nicht?

TLT: Ja. Es ist nicht wichtig, ob man den Gottesdienst besucht oder einer bestimmten Religion angehört. Wichtig ist, wer man ist und wie man durch die spirituelle Erfahrung im Geist wächst. Auf diese Weise helfen die Engel uns, zu erkennen, wer wir sind. Wenn jemand zur Kirche geht und eine Botschaft mit nach Hause nimmt, um so besser. Wenn ein anderer nicht zur Kirche geht, heißt das noch nicht, daß er nicht auch ein wunderbarer, guter und spiritueller Mensch ist. Auch er kann sich mit Bitten an Engel wenden.

F: Luzifer wird als Lichtengel beschrieben. Was heißt das?

TLT: Er war Gottes hellster Engel, sein Lieblingsengel. In der Legende heißt es, er sei auf die Erde gesandt worden, um die Menschen zu prüfen – um zu prüfen, wie stark ihre Liebe zu Gott sei, ob sie einer Belastungsprobe standhalten würde. Doch dann fand Luzifer Gefallen an dem Gedanken, daß die Menschen nicht Gott, sondern ihn anbeteten. Das war sein großer Fehler.

F: Was kann man selbst tun, um das Böse abzuwenden? Wie und wo fängt man an?

TLT: Wenn jemand auf etwas stößt und das Gefühl hat, nicht mehr er selbst zu sein, dann kann er auf verschiedene Weise versuchen, das Gute darin zu sehen. Erstens: Machen Sie sich klar, daß Sie durch die Angst und das Gefühl, die Kontrolle verloren zu haben, in einen Zustand innerer Erregung geraten sind. Als erstes sollten Sie sich also entspannen. Weisen Sie alle Angstgefühle von sich und beruhigen Sie sich erst einmal. Bewahren Sie die Fassung. Haben Panikreaktionen je geholfen? Nein. Also entspannen Sie sich, werden Sie wieder ruhig. Und dann durchdenken Sie alles. Fragen Sie: »Warum ist das geschehen? Wie kam es, daß ich so aus der Fassung geraten bin?«

Wenn Sie sich das fragen, werden die Antworten von selbst kommen. Und dann können Sie sich überlegen, wie Sie die Schwierigkeiten überwinden können. Entspannen Sie sich und beten Sie zu Gott. Christen beten auch oft zu Jesus und fühlen sich durch diese Gebete wieder zur Mitte, zur Wahrheit, zum Licht hingezogen. Wenn Ihnen also der Erzengel Michael, Jesus Christus oder ein anderer heiliger Name in den Sinn kommt, der Sie wieder zur Mitte hin ausrichtet, dann wiederholen Sie diesen Namen immer wieder.

Als nächstes sagen Sie sich: »Ich brauche Hilfe. Welche Hilfsangebote gibt es? Wohin kann ich mich wenden?« Wenn ein Alkoholiker auf dem Tiefpunkt angelangt ist, kann ihm jeder sagen, wo er Hilfe bekommt. Wir wissen, daß es offizielle Anlaufstellen für Alkoholiker gibt. Also gehen wir den Ursachen auf den Grund. Weshalb sind Sie da, wo Sie sind? Wie und wodurch könnte Ihnen geholfen werden? Gehen Sie zu einer Beratungsstelle. Vertrauen Sie sich einem Geistlichen an. Gehen Sie zu Ihrem Pfarrer oder Pastor. Wenn Sie Hilfe brauchen, *nehmen Sie sie in Anspruch*.

Überwinden Sie ihren Stolz, sagen Sie nicht: »Damit werde ich schon allein fertig.« Wenn Sie wirklich das Gefühl haben, Sie kommen allein nicht mehr klar, Sie brauchen Hilfe, dann tun Sie etwas. Bitten Sie andere Menschen um Hilfe. Bitten Sie Gott um Hilfe. Setzen Sie Ihr Leben nicht unnötig aufs Spiel; es ist kostbar.

Register